U0534853

本成果获得内蒙古大学"部省合建"科研专项高端成果培育项目资助
本成果为内蒙古大学铸牢中华民族共同体意识研究系列丛书

围栏社会的兴起

内蒙古草场制度变迁与
牧区的社会转型

THE RISE OF
FENCING
SOCIETY

Changes in Grassland System and
Social Transformation of
Pastoral Areas in Inner Mongolia

孟根达来 著

中国社会科学出版社

图书在版编目（CIP）数据

围栏社会的兴起：内蒙古草场制度变迁与牧区的社会转型 / 孟根达来著. -- 北京：中国社会科学出版社，2024. 3. -- （铸牢中华民族共同体意识研究系列丛书）.
ISBN 978-7-5227-4039-3

Ⅰ．F327.26

中国国家版本馆 CIP 数据核字第 2024EA1252 号

出 版 人	赵剑英
责任编辑	郭　鹏
责任校对	高　俐
责任印制	李寡寡

出　　版	中国社会科学出版社
社　　址	北京鼓楼西大街甲 158 号
邮　　编	100720
网　　址	http://www.csspw.cn
发 行 部	010 - 84083685
门 市 部	010 - 84029450
经　　销	新华书店及其他书店
印　　刷	北京明恒达印务有限公司
装　　订	廊坊市广阳区广增装订厂
版　　次	2024 年 3 月第 1 版
印　　次	2024 年 3 月第 1 次印刷
开　　本	710×1000　1/16
印　　张	17.5
字　　数	303 千字
定　　价	98.00 元

凡购买中国社会科学出版社图书，如有质量问题请与本社营销中心联系调换
电话：010 - 84083683
版权所有　侵权必究

照片1　草原上的围栏

在此特别提醒，如无特殊说明，文中的所有照片皆出自笔者在田野调查期间的拍摄过程。

照片2　芒来家草场上的春夏秋冬（顺时针方向）

照片3　打草场上成捆的牧草

照片4　悬挂在围栏上的枯草墙

照片 5　为防野兔肆虐草料而加固的细网

照片 6　毡包与平房

照片 7　摩托车与羊群

照片 8　冬季的草场与羊

照片 9　纵横交错的鼠洞

照片 10　投掷在鼠洞口的灭鼠药（红色颗粒状药物）

照片 11　被矿车常年肆虐的乡间土路

图中道路上的绿色啤酒瓶正是牧民泼洒的"陷阱",以此希望扎破来往的矿车轮胎。这一抗争图景也展现出了牧民与矿车之间矛盾冲突的日常化与激化程度。

照片 12　围栏中的独马

照片 13　G 苏木水泥路

照片 14　拦截矿车

照片 15　深夜蒙古包中畅聊的牧民

序
道之为物，其中有精

　　草原社会是农村社会的一种类型，在中国农村社会学的研究中，大多以农区为研究对象，且研究主要基于农耕社会的经验事实，而对草原社会的关注和理解显得不够充分。由于草原社会又是少数民族聚居区，因而较多关于草原社会的研究是从民族学的角度展开的，这些研究聚焦的问题，承接的理论脉络，以及运用的分析框架，可能与从农村社会学视角的研究有着一定差异。

　　孟根达来博士的《围栏社会的兴起——内蒙古草场制度变迁与牧区的社会转型》为农村社会学提供了草原社会变迁转型的经验事实。该书在新制度主义社会学的框架中，呈现了内蒙古一个苏木（镇）社会变迁与社会转型过程的种种现象及问题，探讨了草场制度变迁与社会转型之间的内在关联及机制。

　　道之为物，其中有精。社会变迁发展之道，虽然深邃复杂，但有其核心内涵。对草原社会变迁之道的把握和理解，抓住草场制度这一关键要素，有助于我们理解其中的要义。而且，对草场制度变迁之道的探究，聚焦于草原上出现的围栏这一物质形态，可以说是抓住了制度与社会转型的核心问题。社会变迁的规律总会通过某种物态形式反映出来，透过牧区普遍建起的铁丝围栏现象，我们可以真切感知到草场制度变迁带来的草原社会的巨变，同时又引发出对已有制度变迁理论的反思。

　　记得在2018年暑假期间，我到孟根达来博士选择的田野点，也就是他家乡的一个嘎查（村），指导他的田野工作。在去牧区牧场考察时，让我感到惊讶的是，草场上已经建起密密麻麻的铁丝网，在公路两旁，牧民也用铁丝网拦住。经调查访谈，了解到在草场承包到牧户之后，每个牧户为了保护自家"私地"，避免别人家牲畜的"闯入"，同时也为了避免外来游客观光拍照时影响到自己的草场,由此牧区兴起了修建草场围栏之风,每家每户几乎把自家每一块草场都用铁丝围栏围起来。这样,以往一望无际的大草原,风吹草低见牛羊的自然景象,变成一块块被铁丝网围起来的草场。草原上遍地建起的围栏,形成了一种草原新景象,铁丝网围栏的建造其意义已不仅仅局限于围栏这一物态之上,而可能昭示着"围栏社会的兴起",亦即草原社会转型的一个新形态。

从围栏社会的兴起这一角度切入,是该书的一大亮点,也是作者此项研究的创新之处。针对牧区现已司空见惯且被视作理所当然的围栏现象,从社会学视角来考察并进行再认识,不仅体现出作者专业视角的独特性,而且反映出作者具有的学术反思与人文关怀精神。

围栏社会的兴起是草场制度变迁的结果,20世纪80代实行"牲畜私有、草场承包"的草畜双承包责任制,将集体家畜和草场以承包到户的方式分到各个牧户,从此牧民们确立了以家户为单位的畜牧业生产方式。以往,牧户主要用木桩和绳索来标识承包草场的边界,如今牧户大量使用铁丝网将承包草场围起来,草场围栏的数量大量增加,围圈的范围则随之缩小。

草场围栏建设的扩张,与牧民的权属意识增强密切相关,且是个体牧户的主动选择。然而,个体牧户的行动选择是否潜在着公共的生态风险,其实需要多学科的研究和评估,社会学的研究则能提供一个新的认识视角。

随着草场围栏数量的迅速增加,草原已经明显被切割为大小不一的条块牧场。每家每户都在特定的牧场中放牧,可以更好地控制围栏内的草畜情况,这种围栏放牧方式虽提高个体牧户放牧效率,调动牧民的生产积极性,但由此导致草场牲畜总量快速增长。如1978年锡林郭勒盟全盟牲畜总数为523.69万头(只),2017年这一数字上升到了1460.16万头(只)。根据该盟的苏木档案记录,1982年家畜总数约为7万多头(只),2019年牲畜总数达到了21万头(只),增加了近两倍的数量。

牲畜规模的迅速扩大增加了草场压力,加重了草原荒漠化问题。相关数据显示,到2014年底内蒙古自治区荒漠化土地总面积6092.04万公顷,占全区国土总面积的51.50%。其中阿拉善盟、锡林郭勒盟、鄂尔多斯市和巴彦淖尔市尤为严重,荒漠化土地面积为4455.85万公顷,占全区73.14%。

草场的荒漠化,为草地鼠类提供了有利的生存条件,大大提高了鼠灾爆发的风险。在锡林郭勒盟的相关监测显示,布氏田鼠高密度生存的32个样本区域中，有22个在退化草场，2个在中度利用草场，5个未见布氏田鼠洞穴的样本均处在轻度利用草场。草地鼠类更喜欢草低且稀疏的环境，因为相对低矮稀疏的草地更利于鼠类观察四周环境，降低它们的捕食风险。

草场围栏在提高牧户生产效率的同时，也助长了草场的利用程度，由此会增加鼠害的风险。据锡林郭勒盟的数据显示，2015年草原鼠害发生面积660.4万亩，2018年受灾面积已达到1145万亩，增加了近一倍。牧区有较多的牧民反映："老鼠多到骑马的时候都会经常陷进鼠洞里的程度。"草原鼠灾的多发，与"围栏畜牧"激励的超载过牧以及相伴随的家畜踩踏有着密切关系。

草场围栏建设的普遍化和密集化，在一定程度上影响着天然草原原有的生态状况。据牧民们介绍，自从草场围栏越来越密集之后，草原上野生动物特别是草原狼群和狐狸已经很少见到了，而狐狸是草原鼠类的天敌，鼠害的爆发可能与其天敌减少有很大关系。

目前，强化草场围栏建设已成为一种趋势，因为建设围栏使传统放牧演化为"围栏畜牧"，提高了牲畜和牧户财产安全，降低了牧业人力成本，减少了牧户间因牲畜越界而发生的纠纷。但是，草场围栏建设的过度强化，不仅带来了一些负面的社会效应，而且可能潜在着一些草原生态安全问题。

牧民们普遍反映在围栏畜牧之后彼此的关系不再紧密，围栏阻断了彼此的联系。在围栏建设不断扩张过程中，很多约定俗成的乡间小路被阻断，从而加大了彼此走动的难度。很多牧民也开始抱怨："以前的地名现在都被谁家的围栏名取代了，你要是不知道这是谁家围栏，你都找不到回家的路。"可见草场围栏加大了牧民之间彼此交流的成本，在一定程度上消解了草原社区共同体意识，草场围栏的阻隔也加大了牧民彼此间的隔阂，从而降低了社区整合度。结果是牧民们在应对市场和自然风险时，传统的协同游牧走场方式很难达成，个体牧户只能诉诸过度开发利用草场。也有牧民反映说，草场围栏建设对牧区旅游业有一定负面影响，很多游客因为进不了草原就不愿再来了。从牧区的现实情况看，目前的畜牧业中社区横向的联系很少，产业融合度较低，更多的是依靠个体牧户对草场资源的开发，这将会导致围栏畜牧生态问题的日益加剧。

草场围栏建设对野生动物迁徙的影响，由此可能打破草原食物链的平衡。天然大草原原本是一种开放的、自然的空间，而草场围栏建设的加强和密集，不可避免地以人为方式大大改变了草原上原有的那种自然状态，其中潜藏的生态平衡问题，作者在书中皆已分析论及。

本书的另一大亮点在理论贡献上。作者对一个苏木草场制度与社会变迁的经验考察，并不仅仅是为了描述草原社会的现实，而是要回应两个理论关切：一是"游牧的终结"论，二是韩丁的"公地悲剧"论。

西方学者基于欧美农业现代化的经验事实，概括出"游牧的终结"理论观点，那么在中国，游牧终结了吗？孟根达来博士的此项研究，用围栏社会描绘了内蒙古游牧的变迁形态，而不是终结。围栏社会的生计及生活方式发生了一定程度上的变迁，但游牧社会与文化的根基依然存续。西方经济学者韩丁提出了"公地悲剧"著名论断，认为共有产权是公共草场之类的公共资源枯竭的根本原因，因而要避免"公地悲剧"，必须明晰界定产权和实行私有产权。那么，产权的明晰化和私有化真的能够自动规避公共性危机或悲剧发生吗？作者在此项研究中的一项重要理论创新在于针对"公地悲剧"命题而提出了"私地困境"的理论解释观点。从围栏社会兴起的事实来看，草场承包并不会自动地避免草场退化等草原生态环境问题，过度的私有化倾向既隐藏着生态风险，而且可能产生其他一些消极的社会文化效应。因此，需要关注和谨防"私地困境"的发生。"公地悲剧"命题的局限性在于过于强调产权的重要性，而忽视了治理的作用。无论在何种产权制度框架下，如果缺乏有效的治理，都难免"悲剧"或"困境"发生；而如果采取积极有效的治理，可能在一定程度上消解和防范悲剧与困境的风险。所以，作者针对围栏社会的"私地困境"而提出的"跨栏"设想，富有社会学的想象力。

孟根达来博士从硕士阶段起就在我的指导下开展草原社会的研究，本书是他在博士论文基础上进一步修改完善而成的一项重要成果，作为导师，我为其新著的出版感到高兴和欣慰，同时致以祝贺！真心希望他以此为契机，沿着既有的学术路径，为探索中国式牧区现代化与乡村振兴之道，发扬"长跑"之精神，创作更多更好的学术作品！

陆益龙
于中国人民大学崇德西楼
2023 年 4 月 12 日

目　录

第一章　导论 …………………………………………………… (1)
　　第一节　选题背景 ………………………………………… (4)
　　第二节　研究问题 ………………………………………… (8)
　　第三节　研究方法 ………………………………………… (10)
　　第四节　研究意义 ………………………………………… (21)

第二章　文献综述与研究框架 ………………………………… (24)
　　第一节　文献梳理与问题聚焦 …………………………… (24)
　　第二节　理论视角与研究框架 …………………………… (49)

第三章　田野概况：从游牧世界到围栏社会 ………………… (61)
　　第一节　区域概况与历史沿革 …………………………… (61)
　　第二节　自然条件与牧民生计 …………………………… (62)
　　第三节　游牧知识与自然禁忌 …………………………… (64)
　　第四节　嘎查村落与人口结构 …………………………… (66)
　　第五节　草场制度与人地关系 …………………………… (70)

第四章　草场制度的演变历程 ………………………………… (74)
　　第一节　游牧中的人地关系 ……………………………… (74)
　　第二节　游牧社会中的草场及其利用体系 ……………… (79)
　　第三节　从人民公社到围栏社会的演变 ………………… (84)

第五章　"发羊财"：围栏中的生计转型与谋生之道 ……… (89)
　　第一节　围栏中的草场和人 ……………………………… (90)

第二节　围栏经济：草场承包后的牧民生计 …………………（101）
　　第三节　围栏经济的发展瓶颈及其制度根源 ………………（122）
　　第四节　小结：围栏定牧放大草场的生财效应 ……………（130）

第六章　限地权：围栏中的生态变迁与草场治理 …………（132）
　　第一节　草场制度变革与草场退化 …………………………（134）
　　第二节　草原生态治理与牧民生计变迁 ……………………（147）
　　第三节　草原生态治理困境及其制度根源 …………………（160）
　　第四节　小结：围栏定牧强化了草场权利边界 ……………（177）

第七章　寻地热：围栏中的关系转型与草场纠纷 …………（179）
　　第一节　草场制度变迁与牧区转型性民间纠纷 ……………（180）
　　第二节　集体的重构与牧区两性关系的演变 ………………（194）
　　第三节　围栏中的内与外：制度变革与外来主体的进入 …（204）
　　第四节　小结：围栏边界重塑牧区主体关系 ………………（216）

第八章　围栏社会中的私地困境与地方性合作解 …………（218）
　　第一节　围栏社会的私地困境 ………………………………（219）
　　第二节　敖包礼俗的重建与牧区社会整合 …………………（225）
　　第三节　礼俗的重建与地方社会中的合作解 ………………（239）

第九章　结论与讨论 …………………………………………（246）
　　第一节　草场制度变迁和围栏社会的兴起 …………………（246）
　　第二节　围栏社会中的牧民主体性及其跨栏实践的现实意义 …（253）
　　第三节　多元分化的牧区与牧区研究展望 …………………（254）

附　录 ………………………………………………………（257）
　　一　微观游牧中的草场利用 …………………………………（257）
　　二　部分访谈对象基本信息 …………………………………（262）

参考文献 ……………………………………………………（264）

第一章 导论

2019年秋末的一天，生活在锡林郭勒盟北部草原上的牧民老黑像往常一样在承包牧场上放牧着羊群①。老黑长得很胖，皮肤黝黑，且脾气火暴，经常与邻里牧户就家畜越界、侵占草场等问题产生口角冲突，因此也得到了"Heitu Har"②的恶名。

老黑家承包的牧场面积约为4000亩。他们在1997年划分到户之后便围封了其中的一半牧场。围封2000亩草场共使用了20多卷铁丝网，一卷约有200米长，每卷费用在500元左右。因此老黑家最初围封草场使用了1万多元，约等于当时全年的总收入。至于围封草场的理由，老黑总结到两点：一是可以将草场划分成两处子牧场，将围封草场预留到冬春季节使用；二是可以杜绝邻里家畜的越界问题，保护自己的牧场。不过囿于高额成本，当时的老黑一家无力承担一次性围封全部草场的支出，这才有了先围封一半牧场的生计策略。老黑家直到1999年才彻底完成另一半2000亩草场的围封工作。

老黑说围封草场确实让他两三年都"没喘过气"，前几年的收入都用在了围封草场上。不过在围封草场的过程中老黑也占了不少便宜。据老黑所述，他们家的牧场正处在苏木北部与另一个旗县接壤的边陲地带，因此经常由于草场边界问题与隔壁旗县的牧户发生冲突。

---

① 在内蒙古自治区的行政区划中，"盟"为市一级，"旗"表示县一级，"苏木"相当于乡，"嘎查"是村级行政单位。文中出现的人名、地名都采取了标准化处理。根据居民生计方式的差异，可将内蒙古农村牧区分为典型畜牧业区、半农半牧区以及农业地区。不同地区的生产生活、人口结构、土地承包面积均有所差异。典型畜牧业区草场面积辽阔，人均承包牧场相对充足，以牧业为产业主体，是蒙古族牧民集中居住生活的地区。对于典型畜牧业地区的考察可以更加清晰地展现草原社会与牧民生计方式的变迁面貌。本书的田野点便位于内蒙古中部锡林郭勒盟腹地的一典型畜牧业苏木（乡）。

② 蒙古语，可理解为"脾气暴躁、皮肤黝黑的人"，是一种带有贬义的称呼。

围栏社会的兴起

老黑说到1997年划分草场时并没有严格的边界，都是以挖坑或堆石子的方式确立边界点。这种简易的边界点设置为老黑"私下操作"提供了制度条件。老黑回忆到，当时会偷偷将界标石子往外移出一些，随后再拉起围栏以此侵占隔壁牧户的草场。谈到此处，老黑特意强调"是抱着不是拖拽"，拖拽会留下印记，只能把边界点上的石子一个个搬过去。老黑承认当时大概多占了约300亩的草场。不过这一举动也引起了对方的不满，为此两家经常会发生口角。但碍于老黑的体格和蛮力，对方并没有占到"便宜"。老黑将这种优势一直维持到了2006年。2006年7月的一天，相邻旗县的相关干事驱车来到了老黑家，向其通报了实际牧场与图纸不符的情况。据老黑所述，当时发生过如下一段对话。

干事：你们家草场怎么有一块凸出去的？

老黑：那当年分的时候就是这样的，我咋知道。

干事：没有这种情况，你们家草场这块凸出去的都占到了我们旗县的地方了。

老黑：没那回事，我们苏木1997年分草场时候就是这种，你去找我们旗县当官的说理去吧。

干事：我们今天就要按照图纸界限围封草场。你无权干涉！

老黑：我的草场咋就无权，你说无权就无权？

老黑虽然嘴上不服，但碍于理亏且存在侵占草场的实情，也就没有实际阻拦围封草场的行为。这段经历也彻底激化了老黑与北部邻里的关系。在后续放牧日常中，对方会采取故意越界放牧、侵占草场的报复行为。当然老黑也会变本加厉地"偿还"回去。可见"围栏"不仅改变了牧区人地关系，而且也彻底重塑了牧民彼此之间的关系。

目前老黑经营着约1万亩的放牧草场，其中6000亩是邻居家的承包牧场。邻居额斯日格在2005年生态移民时搬到了旗县郊区的奶牛村。为了得到更多的草场满足扩大畜群的需求，老黑便将额斯日格的草场租赁了下来，已有十余年的时间。因此在老黑心中早已将邻居家的草场视为自身所属，十分重视长期性的综合利用。这6000亩牧场老黑主要用于夏秋两季的放牧。而自家4000亩承包牧场则预留到冬春两季，此外时间除了少量种公羊和牛群外并不会在其中放养家畜。

　　之所以会有如上安排，主要出于两点考量。一是邻居家草场地势平坦，牧草密集，且部分区域富有耐旱的小叶锦鸡儿等植物，可抵御夏秋两季的旱灾，充分保障了家畜的膘情。二是老黑家机井、棚圈、储草棚等基建措施都建设在了自家承包牧场上，而邻居家过早离开了牧区因而并无像样的基建设施。这就导致只能将自家牧场预留到更需要基建措施和舍饲圈养的冬春季节①。当地草原地区结霜期漫长，极易发生雪灾。在承包制背景下，牧区集体草场绝大部分已发包到户。在此情形下当前牧户无法效仿先辈们采取移动游牧的方式规避风雪，只能事先储备大量的过冬草料，以舍饲圈养的方式度过漫长的冬天，待得春季牧草返青后才能再次将家畜从围栏中放养到天然草场上。这就要求牧户需要建设更为完善的棚圈、储草棚、机井等基建设施，以此减少白灾与黑灾②带来的灾害冲击。基于上述两点原因，老黑便在一万亩草场上大体设计出了冬夏两季的微型游牧模式，以此在草场承包制背景下循环利用牧场资源，达到最优的产出比。

　　老黑一年的工作内容便根据上述草场利用安排加以调整。一般在春季三四月份完成接羔工作后便逐步迁移到租赁牧场③。夏秋两季都在租赁牧场上放牧生活，有时也会雇用羊倌照料畜群。此外，此地与自家基建和水井相隔数里，因此夏秋两季的日常工作中也有一项额外

---

① 舍饲圈养，正如字面含义，将家畜圈养在棚圈之中，以此减少放牧行为带来的家畜践踏和啃食作用，达到草原生态治理的目标。在草原生态治理与发展集约化畜牧业的语境下，舍饲圈养模式得到了政府的大力推行。在目前内蒙古牧区，依据草原生态状况，将常规放牧区划分为常年禁牧区和季节性休牧区。常年禁牧区便是禁止一切草场放牧行为，有时还会配套生态移民措施，达到"减人减畜，生态恢复"的目标。而季节性休牧区则一般选择春季采取一段时间内的禁牧措施，以此保障在春季植被恢复前减少人畜作用。老黑所在苏木乡镇全境范围内季节性休牧期为4月5日至5月20日，其间便要求牧民采取舍饲圈养的方式。

② 白灾指雪灾，黑灾则指旱灾。

③ 为了有效控制畜群的繁殖时间，牧民们一般会将种公羊和生产母畜分开放养，并在合适的时间再统一，以此达到整个畜群在春季统一繁育产仔的目标。因此，春季牧民们的主要工作便是确保新生幼畜得到有效的哺育。在此期间，牧民们需要随时检查家畜的产仔情况，因而此时也是一年中最为忙碌的时间。这些工作被当地牧民们称为"接羔"，即安全地接下每一个新生命。有些两岁的母畜因第一次产仔，可能会出现嫌弃甚至抛弃幼畜的情形。此时牧民便需要亲自照料这些幼畜。即便是在暮春三月，草原上依然是零下十几摄氏度的严寒天气，因此牧民需要格外注意保畜工作。

的内容：开车拉水。储水罐约有 4 吨重，入秋后草原上的气温下降得很快，因此每拉一车便可以满足羊群两到三天的饮水需求。冬季便会再次迁回自家牧场采取舍饲圈养。如当年降雪量不大，也会在自家承包牧场上放牧养殖以此节省草料。目前老黑家约有 600 只羊、30 头牛。牛群的养殖大致遵循了羊群的放养规律，只是在冬春两季牛群需要更多的草料。

老黑每年都会从固定的草料商那里购置牧草。这些牧草都来源于特定地区预留出的打草场。打草场区别于放牧场，全年不会用于放牧养殖，而是将牧草预留到秋季草籽脱落后收割捆绑进行出售的特定草场。一捆牧草有 30—70 斤，2019 年当地牧草价格为 0.4—0.5 元/斤。老黑家每年需要购置 4000 捆 30 斤的牧草。

从牧民老黑的故事中我们可以看到，草原社会是以牧业为主要生计而构建起来的社会。草场是牧业的基础，因此如何使用草场、谁人占有、何以管理等涉及草场制度的内容便自然成为草原社会的核心议题。草场制度不仅直接决定着草原社会人地之间的关系，而且也由此决定着不同主体之间的互动模式。例如通过老黑的案例可以发现，随着草场承包制度的落实，草原社会已不再是"人随畜走、畜随草定"的游牧状态。草场也不再是特定部落族群共同利用、迁移走场的公共牧场，在承包制背景下已然成为明确承包主体的"有主之地"。此时，人地关系更多地体现为特定牧民与固定草场之间的排他性占有状态。在此背景下，围栏不仅成为固定人畜的空间界限，而且也重新塑造了牧区人际关系。此外围栏也是国家与牧区、集体与牧民、个体与个体草场权益边界的象征符号。可见，草场制度变迁从人地关系和主体关系两个维度重塑了草原社会。对这一过程的探索正是本书的研究缘起。围栏里的故事也将是本书叙述牧区社会转型的主要"文本"。

第一节 选题背景

说起草场或草原，人们首先会想到"风吹草低见牛羊"的壮阔画面，紧接着脑海中便会浮现出"逐水草而居"的浪漫想象。不过，游动的草场利用方式有时也被贴上了"落后、低效"的标签。这种想象实际隐含了人们对草场制度变迁历程及其意义的不同理解。作为我国北方温带草原的主体，内蒙古草原牧区经历了从游牧到定居的转型过程。牧民们收起毡房住进了砖房，舍弃了缰绳拿起了摩托车钥匙，过上了先辈们未曾享受过的定居生活。

定居的核心是草场制度的改变。在游牧社会中，相较于排他性的占有草场，更注重基于特定社会身份的灵活进入权①。不过随着草畜双承包责任制的推进，牧区集体草牧场已普遍被分包到了个体牧户，以此激发个体生产者的劳动积极性。草场承包的直接结果便是"围封草场"的热潮。牧民们纷纷将承包草场围封起来杜绝其他牧户的家畜越界进食，以此达到排他性草场利用的目标。因此，如亲临内蒙古牧区，脑海中的广袤草原"想象"将会被纵横交织的围栏"事实"彻底击碎（见照片1）。

随着草场利用方式的变革，也相应出现了一些生态与社会问题。相关数据显示，在21世纪初全国范围内90%的草场均出现了退化现象②。伴随着草场退化，贫困问题接踵而至成为内蒙古牧区持续发展的主要桎梏。为此，从20世纪末以来，国家便实施了多项生态治理与"扶贫攻坚"工程，并逐步形成了以"草畜平衡"为核心囊括围封禁牧、季节性休牧、生态移民等具体措施的草原生态治理体系。

例如，笔者调研的G苏木便在2005年启动了生态移民易地扶贫工程，试图将下属常年禁牧区的牧民迁移至县市周边开展奶牛养殖业，以此减少牧区人口和家畜数量，从而缓解草场压力。不过这一工程并没有合理预期市场风险，在三聚氰胺等事件的影响下，散户养殖的鲜奶失去了收购市场。从而导致移民奶牛村迅速凋零，从最初的一百多户只剩下了如今的寥寥十余户。看此情景，一位老牧民感叹道："**原来有庙，庙塌了；原来有公社，公社也没了；现在是移民村，移民村也散了。**"③ 这期间消耗的时间和成本，不仅没能扩大牧民再生产，反而成为一些牧户增加每年贷款金额的重要原因。

---

① 王明珂：《游牧者的抉择——面对汉帝国的北亚游牧部族》，广西师范大学出版社2008年版，第31页。
② 数据来源：https：//www.mee.gov.cn/searchnew/？searchword＝中国环境状况公报，2006年6月2日，（第73页）。
③ 色仍格老人，2019年10月19日访谈，旗县牧户家中。

表 1-1　G 苏木下属六个牧业村（嘎查）截至 2019 年不良贷款汇总

嘎查序号	总户数*	不良贷款户数	欠款金额（万元）
W 嘎查	153	42	681
A 嘎查	124	34	597
B 嘎查	90	22	285
T 嘎查	110	37	655
H 嘎查	147	45	865
C 嘎查	117	46	800
总计	741	226（约占六个村总户数的 30%）	3883

数据来源：当地银行提供（*表示这里的总户数是以在牧区从事畜牧业的常住人口为准）。

从表 1-1 可以算出，截至 2019 年 G 苏木下属六个牧业村拖欠银行的不良贷款牧户数量已占到了总户数的 30% 之多。这还不算每年按期结清贷款或办理暂期延息的牧户。可见当前牧民对于资本的依赖程度。回过头来看，不免想问：为什么草场生态治理会产生意想不到的社会后果？为什么草场承包制下的牧区会产生集体性的借贷问题？这种生计困境以及上述草原生态问题又与草场制度的变革具有何种联系？对此学界开始了一系列的探索。

对于草场承包制及其社会生态效益的探讨一直是学界争论的焦点。一些学者认为承包制度使得草场产权明晰化，促使权责利统一于牧户，既能解放其生产积极性，也可以避免"公地悲剧"的发生（许志信、陈玉琦，1997）。而另一些学者认为，草原是种异质性极强的资源类型，不同草场适合不同家畜在不同时期利用，这也是游牧这一方式的合理性所在，然而承包制度却忽视了这一非均衡性的资源特质，盲目将草场统一划分给牧户，从而造成了草场碎片化问题，不仅不利于资源的有效利用，而且还会引起草场退化、生计成本增加等问题（韩念勇，2017）。英国人类学家汉弗瑞与史尼斯通过对比中国、蒙古国、俄罗斯三个地区草场制度变迁历程，提出了移动放牧的消失正是草场退化的根源所在（Humphrey、Sneath，1999）。因此"游牧是否可以终结"也成为对于草场私有化改革的反思性疑问，进而产生了诸多挖掘草原社会地方性知识，揭示承包制与草原生态

第一章 导论

之间关系的实证研究①。

通过上述研究的简单梳理，可以发现草场制度的调整将会改变牧区"人—草—畜"之间的关系，而固定化、明晰化的产权安排将不利于草场资源的可持续利用，从而极易发生承包草场退化、牧民生计困境等问题。不过从解释视角而言，有关草场承包制效益的研究更多地将注意力放在了人地关系的变迁上，以此形成了"制度—人地关系—生态与生计效益"的解释框架。实际上，以权利结构为核心的制度调整，不仅影响人地关系，而且也是对相关主体关系的界定和重塑过程。

而制度变革引起的主体关系的变化，有时也会促成彼此之间的博弈甚至矛盾纠纷的发生。例如，在乡镇政府挂职调研期间，笔者发现当前牧区社会最主要的民间纠纷形态便是草场纠纷。无论是外嫁女的草场权益纷争，还是因高利贷产生的霸占草场问题，抑或矿产开采导致的征地纠纷。这些直接决定牧民生计状况与草原利用方式的纠纷矛盾，都指向了草场制度本身。矛盾的引起离不开制度变迁对于不同主体权利关系的调整以及这种调整方式的落实过程。

此外，笔者还发现在承包制背景下对于"草场"的解读，不仅存在牧民、村干部、政府、草原监理部门等主体的差异，甚至在牧民内部也因年龄、财富、声望、族群等因素的不同产生了多样化的差异。正因如此，虽然草场承包之后，以家庭为单位的独立经营成为常态，但也有少数牧民基于亲属、朋友等社会网络形成了强调互惠合作、移动放牧的草场使用模式。例如，笔者认识的一位老牧民，会把自己的草场按以往移动放牧的习惯切割成数块，以此采取移动放牧。而且在后续的发展中，他为了养马，还另外租赁了1万亩草场。考虑到1万亩草场每年12万的租赁费用，养马对于老人而言甚至是个赔钱的买卖。那么，为什么以此为代表的一些牧民依然坚持着看似"不那么高效且毫无理性"的草场使用方式和生计安排呢？

或许对于他而言，草场规划和生计安排并不全是出于理性选择，而是

---

① 在文献综述部分将会进行更进一步的梳理。详情请参见朱晓阳：《语言混乱与草原"共有地"》，《西北民族研究》2007年第1期；王晓毅：《环境压力下的草原社区：内蒙古六个嘎查村的调查》，社会科学文献出版社2009年版；王晓毅、张倩、荀丽丽编著：《非平衡、共有和地方性：草原管理的新思考》，中国社会科学出版社2010年版；荀丽丽：《"失序"的自然：一个草原社区的生态、权力与道德》，社会科学文献出版社2012年版；王婧：《牧区的抉择》，中国社会科学出版社2016年版；等等。

·7·

对特定族群身份的感性坚持。对其而言，草场利用方式也是一种社区的文化语法，是基层牧民围绕着具体社会规范、社会网络为应对特定需求而达成的实践意义上的"草场制度"。这种"语法"虽然离不开正式制度的影响，但也有其自身的成长空间和合理性，同时也反映着当地人对于自身、社区以及草原的看法。不失为一种在承包制背景下对于当前的自身、想象的祖先、外在世界的跨时空演绎。而对于草场租赁商而言，草场却是提升生计来源，获取丰厚回报的特殊"商品"。

由此可见，草场本身对于不同群体具有不同的意义，承包制的落实也会改变不同主体的社会联系。而牧民生计状态与草原生态情况既是"人—草—畜"三者动态关系的反映，也是不同主体相互合作和竞争的客观结果。以草场承包责任制为始的制度变革既是对人地关系的重新调整，同样界定了相关主体就草牧场管理、使用、受益和治理等方面的权利义务关系。因此牧民生计与草场退化的现实难题也应该从草场承包制背景下的主体关系层面进行更为综合的探讨。

第二节　研究问题

基于此本书试图回答以下问题：草场承包责任制以及之后的一系列草场制度变迁对牧区人地关系与主体关系带来了哪些变化，这些改变对牧民生计、草原生态以及主体互动有哪些意想不到的社会影响？本书通过对上述问题的考察，进一步思考和研究：草场制度变迁与牧区的社会转型之间有着怎样的内在逻辑联系？草场制度变迁是如何诱致牧区社会转型的？

在以往草原社会的相关研究中，对牧区社会转型的把握往往置于"游牧—定居"的连续统中加以分析。但伴随着20世纪80年代草畜双承包责任制的落实，以及后续草原生态治理等一系列有关草场管理、治理与利用政策条例的颁布实施，草原牧区已不仅仅是定居社会，更是一种围栏社会。在承包制背景下，围栏不仅仅是牧民排斥他人使用牧场的工具，更是彰显自身草场权益的符号。围栏的兴起促成了牧区各自为"阵"的社会面貌，使得牧区生态发生变化的同时也在形塑着彼此之间的关系。此外在草原环境治理的语境下，围封禁牧等措施更是助长了围栏的投入与建设，使其成为界定牧民草场使用权利和放牧权益的政治表达。因此围栏的普及也是国家权力进一步下沉和重塑牧区的过程。这种改变对于牧区生计与发展，以及牧民彼此互动方式都会产生深刻的影响。因此仅以"定居"二字概括当前的草原社会，显然无法做到全面准确。为此本书试图以草场制度为切入口，探索当前牧区的社会转型过程。

需要特别指出的是，研究问题中的"草场制度"不仅仅指涉草场承包经营制度，还包括承包制背景下的草原生态治理措施。实际上草场承包制度并不是一项孤立的制度安排，而是由一系列相互支撑的草场管理、治理与权利结构调整在内的政策体系组成。草场承包制不仅包括草牧场的承包经营与集体草场产权结构的调整，而且也有相应的草场治理与监督管理措施。例如为了避免牧民在承包牧场上过度放牧引起草场退化问题，便相应设立了草场载畜量规定，以此约束牧民在特定牧场上的放牧数量和放牧强度。而禁牧、休牧等政策更是通过限制牧民草场使用权利的方式达到牧区"减畜减人"的目标。这些生态治理措施都指向了承包制背景下牧民的土地权利，直接决定着"何人占有、如何利用、何以获利"等实际的权利义务关系。这些政策措施的产生离不开草场承包制背景下的现实社会生态问题，进而相互补充构成了规范相关主体草场权利的制度体系。这也是本书使用"草场制度"这一概念的原因所在。

此外需要对"人地关系""主体关系"做出明确的界定和操作化解析。本书提出的人地关系不仅包括牧民与草场之间的生计联系。同样包括政府、村集体与市场组织等其他主体与草场之间的关系。因此人地关系主要体现在草场的权属、使用、转让和治理过程中。而主体关系则主要指草场承包制以及草场治理政策体系下的相关主体之间的权利义务关系。

具体的操作化层面，上述问题中的人地与主体关系可从以下几个方面加以分析和把握。就人地关系而言，可从生计方式和草场生态情况加以衡量把握。在其中需要注意畜牧业生计的特殊性，农业生产是人与土地的直接对话，而畜牧业则需要依托家畜作为人地之间的纽带，以此将草场这一初级生产力转化为家畜这一次级产品。因而对于牧区人地关系的衡量，离不开对于牧区"人—畜—草"三者关系的考察。这直接影响着牧民生计与草场生态情况。

主体关系则是围绕草场的相关主体权利关系，主要包括以下几种关系的变化：牧民彼此之间、牧民与集体、牧民与外来群体以及牧民与国家之间的关系。相关主体关系既体现在畜牧业生产生计层面，也表现在承包制背景下的草场治理过程中，主要以合作或竞争的方式呈现。因此，对于主体关系的考察一方面将会贯穿全书以此展现制度变革的社会意义，另一方面也会通过梳理当前牧区纠纷矛盾这一特殊的互动结果，查看制度对主体关系的形塑作用。为此，本书将从生计变迁、生态变化以及草场纠纷三个线索，探索草场制度对牧区人地关系与主体关系的重塑过程。上述考量既来源于实地调研带来的所思所悟，也离不开对相关研究的梳理总结。这一点将在第二章文献梳理部分进一步阐释说明。

第三节 研究方法

研究问题和方法的选择离不开研究内容和研究者自身对该议题的探索兴趣。作为一名生长在草原上的蒙古族牧民后裔，笔者对于草原牧区人地关系的"理解"和"不理解"均离不开耳濡目染的生活经历。作为成长在承包制背景下围栏里的牧民，起初笔者对当前的畜牧业生产方式习以为常，将其视为了天然应当的事情。随着年龄和阅历的提升，笔者渐渐了解到了以往的草场利用制度和牧民生计方式，并且时常会遇到一些老牧民对今夕生活的对比和感悟。这些体验和经历也促成了笔者对草原牧区人地关系与主体关系的探索历程。

一 乡域牧区研究

如何才能行之有效地把握乡村社会的基本性质？何以达成这一理论目标？对此学界存在着不同的研究取向和范式。一种是以单一村落为研究单位，例如《一个中国村庄：山东台头》[1]《江村经济：中国农民的生活》[2]。这是中国社会学社区研究的典型范式和传统。单一村落虽只是"小地方"，但也囊括了传统社会的构造和结构特征，因此可通过对村落的整体剖析达成对"大社会"的客观认识[3]。不过单一村落的研究传统也受到了怀疑，

---

[1] [美]杨懋春：《一个中国村庄：山东台头》，张雄、沈炜、秦美珠译，江苏人民出版社2001年版。
[2] 费孝通：《江村经济：中国农民的生活》，商务印书馆2001年版（2014重印）。
[3] 王铭铭：《小地方与大社会——中国社会的社区观察》，《社会学研究》1997年第1期。

其中诟病较多的便是单个村落的代表性问题。

因此也有学者试图跨越村落的边界掌握基层社会的面貌①。此外，亦有学者提出了"线索民族志"，强调将人与物置于特定自然或社会环境中，以此追溯行动者的轨迹②。实际上研究单位的选取离不开研究对象的特质及其变化。中国乡村社会处于动态变迁的过程之中。伴随着社会主义革命、农业社会主义改造、农村家庭联产承包责任制改革和市场经济体制的确立，乡村社会已呈现出了"后乡土"的特征，"不流动的乡土演变为大流动的村庄"③。因此对于乡村社会的研究需要依据特定社会状态采取针对性的把握。

就以往的草原牧区的研究中，既有对于特定村落的社区研究④，也有县域视角下的综合分析⑤，此外也出现了跨地区的比较分析⑥。那么对于牧区人地关系与人际关系的探讨，应选何种研究单位和范式？这实际上取决于牧区社会的特征和研究内容。

首先，就研究对象的特征而言，相较于乡村社会，牧区社会除了乡镇政府办公地、商贸网店之外，并无其他居民聚落。牧民们分散居住在各自的承包牧场上。这就导致牧区人际关系和社会纽带并不会以村落为边界，相邻村落的牧户之间时常更具备小型共同体的特征。而且牧民通婚圈、亲属关系都体现出了跨村落的特征。因此对于牧区社会人际关系的探索较为适宜跨村落的研究范式。其次，就本书研究的主要内容而言，聚焦在草场制度的探讨之上。而制度的落实过程离不开基层政府的参与。在当前草场承包责任制背景下，牧区草场流转频繁，牧民四季流动性较强。加之，因

---

① [美]施坚雅：《中国农村的市场和社会结构》，史建云、徐秀丽译，中国社会科学出版社1998年版；[美]黄宗智：《华北的小农经济与社会变迁》，中华书局2000年版。

② 赵旭东：《习俗、权威与纠纷解决的场域——河北一村落的法律人类学考察》，《社会学研究》2001年第2期。

③ 陆益龙：《后乡土中国》，商务印书馆2017年版，第22页；孟根达来：《理解转型中国乡村社会的新视角——读懂〈后乡土中国〉》，《中国农业大学学报》（社会科学版）2020年第2期。

④ 王晓毅：《环境压力下的草原社区：内蒙古六个嘎查村的调查》，社会科学文献出版社2009年版；郑少雄：《草原社区的空间过程和地方再造——基于"地方—空间紧张"的分析进路》，《开放时代》2013年第6期。

⑤ 荀丽丽：《再造"自然"：国家政权建设的环境视角——以内蒙古S旗的草原畜牧业转型为线索》，《开放时代》2015年第6期。

⑥ 王晓毅、张倩、荀丽丽：《气候变化与社会适应：基于内蒙古草原牧区的研究》，社会科学文献出版社2014年版。

围栏社会的兴起

草原生态治理的推进，控制家畜数量、加强草场监管等工作依旧是牧区乡镇政府需要主办或协同上级派出机构完成的主要任务。可见在当前承包制背景下，乡镇政府是联通国家与牧区社会的重要枢纽，草场监管和相关政策的落实离不开这一主体的有效参与。这就要求我们有必要将草场承包制背景下牧区人地关系与主体关系的探讨置于乡镇场域内综合考察。因此，本书将以内蒙古一典型畜牧业乡镇为单位，揭示草场承包制对牧区人地与人际双重维度的形塑过程。

本书开篇描述的案例均为笔者在G苏木实地调研中获得的材料。G苏木地处内蒙古中部锡林郭勒大草原腹地，具有典型的蒙古族文化特点和区域特色。在草场承包之前，牧民们仍然遵循传统游牧习惯，根据水草条件采取移动放牧的生计方式。当时以草场的公共利用为制度前提，以人民公社与生产队为组织架构，将苏木境内不同区域草场划分为了不同的季节性牧场（见图1-1）。

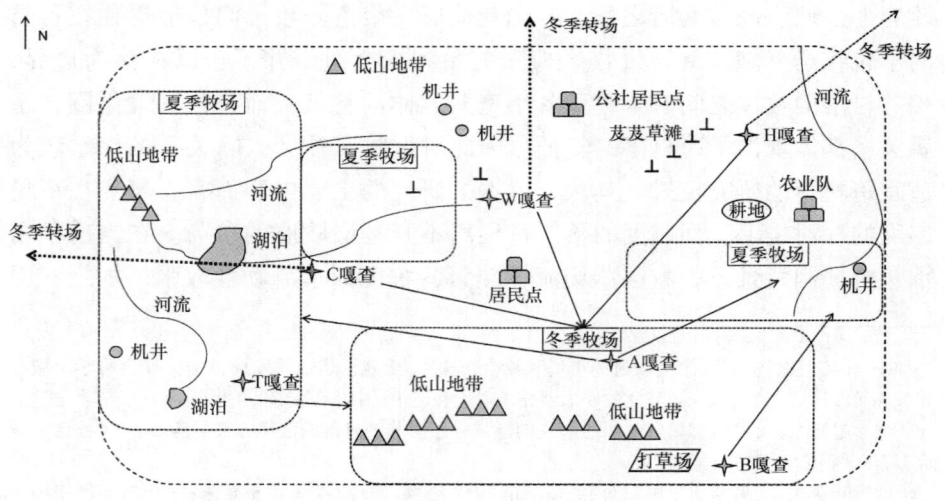

图1-1 当地牧场资源与公社时期的移动放牧（笔者绘于2020年8月）①

之所以选取G苏木有以下几点原因。首先，G苏木是以蒙古族牧民为

---

① 具体草场利用安排与生计方式将在第三章中详细论述。

主要人口构成的典型畜牧业乡镇①。这种人口结构为此地保留游牧文化传统、人草畜地方性知识提供了社区基础。根据居民生计方式的差异，可将内蒙古农村牧区分为典型畜牧区、半农半牧区以及农业地区。不同地区的生产生活、人口结构、土地承包面积均有所差异。典型畜牧区草场面积辽阔，人均承包牧场相对充足，以牧业为产业主体，是蒙古族牧民集中生活的地区。对于典型畜牧区的考察，可以更加清晰地展现草原社会与牧民生计方式的变迁面貌。其次，G苏木辖区内不仅具有常态化的放牧区，而且也有常年禁牧区和季节性休牧草畜平衡区，为我们理解承包制背景下草原监管，以及不同主体之间的互动提供了丰富的案例。最后，G苏木内部还有一部分外来移民及其后裔。并伴随着草场承包制改革以及草场租赁流转的普及，同时具有草料商、草场租赁商、债主等各类型的外来主体迁入过程。不同人群之间的交往也会同草场制度的演变产生持续且微妙的互动，从而成为形塑制度落实的地方特质。而这也是本书选取G苏木的重要原因。此外，笔者不仅熟练掌握蒙古语听说读写能力，而且熟知当地的文化特点和民俗禁忌。这也为笔者深入牧民生活世界提供了可行性基础。

二 家乡民族志的再反思

家乡研究一直是中国社会学人类学的特色领域。不过正如应星所言，熟知的家乡有时恰恰会构成认知的屏障②，作为家乡研究难免会遇到熟知的陷阱。就笔者而言，作为一名蒙古族牧民后裔，对于内蒙古典型畜牧业地区的研究或多或少都会存在"熟知的陷阱"。本书无意继续家乡研究的争论，只是想从研究过程来交代自身是如何应对"熟知陷阱"的实践策略。

具体而言，笔者采取了两种方法来让自己走出脱敏状态。第一种是在研究过程中增强与师友的分享和交流，以此倾听来自外界他者的声音，对比其中的差异。第二种是增加乡镇政府的挂职经历，以此让自己走出"牧民后裔"和"研究者"两种固有角色，从另一种视角重新审视同样的人地

---

① 就G苏木而言，2019年辖区内共有2900名蒙古族人口，占总人口的82%（数据由苏木政府提供）。

② 应星：《质性研究的方法论再反思》，《广西民族大学学报》（哲学社会科学版）2016年第4期。

关系与人际关系，从中捕捉田野中的"熟知"与"不熟知"。这种做法也是试图通过多维度、多站位来重新反思研究者自身和地方社会的关联。通过不同角色的穿插和对比，来重新衡量具体案例的多重面向和具体情感。对于不同的身份，被访者表现出的不屑、期待、愤怒、喜悦、隐瞒、夸张等情绪和加工都是田野事实的一部分。① 通过上述这两种研究策略，一方面可以为笔者带来更为多面和真实的故事。另一方面也多少提供了"进得去、出得来"的手段和方法。

当然，这种田野经历也自然诞生了两种"田野身份"：苏木政府畜牧口秘书"小孟"和研究草场的"学者"。两种身份既会带来进入田野的便利，也会得到牧民的特别对待和期待。当他们将笔者视为乡镇代表时，便会夹杂出对政府的期待、不满、无奈等丰富的情感和互动状态。这些也成为笔者与被访者互动的大幕。这种身份不对等和角色冲突，也成为笔者在田野中反思的问题。为了达成公平的互动过程，笔者试图在调研之前阐明自身调研的目标，澄清自身研究并不代表乡镇政府，并且告知了对方有权拒绝笔者的进入。这也是为了在知情同意的前提下，尽力摸清被访者的担忧和顾虑，以此塑造开放公平的互动过程。

实际上，对于草原、牧区等议题的讨论，需要一定程度的社区背景和语言基础才能更为顺利地"进入"牧区社会。这一点在典型畜牧业地区体现得尤为突出。就 G 苏木而言，2019 年辖区内共有 2900 名蒙古族人口，占总人口的 82%。此外在草场承包制背景下，草原牧区已被纵横交错的围栏切分成了大小不一的承包牧场。因此如果不具备蒙古语基础或没有当地熟人引路，基本上无法进入田野之中。在纵横交错的围栏之中，甚至一些当地人也需要打电话确认行驶路线。在如此典型的蒙古族聚集区，具备语言基础和文化背景是达成"共情共感"式参与观察的前提条件。

参与观察的目的在于把握事件行为背后的意义。在经验层面，要达到意义的解读，就必须达成"共情共感"的调查状态。正如黄盈盈、潘绥铭所述，研究中要注重研究者和被研究者的互为主体性，以"共述"

---

① 与此同时，这种研究策略也是为了更好地契合本书的研究内容和目标。对于草场承包制背景下人地与主体双重关系的探讨，离不开对国家、地方社会与牧区多元主体的考察。而乡镇政府正是连通国家与牧区的基层枢纽，为笔者了解草场制度落实和多主体博弈提供了重要的观察平台。

取代"问答"过程①。研究者和被研究者双方在情感层面的默契，有助于重现行为事件产生时的认同情境，从而对社会事实加以更好的解读。参与观察的具体过程其实是研究者与受访者相互协作的过程。这其中更多地表现出了一种双方互相试探、解释，进而加以理解配合的过程。因此在研究过程中，往往存在着角色确认的过程，无论是研究者，还是被研究者，都会在"自我"和"他者"之间平衡自身角色。

这一点在家乡研究中，体现得更为突出。在家乡研究中，研究者会体验一种独特的自我认识过程。在与被访者的交流中，很容易产生情感认同上的共鸣，从而更好地把握被访者细微的情感线索。整个研究过程，其实就是研究者和田野之间不断确认"他性"的过程。在笔者看来，对于草原牧区人地关系与人际关系这一相对特殊边缘议题的研究，更需要这一层熟知感。当然不可否认的是，在资料的整理和呈现过程中也会遇到翻译难题。例如一些蒙古谚语，可以恰当地表达特定草场利用制度和生计安排。不过在其翻译过程中因笔者自身能力限制，很难转译出合适的汉语版本。为此，只能以蒙汉对照的方式在呈现原文的基础上，力图达到贴切的转译效果。

三 材料的收集与整理

制度变迁引起的人地关系与主体关系的转变历程就是社区若干社会事件的动态演化过程。为了把握这些社会事件，就需要扎根于草原牧区之中，以在场的方式捕捉制度变迁的点滴波纹，从而将制度变革产生的社会影响以实践的脉络逐一呈现出来。关注实践和意义是定性研究方法的一大特征。定性研究可以说是关于行动和意义的科学，对行动的研究主要从动机和意义的角度出发，通过揭示实践行动的动机、意图及影响，来类比、理解和预测相似社会行动和现象②。

（一）本地生活与挂职期间的参与观察

2019年5月初，笔者在锡林郭勒盟的几个苏木开始了短暂的前期调研和筛选工作。当时主要围绕着草场承包制背景下的牧民生计转型做了相应

---

① 黄盈盈、潘绥铭：《论方法：定性调查中"共述""共景""共情"的递进》，《江淮论坛》2011年第1期。
② 陆益龙：《定性社会研究方法》，商务印书馆2011年版，第25页。

的调研。在此基础上，基于上文所述的原因①，笔者最终选择了 G 苏木，并获得了进入苏木政府挂职调研的机会。于是在 2019 年 6 月笔者开启了挂职调研的生活。2019 年 7 月下旬，笔者导师陆益龙教授亲自来到 G 苏木指导了实地调研。

在此期间，导师不仅亲自走访了下属六个牧业村，而且还深入生态移民村进行了专题调研，并在此基础上为笔者后续跟进提出了明确的方向和思路。导师指导笔者要在草场制度变迁的脉络中善于归纳围绕人地与人际双重关系产生的时代"故事"，并结合数据与档案材料把握制度落实过程及其实践效应。因此笔者在田野中不仅采取了访谈、问卷等方法，而且着重收集了特定口述材料和档案资料。具体的材料收集过程将会在下文中逐一阐述。

本书之所以在实地调研中加入乡镇政府的挂职调研，除了增加田野视角克服家乡研究"熟知的陷阱"外，同样取决于本书的研究内容和目标。本书力图揭示草场承包制背景下的人地关系以及不同主体之间的互动面貌。因此，乡镇政府的调研可以更为整体地洞察包括基层政府、村集体等围绕草场产生的各类主体的互动状态及其各自的逻辑。

记得初到乡镇政府时，由于正在召开职工动员大会，笔者便在书记办公室等了一会儿。约过了半个小时，一位年轻干事将笔者带到了提前安排的独立宿舍。由于许久未用，笔者便简单打扫了一下。年轻干事的宿舍都在苏木办公楼后面的一排平房中，因此即便是夏天也非常凉爽。待收拾好宿舍后笔者便重新回到了前排的办公楼。此时大会已结束，书记恰好在办公室。他见到笔者之后特意询问了住宿情况，并说明了机关食堂的开饭时间，随后又把笔者拉到了乡镇干事的微信群中。简单交谈后，书记带着笔者来到了隔壁的党委办公室安排了工位。当时党办的主任被借调到了旗县政府，因此主要工作由一位年龄与笔者相仿的秘书操办。不过还没等笔者"坐稳"工位，副书记便急匆匆地叫笔者一同回旗县翻译相关文件资料。此后的一周笔者便一直往返于苏木和旗县之间，处理着各类文件梳理和撰写工作。

经过一周的体验，笔者发现日常的工作主要集中在材料撰写、文件传阅等行政事务上。因此，笔者便向党委书记提出了想要调去畜牧口的想

---

① 选取 G 苏木的缘由详见第一章第三节第一部分"乡域牧区研究"。

法。对此书记非但没有阻拦，还很高兴笔者能有自己的想法，并将笔者安排在了古副镇长身边。古副镇长是一位"80后"年轻干部，一直负责G苏木畜牧口的工作，对当地草场监管、草场利用、相关畜牧业事务具有清晰的了解。

从此之后，古镇长也成为重要的田野联络人，为笔者调研生活提供了诸多便利。记得2019年10月下旬的一天，当地突降暴雪，沿途的乡道村道全部被堵死，严重影响了牧民的出行生活。因此需要苏木干事轮班驻守在办公楼清理道路、处理灾情。当时古镇长带笔者留下来值班。夜里3点我们接到电话，被告知离镇政府所在地不远处乡道上有辆牧民农用车误进了雪里，需要快速增援避免冻伤冻死的情况发生。随即古镇长便带着笔者开着四驱皮卡车驶向了误车地点。路上我们遇到了H嘎查的嘎查长正在用铲车开路。经过一夜的清理，我们终于清通了道路，并将牧民安顿在了苏木办公楼。随后我们联系了专业救援队，他们驾驶四驱车从后方推着牧民农用车驶出了雪坑。

这些工作也让笔者对草原生态特点以及牧民生计安排具备了更为直观的体验。除了日常工作外，古镇长同样非常支持笔者的调研任务。接到笔者的第一天，他便带笔者走访了一位上访能人。该户所在嘎查村干部在2003年修建村村通硬化路时，未经其本人同意从其牧场上挖掘砂石出售给了筑路公司，进而导致了13.83亩的草场破坏，至此埋下了矛盾纷争的祸根。通过后续的走访，笔者发现纠纷当事人对承包制度的理解，以及对草场的权属意识是随着草场制度变迁而不断发展的，从最初的"国家的地政府怎么用都是有理的"到"我的承包草场凭啥你想挖就挖"，其抗争逻辑明显具有制度变迁的脚本性定义。类似的纠纷还有很多，如果做个简单的归类，可分为：个人之间的草场纠纷（边界问题、债务抵押）、个体与嘎查村集体之间的维权纠纷（外嫁女纠纷）、个体与外来资本之间的草场侵占问题。各类草场纠纷反映了不同主体围绕草场展开的博弈过程，而且可以通过草场纠纷探索制度与主体的相互关系。身在乡镇的笔者，也能更清晰地看到地方政府对于各类草场问题的不同态度。

畜牧口的工作除了协调各类草场问题之外，还需要管理各项有关畜牧业相关的工作，包括各类涉农项目的上传下达、畜群管理、牧业规划等。此外，在笔者挂职期间非常幸运地赶上了"农村牧区集体产权制度改革"工作。在基层牧区，集体资产的主要构成部分便是集体草场。因此当集体草场要以股份的形式分配时，就出现了各种各样围绕"成员权"的问题，不失为又一个观察"草场"制度安排重塑牧区人际关系过程的绝佳契机。笔者也会协助乡镇司法所和兽医站的工作。通过他们提供的信息，可以达到顺藤摸瓜深入调研的目标。这一点在牧区民间债务和草场纷争的调研中体现得尤为明显。对于这些日常工作的亲身参与，使笔者对草场制度的现实变迁历程，以及这一过程对牧区的"刻画"作用有了更为直观且多样的认识。

当然除了苏木政府与各站所的日常工作外，亲身参与牧民草场使用与放牧生活更为重要。为此经过古镇长和其他干事的介绍，2019年8月份笔者便住进了位于C嘎查北部的芒来家。至此古镇长的宿舍和芒来家也成为笔者主要的住所。当然为了获取不同嘎查的具体人地故事，笔者也会托芒来牵线搭桥短暂地住进其他牧户的家中。[①] 不同嘎查村的调研任务虽大同小异，但一些村落因特殊案例需要集中调研，因此住在牧民家中更为方便。至此，笔者与牧民同吃同住同劳动，开始了"信马由缰、放牧草原"的牧民生活。只不过这里的"马"已是摩托车。骑摩托车放羊、骑摩托车调研也成为当时研学生活的主要内容。其间也曾被流浪犬追逐过，也体验过深夜一人一车瑟瑟发抖的骑乘经历。而且也让笔者深切感受到了围栏对牧民生计和出行带来的影响。在当前牧区出行中最为烦恼的莫过于开关围栏门。由于集体草场大部分已承包到户，各处都是铁丝围栏切割成块的承包牧场，因而一条村道时常需要穿过几家牧户的围封草场，这时就需要下车开关围栏门。如果不关门围栏内的家畜可能会顺势逃出、造成邻里之间不必要的麻烦。

住在牧民家中的另一个有利因素，便是可以亲身观察和体验承包制背景下牧民对草场的利用方式和牧业的经营过程。除此之外，通过长期的参与观察，也让笔者了解到了当前牧民彼此之间的互动状态。这些经历为笔者了解草场承包制背景下牧区人地关系与人际关系提供了鲜活的案例。当然，长期的共同生活也能使笔者快速融入地方社会，进而可以高效地获取当地信息。例如：承包制背景下草场租赁信息。

草场租赁流转是承包制背景下牧民普遍采取的生计策略，也是洞察当下牧区人地关系与人际关系的重要议题。为此笔者特意选取了两个嘎查分

---

① 其中便包括老黑、益达木老人、巴雅尔等牧民。

别进行了草场流转以及草原治理方面的专题调研。在草场流转的调研中，笔者借助芒来的引荐走访了 C 嘎查 30 户牧民，着重分析了当前北疆畜牧业镇的草场流转情况，并且从流出与流入方的社会关系、贫富差异、社会声望等角度进行了简单的分类。此外通过 C 嘎查牧民益达木老人的介绍，笔者成功进入了当地集中禁牧区 B 嘎查。在此过程中，笔者发现多数牧民无论是应对禁牧还是生态移民都有其自身的一套变通逻辑，其中不乏管理者与牧民之间的"猫鼠共谋"。当然笔者也对其余四个嘎查村进行了相应的调研和对比分析，以此掌握制度落实的地方性差异和建构特征。一些嘎查村的特殊议题也成为探察草场承包制背景下牧区人地关系与主体关系的重要案例。这期间离不开古镇长、芒来等联络人的引荐和帮助。上述具体嘎查村的调研经历使笔者了解到，科层的逻辑在牧区生活中发挥着重要的作用，尤其涉及草场管理、分配、治理等议题时更需要跳出特定村落范畴，从基层政权的高度审视牧区社会。

总体而言，在为期一年多的田野作业中笔者的调研经历可分为两类：第一类是深入牧民生活之中，了解他们的草场利用方式、对于"草场"的认知方式，进而对围绕草场发生的时代"故事"加以收集梳理；第二类便是参与到苏木政府的日常工作之中，从全局角度掌握基层牧区的草场管理、治理方式以及具体工作内容。当然如此一来便会产生两种田野身份。对此已在上文"家乡民族志的再反思"相关部分交代了其中的伦理问题以及处理方式，在此便不再赘述。

（二）档案、口述与数据资料的整理与呈现

为了更好地了解当地草场制度的变迁历程，对于档案材料的收集和整理是不可或缺的。此外，有必要通过访谈等手段收集口述历史资料，以此增添材料的鲜活性和完整度。当然在访谈之前笔者都会向被访者阐明资料的用途以及隐私保护原则，并在征得后者的同意后才进行了包括录音在内的整理。就资料内容层面而言，与老牧民的互动往往是富有启发性的，他们会根据自身生命史阐述草场制度变迁历程。通过这些故事的解读，可以将历时性制度变迁产生的形塑作用还原至每一位牧民的现实生活中，以此捕捉不同制度安排下的牧民生计方式、人际关系和草原生态面貌。

例如，笔者着重整理了人民公社时代的草场利用方式以及当时牧民的生计安排（部分内容请参考附录一）。通过与老牧民谈论这些内容，不仅可以获得更为丰富且直观的草场故事，亦能激发出讲述者的情感和价值认同。他们会在今昔的对比中表达出对草场制度变迁的态度,以及对当代牧民和未来生活的期许与焦虑。这些情感和价值认同恰恰表达出了身处制度变迁中的牧民对这一变化的直观体验。

值得说明的是在具体的资料收集过程中,依据调查主题和对象的不同,会分别采用访谈、问卷调查等方式。本书是对草场承包制背景下牧区人地关系与主体关系变迁机制的综合分析。而人地关系和主体关系主要体现在围绕生计、生态和纠纷各类的具体实践故事之中。因此资料的收集可归纳为对于不同时代故事的把握归纳。因此访谈对象的选取主要依托各类故事内容而确定。

具体而言,主要以老牧民、青壮年牧民(25—50岁)、行政人员以及各类专题性当事人四类人员构成①(部分访谈对象详情请参见文后附录二)。这一安排也是出于本书对"分化牧民"的强调。对于牧民的分类既体现在基于财富地位上的能人与普通牧户的区别,也表现在基于特定文化身份和乡规民约产生的群体边界。前者表现为嘎查干部与普通牧户的差异;后者则集中体现在类似于外来人口、外嫁女群体等边缘与中心的差异化分类之中。

老牧民也是一种特殊的群体。他们经历过不同时期的草场利用模式,因而具有更为直观的对比和体验。因此在资料的收集中也会尽量参考上述因素考察分化的牧民群体。具体而言,对于老牧民的访谈,主要围绕着草场制度变迁的纵向梳理、传统游牧草场利用方式以及地方性畜牧知识等议题展开。在操作过程中,笔者着重选取了经历过中华人民共和国成立至草场承包制放牧生活整体历程的牧民。青壮年牧民则是草场承包制背景下具体利用草牧场的人群。因此对于此类人群,主要围绕着人地关系、生计变迁、生产支出等内容展开访谈梳理。行政人员的口述材料则可以反映出制度落实过程中监管者与基层政府的态度和逻辑。

当然青壮年牧民和行政人员的选取主要来源于个别案例和事件。这些案例主要围绕着牧民生计、生态治理、草场纠纷三个内容展开。具体案例的选择依循着典型性原则,同时考虑了田野进入的可行性条件。例如在制度与生计层面,笔者着重收集了牧民草场利用方式、草场租赁行为、家畜

---

① 包括上文展示的生态移民、上访牧民、纠纷中的外嫁女、高利贷债主和牧民当事人、银行职员、苏木内富有声望的杰出牧民代表、新型牧业主体的法人等。

调整过程、特定村落的债务危机等特定人与村落的故事。

不过故事同样不可缺少演绎的舞台。尤其对草场制度的分析，如果只停留在特定故事的梳理，将难以看到地方社会的现实面貌和背景。这种客观的背景既是故事发生的舞台，亦能展现故事的典型性和普遍性。田野工作方法不仅遵循实证主义精神，而且也蕴含着人文精神的内在需求，因此在操作层面可进一步重视定量数据的挖掘和阐释，使之与定性分析相得益彰[1]。为此，本书除了对特定人群的访谈之外，同样侧重对可反映承包制背景下牧民生计、草场利用方式和纠纷概况的问卷调查。这些数据也可以更为直观地展现承包制背景下的牧民生计和草原社会的转型面貌。例如，笔者着重收集了牧区民间借贷、草场租赁、草料费用、家畜结构等数据，以此为具体的故事搭建演绎的舞台。因此笔者在写作过程中尽量将上述故事和收集到的数据材料结合在一起，以此希望读者在了解特定故事的同时进一步掌握故事发生的社区背景和整体状态，避免陷入就事论事的陷阱。

至于资料的呈现方面，本书力图还原原始素材，以不同字体区别访谈内容和案例故事。当然有些访谈内容直接融入了正文之中，对此笔者以脚注的方式做出了说明。除此之外，本书还收录了大量的照片材料。之所以如此，是因为照片可以更为直观地体现草场承包制背景下草原牧区的现实景观，亦能展现承包制背景下人与土地的独特联系。照片中的人与土地、人与人之间的故事也将成为探索制度影响的重要切入口。当然照片的使用均得到了对方的知情同意，并对图中一些敏感信息做了相应的后期处理。

第四节　研究意义

一　理论意义

对于土地制度的探讨，当前的研究更多地集中在农地和农区。实际上正如一些学者所述，中国基层每个村庄都有自身的特殊性，不同的本土知识和习惯文化，以及不同的制度环境和市场冲击，对相同的制度设计具有

---

[1] 刘谦：《田野工作方法新境界：实证主义与人文精神的融合》，《广西民族大学学报》（哲学社会科学版）2010年第2期。

不同的反应和结果①。通过梳理现有研究成果，我们可以发现不同的文化背景、乡规民约、人口构成和自然环境都会影响土地制度的多样化落实过程。这就使得制度落实在实际过程中产生了不同的实践特征和制度效应。因此需要对不同土地资源及其所属地区采取针对性的实证分析，以此把握地方性的制度落实过程。社会规范和文化传统鲜明的草原社会，制度的落实以及由此产生的社会影响定与农区不同，因此有必要重新审视上述问题。

然而在草场制度与草原社会转型的相关研究中，始终脱离不开"草场退化"问题。成为问题的草原也成为学界关注的主要焦点。纵观近年来草场制度的探讨，多为环境社会学视角下的草场制度与生态效应的分析。不过草场制度的调整和落实，并不仅以人地关系的维度改变草原生态环境，也会深刻地形塑其中的人与社会。草场制度的调整一方面会改写牧区人际间的联系与纽带，另一方面也会改变牧民与国家之间的关系，同时还会形塑牧民与外来市场主体之间的互动过程。上述不同社会行动者之间的关系结构与互动方式的转换也势必作用在草原生态之上。可见草场制度的落实不仅会改变人地关系及其生态结果，也会重塑牧区相关主体关系。因而需要更为综合的分析框架和视野，以此探索草场承包责任制背景下的牧区社会。

二 实践意义

当一望无际的草原被纵横交错的铁丝围栏切割成大小不一的承包牧场时，草原牧区便呈现出了崭新的社会面貌。就此学者们围绕着"游牧—定居"的逻辑链条开启了对于草原社会转型的分析探讨。然而发生在牧区和牧民身上的变化，不仅仅是从移动到定居这一生计方式和空间布局的变化，同时也意味着牧民彼此、牧民与市场、牧区与国家多重关系的复杂变化，以及这些变化引起的社会与生态结果。为此本书力图通过深描北疆牧区一个苏木的转型缩影，为理解乡村振兴背景下的基层草原社会提供典型样本。

具体而言，随着草畜双承包责任制的实施，季节性移动放牧的草场被

---

① 陆益龙：《大寨与小岗：农村典型建构及意义的再认识》，《南京农业大学学报》（社会科学版）2014年第5期。

切割为了牧户个体的承包牧场。这一变化使得特定草场空间、土地权利与牧户个体达成了高度匹配性的联系。在"权—责—利"一体化的草场利用模式下，围封各自承包牧场成为牧民的共享剧本。在此背景下，横向的邻里联系以及家庭内部的代际关系乃至两性结构也会随着国家自上而下的土地权利格局的调整而发生不同程度的变化。

草场承包责任制以及后续草原生态治理也成为国家与牧民之间持续博弈的重要制度背景。一方面，草场承包责任制为每一位牧户个体赋予了草场独立使用的权利，达成了国赋地权的赋权目标。另一方面，承包制背景下的草场退化根源被界定为了牧民的"过度放牧"，进而发展出了一系列以限制地权为特征的禁牧与休牧政策。这就使得在草场制度的实际运行过程中，国家和牧民呈现出了隐性的权利博弈。在赋权和限权的拉扯中，国家、地方政府、村集体和牧民个体同样发展出了各自的行动逻辑和应对方式。与此同时，草场承包制背景下的牧场租赁流转也为外来市场主体进入草原牧区提供了制度条件。草场租赁商、打草商、高利贷债主等不同类型的外来主体围绕着草场资源与牧民群体展开了持续且复杂的互动过程。

正是承包制背景下的上述互动博弈过程塑造了当下牧区的现实面貌。在此意义上，"定居"似乎难以囊括牧区的整体面貌。如何理解草场承包责任制背景下的牧区社会？如何把握草场制度的运作逻辑及其产生的意料之外的实践效应？在乡村振兴的大背景下如何准确地总结牧区社会的基本概况和主要问题？也将是影响牧区社会进一步发展的重要议题。

第二章 文献综述与研究框架

对于草场制度的研究不能脱离具体社会背景简单地"就草场而论草场",需要将其纳入我国土地制度与农村发展的整体脉络中进行探讨。为此本章将首先从土地制度的相关研究为切入口,梳理相关研究成果与研究范式,进而由面及点过渡到草场制度的实证分析中,并在此基础上阐释本研究的理论视角与研究框架。

第一节 文献梳理与问题聚焦

我国草场制度的变迁历程离不开土地制度的整体规划。对农地制度相关研究的回顾,将有助于了解草场制度变迁的制度环境及其内在的制度延续性特点。为此,本节将在回顾我国土地制度调整与社会变迁相关研究的基础上,梳理草场制度和草原社会的探讨,以此阐明本书的研究出发点。

一 有关土地制度与农村社会变迁的研究

有关土地和草场的探讨一直是社会学与人类学的重要议题。而农村土地制度的改革方向与路线也成为学界探讨的主要议题。其中学界对土地的管理、利用和流转等制度的讨论中多以经济学为主要对话点,意图通过"乡土中国"的独特经验提炼本土的分析工具,反思经济学土地产权制度研究的局限。在这种对话中,也存在着一定的学科刻板化误解,不利于后续研究的推进。为此,本节试图以产权视角为切入口,在梳理相关讨论的基础上,归纳总结社会学视野下的土地制度研究。

（一）土地产权制度与经济绩效

土地制度中的核心内容就是对土地产权结构的调整和部署，而这也成为土地制度相关研究中的重点。产权制度对经济绩效的影响早已引起了理论界的关注。新制度主义经济学便对制度、产权及其经济绩效之间的关系，进行了非常丰富的研究与思考①。

不过当谈到新制度主义经济学或科斯的研究，就会使人联想到"科斯定理"。无论是理论界还是政策实践领域，充斥着"产权设计越明晰，经济效率越高"的"科斯定理"。而且这种认识更是简化成了社会学产权研究就经济学相关分析的主要述评。事实上，如果回顾科斯的实际研究，我们不难发现其理论思想比起各式"定理"要丰富且复杂得多②。科斯实际上强调了在交易费用给定的条件下，对权利的界定会产生不同的经济效益③。这与"产权明晰化就可以提高资源配置效率"的"科斯定理"是相去甚远的。

在科斯的影响下，西方经济学界开始了有关外部性与产权制度的研究，例如德姆塞茨的产权思想。德姆塞茨认为公共所有制很难将行为产生的成本完全归系于行为主体，而私有制则做到了排他性使用，进而将个体成本集中在了个体身上，从而具有了外部效应的内在化作用④。而这一点也成为其广为诟病的"产权明晰化逻辑"⑤。事实上，德姆塞茨对产权私有化的制度分析，在某种程度上并非是在解释公共产权向私有产权转变的机制，而是在讨论私有制相较于公有制所具备的优势。因此，他的分析在某种意义上，脱离了变迁的语境，更多地站在对比和分析的维度，比较两种所有制的优劣。这种分析很容易忽视公有制所处的社会背景，以及

---

① Ronald H. Coase, "The Problem of Social Cost", *Journal of Law and Economics* 3, 1960; Harold Demsetz, "Toward a Theory of Property Rights", *American Economic Review* 57, 1967; [美] 阿尔钦：《产权：一个经典注释》，见 [美] 科斯等《财产权利与制度变迁：产权学派与新制度学派译文集》，刘守英等译，上海人民出版社1994年版（2002重印）；[美] 道格拉斯·C. 诺思：《制度、制度变迁与经济绩效》，杭行译，格致出版社、上海人民出版社2008年版。

② 王水雄：《经济社会分析的一个框架和体系——评〈经济社会学〉》，《社会学评论》2014年第1期；王水雄：《"产权明晰"的迷思：科斯的权利观》，《中国研究》2016年第21期。

③ Ronald H. Coase, "The Problem of Social Cost", *Journal of Law and Economics* 3, 1960, p. 19.

④ Harold Demsetz, "Toward a Theory of Property Rights", *American Economic Review* 57, 1967, p. 354.

⑤ 周雪光：《"关系产权"：产权制度的一个社会学解释》，《社会学研究》2005年第2期。

与此相关联的制度设计。因为这些辅助性制度设计，往往会抵消外部性的影响。

笔者认为这种分析差别是因研究视角和经验材料差异所致。德姆塞茨的产权理论更多的是在英美产权制度基础上的探讨。无论是其有关印第安人产权制度的分析，还是之后的公司问题的探讨，都立足于西方世界产权制度的发展经验。这一点与其他社会背景下的产权事实相去甚远。不过，值得肯定的是，德姆塞茨提出的"权利束"以及"所有权残缺"的概念深刻地影响了中国产权制度的分析与实践①。

如果仔细分析，我们可以发现西方新制度主义经济学在产权、制度变迁相关研究中，虽然坚持了相对价格、激励结构、收益成本与经济绩效等因素，但其对制度尤其在制度变迁的分析中体现出了以下两点共识：一是从长时段的制度变迁中分析制度绩效问题；二是从不同主体关系（谈判能力）来探讨产权制度的变迁。也正是在此基础上，一些学者总结出了强制性与诱致性制度变迁理论②。诺思也正是在此基础上通过经济史的分析，指出了"制度不总是有效的"③。那么如何才能制定有效的制度促进社会经济的发展呢？为此，围绕着中国农业发展，展开了一系列的争论，其焦点集中在了土地产权制度中的农民赋权问题之上。

典型的赋权理论认为，当前的农地制度不仅无法保障农民权益，而且造成了严重的资源闲置结果。"赋权于民"离不开我国土地产权制度的变迁历史。周其仁延续诺思的制度分析路径，从长时段的历史经验中总结出了"赋权于民"的历史必然性④。对土地产权制度的历史追问，实际上是对承包责任制兴起过程的分析。而这种历时性的制度分析，对我们理解当前土地制度具有以下几点重要的启示：首先，通过对农地制度兴起历程可以发现，70年代末的制度改革并非一种完全的制度创新，在60年代已有短暂地向家庭倾斜的制度调整，随后的制度变迁具有深刻

---

① 林毅夫：《再论制度、技术与中国农业发展》，北京大学出版社2000年版；周其仁：《产权与制度变迁：中国改革的经验研究》，北京大学出版社2004年版。

② 林毅夫：《关于制度变迁的经济学理论：诱致性变迁与强制性变迁》，见［美］科斯等《财产权利与制度变迁：产权学派与新制度学派译文集》，刘守英等译，上海人民出版社1994年版（2002重印）。

③ ［美］道格拉斯·C. 诺思：《制度、制度变迁与经济绩效》，杭行译，格致出版社、上海人民出版社2008年版。

④ 周其仁：《产权与制度变迁：中国改革的经验研究》，北京大学出版社2004年版。

的路径依赖特征；其次，这种路径依赖过程中不仅表现出了国家对农业剩余价值一以贯之地利用倾向，而且表达了以农民为核心的地方对"赋权"的利益诉求，所以说制度的调整过程是多主体相互博弈下的结果；最后，通过制度兴起演变历程的把握，可以看出承包到户的责任制并不是一种国家突发奇想的制度安排，其中包含着农民以及地方的利益诉求，而这些利益诉求在制度落实中依然存在，为后续的"赋权于民"的制度变迁提供了经验支撑。

除了从制度变迁的角度强调"赋权于民"的优越性之外，学者们也注意到了农地集体所有制面临的诸多挑战对赋权的现实需求。其中，土地征用问题尤为突出[1]。不过，值得一提的是，虽然一些学者强调"赋权于民"，但其内部也有明显的差异。其中一些学者针对上述"所有权残缺"的困境，提出了土地所有权私有化的必要与优势。而另一些根据中国国情，澄清了"赋权论"并不等同于土地私有化，而是强调产权设计可以从不同权利束的调整以便适应发展的现实需求[2]。而且，肯定土地集体所有权的学者也并非完全要墨守成规，抵触赋权于民的优势和需要[3]。只是在土地所有权是否私有化问题上提出了异议。

在他们看来，土地产权制度的私有化论断，更多地强调了土地作为生产要素带来的经济绩效，而忽视了其政治意义与社会意义。一些学者指出，在土地与人口比例严重失调的中国农村，集体所有制不仅可以保障广大农民的生存权利，亦能成为中国城市化的"蓄水池"和"源动力"[4]。

综上所述，我们可以发现经济学有关土地制度变迁和制度绩效的讨论，主要以经济增长和资源优化配置为导向进行探索。不过就中国土地制度的"私有"还是"公有"的讨论，实际上更加取决于学者们所持的

---

[1] 周其仁：《产权与制度变迁：中国改革的经验研究》，北京大学出版社2004年版；申静、王汉生：《集体产权在中国乡村生活中的实践逻辑——社会学视角下的产权建构过程》，《社会学研究》2005年第1期；周飞舟：《生财有道：土地开发和转让中的政府和农民》，《社会学研究》2007年第1期。
[2] 周其仁：《产权与制度变迁：中国改革的经验研究》，北京大学出版社2004年版。
[3] 陈柏峰：《农民地权诉求的表达结构》，《人文杂志》2009年第5期。
[4] 曹正汉：《土地集体所有制：均平易、济困难——一个特殊村庄案例的一般意义》，《社会学研究》2007年第3期；温铁军：《"三农问题"与制度变迁》，中国经济出版社2009年版；贺雪峰：《如何做到耕者有其田》，《社会科学》2009年第10期。

理论视角、价值观念以及经验材料的差异。正如贺雪峰所言，当前的农村与农民已然出现分化，如果将目光放在城郊农村那么当然会出现私有化的政策建议，但却不符合中西部农民和农村情况①。这也指出了中国农业的复杂性和多样性。事实上，农村与农业的多样性对于制度的现实需求，早在分产到户改革时已有鲜明的表现。根据相关资料显示，20世纪80年代初，不同省区因自身禀赋与集体经济发展的差异，对于"包产到户"持有不同的态度：其中，例如内蒙古、甘肃等集体经济基础较差、农牧民生计紧张的省区更加主张采取责任分包到户的改革，而福建、黑龙江等集体经济发展较好的地区则反对"包产到户"的制度改革②。这也就表明，对农村土地问题的解读，应基于现行农村土地制度的经验分析，探讨具体地区具体产权制度在实践过程中的实际表现，从而确定制度运行中的漏洞与缺点③。也正是在这种学科碰撞中，社会学逐渐形成了契合本土经验的解释路径。对这一脉络的梳理，不仅有利于厘清我国土地制度变迁的轨迹，而且有助于探索作为特定土地资源的草场的一般性与特殊性。

（二）社会学视野下的土地制度研究

对土地与社会良性运转关系的探讨，一直是社会学界经久不息的学科追问。事实上，早在19世纪末20世纪初，就农村社会人口、文化、土地等内容的社会调查便已出现。此时的社会调查运动者，大多采取问卷调查的方式，进行范围较广的调查研究。当时这种广域的定量调查被认为是认识中国基层社会，理解贫弱中国的科学方法。其中不乏对当时的土地制度进行详细描绘，并就土地制度与农村发展乃至中国社会现代化等议题进行丰富探讨的经典佳作。例如李景汉的《定县社会概况调查》④。

20世纪30—40年代，随着一批社会学与人类学青年才俊的归国，综合理论探讨与实证分析的"社区研究"日趋成为当时的主流。这其中费孝通先生的一系列研究更是成为奠定学科走向的标杆之作。在社会学中国化

---

① 贺雪峰：《如何做到耕者有其田》，《社会科学》2009年第10期。
② 杜润生：《杜润生自述：中国农村体制变革重大决策纪实》，人民出版社2005年版。
③ 陆益龙：《制度、市场与中国农村发展》，中国人民大学出版社2013年版；陆益龙：《后乡土中国》，商务印书馆2017年版。
④ 李景汉：《定县社会概况调查》，上海人民出版社2005年版。

第二章 文献综述与研究框架

的过程中，受功能论的影响，费孝通等人完成了一系列有关中国农村土地制度及其未来发展方向的民族志作品①。除了汉人社会以外，学者们也注意到了边疆地区土地制度的独特逻辑。例如，随着民族识别工作的开始，在对蒙疆游牧社会的调查研究中也包含了土地利用方式的考察，为后续的研究提供了宝贵的资料②。

早期社会学中的相关研究，意图通过对土地的分析，达到对社区乃至社会文化结构的整体性把握。从中不难发现，土地并非只是生产要素，从其中映射出的人情伦理、社会规范深刻地形塑着社会运行轨迹。因此，在对当前土地制度的分析中，学界依然坚持着整体论解读，力图从实践角度理解土地产权制度的运行逻辑及其社会影响。从而形成了有别于经济学的"产权的社会视角"。"产权的社会视角"主要包括以下三方面的研究：其一是在本土经验的基础上，提炼出更加契合中国社会的"产权"分析框架，以此对话经济学的产权理论；其二是研究路径试图揭示土地产权制度在现实社会中的运行机制；其三则是从多元主体和多重制度逻辑视角下探索土地制度带来的社会影响，进而总结并反思制度变迁的路径和未来方向。当然，这种区分主要基于研究侧重点以便更好地理顺相关分析，在实际研究中学者们多会采取综合的思路。

在本土经验基础上，提炼出合适的分析工具，一直是中国社会学有关产权研究的主要方向。这主要是为了回应新古典经济学有关产权的探讨。其中，刘世定从产权与认知之间的关系，进而提出了更为契合中国经验的"占有"概念及其三个维度③。而周雪光认为，经济学中以"权利"为核心的产权将组织视为一种独立的单元，将产权模糊当作了产生冲突与低效的根源，这种权利产权观忽视了组织与其制度环境的稳定关联对于组织发展的作用。在他看来，一个组织的产权结构实际上是与其他组织长期互动交往中的关系结果④。在此背景下，围绕着土地制度，不同学者基于自身

---

① 费孝通：《江村经济：中国农民的生活》，商务印书馆2001年版（2014重印）；费孝通、张之毅：《云南三村》，社会科学文献出版社2006年版。
② 张之毅：《游牧的封建社会》，《科学通报》1950年第8期；燕京、清华、北大一九五零年暑期内蒙古工作调查团：《内蒙古呼纳盟民族调查报告》，内蒙古人民出版社1997年版。
③ 刘世定：《占有、认知与人际关系：对中国乡村制度变迁的经济社会学分析》，华夏出版社2003年版。
④ 周雪光：《"关系产权"：产权制度的一个社会学解释》，《社会学研究》2005年第2期。

学术背景及其经验材料，提出了诸如象征地权[①]、复合地权[②]、关系地权[③]、混合地权[④]等不同的分析框架，极大地丰富了对于转型中国土地产权制度的理解。

这些分析工具以反思"产权"概念为基础，强调了社会观念、认知、文化习俗等因素在产权制度变迁中的作用，向我们展示了传统乡土社会中的产权制度的演变过程及其影响。而且在对产权概念的反思中，学者们更加强调了国家、企业组织、地方政府、村落社会等不同主体的互动与关系，借此呈现了产权概念在地方社会的具体认知。这种分析传统，延续到了有关产权社会运行的研究当中。

有关产权运行机制的分析，也有学者将其称为"产权的社会建构逻辑"[⑤]。对产权实际运行的分析，主要从制度背景下的主体互动的视角，展开制度与行动的双向解读[⑥]。

在实际问题层面，此类研究试图解释集体所有制在实际生活中的稳定性和明晰性特征，以此回应部分经济学研究中对集体所有制的"模糊性"定位。在社会学家看来，农村集体所有制在实践领域具有清晰的权利边界。而且在正式制度相对缺乏的情况下，集体所有权在各方当事人的互动中，逐渐演变成了相对稳定的"社会性合约"[⑦]。那么，作为社会性合约的集体所有制是如何建构的呢？为此，学者们通过实证分析总结出了以下几种实践原则。

[①] 张小军：《象征地权与文化经济——福建阳村的历史地权个案研究》，《中国社会科学》2004年第3期。

[②] 张小军：《复合产权：一个实质论和资本体系的视角——山西介休洪山泉的历史水权个案研究》，《社会学研究》2007年第4期。

[③] 臧得顺：《臧村"关系地权"的实践逻辑——一个地权研究分析框架的构建》，《社会学研究》2012年第1期。

[④] 杨磊、刘建平：《"混合地权"的制度分析及其实践逻辑——基于Z村村民小组的个案分析》，《社会》2015年第2期。

[⑤] 曹正汉：《产权的社会建构逻辑——从博弈论的观点评中国社会学家的产权研究》，《社会学研究》2008年第1期。

[⑥] 申静、王汉生：《集体产权在中国乡村生活中的实践逻辑——社会学视角下的产权建构过程》，《社会学研究》2005年第1期；曹正汉：《产权的社会建构逻辑——从博弈论的观点评中国社会学家的产权研究》，《社会学研究》2008年第1期；折晓叶：《土地产权的动态建构机制——一个"追索权"分析视角》，《社会学研究》2018年第3期。

[⑦] 折晓叶、陈婴婴：《产权怎样界定——一份集体产权私化的社会文本》，《社会学研究》2005年第4期。

第一个是生存原则。生存原则是集体所有制中最基本的原则。在土地产权制度中，农民强调无论权利边界如何界定，其最基本的标准都应该是"人人有权依靠土地生存"①。例如在土地补偿问题上，政府虽然具有很大的权力决定补偿费用的多少，但农民会以"没法过日子"的理由，与政府进行讨价还价，以此达成合理的补偿标准②。另外，学者们也发现在乡镇企业的征地问题上，一些村民会放弃现金补偿，取而代之的是换取"就业权"，以此保障持续性的生计维持③。从中不难发现，生存原则在土地权利变更、界定、协商等方面的基础性作用。

第二个是实践原则，表现为在身份认可基础上的公平诉求。"耕者有其田"是国家在革命、战争年代为获得人民支持，而对农民做出的承诺。因而，在土地革命乃至后期的包产到户改革中，成员权利均等原则成为土地产权制度变革中的重要依据。而这种"人人有份，机会均等"的原则，在实际操作层面也有一定的困境，即承包土地均等原则面对家庭成员增长时的矛盾④。不过即便如此，实践过程中也坚持了"户均平等或人头均等"的操作原则。但我们需要看到，身份平等中的"身份"是需要提前界定的。这种界定来源于村籍以及村籍蕴含的阶级成分划分。在土地改革中身份公平便是通过户籍制度，以家庭成分和阶级划分构成了重要的资源再分配逻辑⑤。就笔者所调查的田野点，在 20 世纪 90 年代承包制改革中，也是在划分"牧业队"与"农业队"的基础上制定了草场产权制度的分配。因此，公平原则是在特定身份的界定前提下的操作规则，那么如何区别这种身份，这种身份对后续的制度走向又有哪种影响是值得继续挖掘的。

第三个原则概括为"划地为界"原则⑥。以土地为边界的空间，不仅

---

① 刘世定：《占有、认知与人际关系：对中国乡村制度变迁的经济社会学分析》，华夏出版社 2003 年版。
② 周其仁：《产权与制度变迁：中国改革的经验研究》，北京大学出版社 2004 年版；申静、王汉生：《集体产权在中国乡村生活中的实践逻辑——社会学视角下的产权建构过程》，《社会学研究》2005 年第 1 期。
③ 折晓叶、陈婴婴：《产权怎样界定——一份集体产权私化的社会文本》，《社会学研究》2005 年第 4 期。
④ 周其仁：《产权与制度变迁：中国改革的经验研究》，北京大学出版社 2004 年版。
⑤ 陆益龙：《户籍制度：控制与社会差别》，商务印书馆 2003 年版，第 120 页。
⑥ 申静、王汉生：《集体产权在中国乡村生活中的实践逻辑——社会学视角下的产权建构过程》，《社会学研究》2005 年第 1 期。

仅是自然意义上的村落范围，更是村民以"我"为中心的熟人社会。村民们会将习惯上的村落边界，赋予产权边界的意义。例如，申静和王汉生的研究发现，虽然村民的土地已被征收，但其认同边界不会改变，而且这种权属认识会确定某些行为的进入权利，如在已被征收的土地上捡废铁的权利。因此，他们将农民这种权属规定原则界定为了"划地为界"[①]。"划地为界"体现出了农民对村庄边界的认识，以及这种认识在产权制度中的作用。

第四个原则可以总结为权利的复合性界定准则。实际上这一原则是对产权作为社会性合约的集中表述，可以理解为之前三种原则的综合。当然也有一些学者从农村社会产权制度的特征，总结出了复合性的特征。比如杨磊和刘建平以"混合地权"的概念，指出了土地产权制度除了财产权利界定之外的公共治理、社会秩序和村落整合等不同维度的丰富含义[②]。产权的复合性界定原则，体现了产权制度嵌入于社会网络中的特征，重申了"对产权的理解不能脱离社会情景"的基本准则。

至此，我们可以做一个简单的总结。社会学领域对土地产权的讨论离不开本土经验基础上的理论总结。虽然在学科对话上有些误读，但根植于本土经验上的分析工具为本书理解草场制度提供了丰富的学理基础。不过不难发现在后续的研究中，似乎出现了概念创造的现象。如果对不同学者有关产权的界定深入对比，我们会发现他们都以自身经验强调了"产权的社会建构逻辑"，并无十分明显的学理差异。此外，虽然在对产权社会运行的实证分析中，强调了产权的社会合约属性带来的稳定性，但与此同时学者们也注意到了这种合约面临的实际困境。

例如，一些学者发现，由于这种合约是相互依赖基础上的"在场"产物，因此当社会交往超出村落边界时，权利界定的能力也会随之降低[③]。在土地制度方面，突出体现为征地引发的产权转让和补偿问题。在征地行

---

① 申静、王汉生：《集体产权在中国乡村生活中的实践逻辑——社会学视角下的产权建构过程》，《社会学研究》2005年第1期。
② 杨磊、刘建平：《"混合地权"的制度分析及其实践逻辑——基于Z村村民小组的个案分析》，《社会》2015年第2期。
③ 折晓叶、陈婴婴：《产权怎样界定——一份集体产权私化的社会文本》，《社会学研究》2005年第4期。

为中，涉及的主体超越了熟人社会中的村民，包含了国家、地方政府、开发商等不同的组织单位。土地产权的社会合约属性，将受到来自国家法律、地方政策的冲击，从而会丧失其稳定性。因此，一部分学者试图通过对土地制度相关主体的考察，意图进一步解读土地制度在现实中面临的困境及其产生的社会影响。

谈到土地制度产生的社会影响，便绕不开围绕土地产生的矛盾纠纷。随着土地价值的提高，围绕土地的纠纷已然成为乡村社会矛盾的一种主要形态[1]。学者们发现土地纠纷的解决之所以非常困难，是因为就土地产权制度而言除了乡规民约之外，还有多个合法性来源[2]。因此，有些学者将当前土地制度下的农民所有权总结为"类所有权"[3]。在这种所有制度下，由于政府和农民之间的谈判能力存在巨大差距，因而在诸如征地问题上往往会造成补偿费用过低、兑现承诺不足、强力征收等农民权益受损问题。而农民只能是以生存原则与政府"讨价还价"。可见制度变迁产生的社会影响离不开不同主体的互动过程。为此，一些学者开始了有关土地制度中的各主体博弈的综合性分析。

其中，吴毅等的分析指出，在土地制度变迁过程中，国家以赋权和限权的方式调节着地方政府与农民的社会行为，以此达到不同时期的特定社会发展目标[4]。郭亮则通过对土地流转的分析，揭示了围绕土地产生的新一轮主体互动与社会秩序问题[5]。事实上，学者们的分析侧重点都各不相同，例如吴毅等的研究，注重国家在土地产权制度中的根本性力量（集权和分权）。他们虽然指出了国家因地方政府和农民的现实策略，会出现适度的"身不由己"状况，但无疑更注重了国家的角色。而另一些学者的研究则是将目光放在了地方政府身上，以财税制度改革为背景，探讨了地方

---

[1] 陆益龙：《乡村社会变迁与转型性矛盾纠纷及其演化态势》，《社会科学研究》2013b 年第 4 期。
[2] 张静：《土地使用规则的不确定：一个解释框架》，《中国社会科学》2003 年第 1 期。
[3] 申静、王汉生：《集体产权在中国乡村生活中的实践逻辑——社会学视角下的产权建构过程》，《社会学研究》2005 年第 1 期。
[4] 吴毅、陈颀：《农地制度变革的路径、空间与界限——"赋权—限权"下行动互构的视角》，《社会学研究》2015 年第 5 期。
[5] 郭亮：《土地流转与乡村秩序再造：基于皖鄂湘苏浙地区的调研》，社会科学文献出版社 2019 年版。

政府如何利用土地制度开展"土地财政"的问题①。此外也有学者研究了新中国农村土地生产经营模式的演变路径②。

至此,不难总结出土地制度调整所涉及的主体主要包括:中央政府、地方政府(省市县乡)、村集体、农民以及相关市场组织。研究者们站在不同的角度,揭示了不同主体特有的制度逻辑。因此,一些学者将其总结为了"多重制度逻辑"③,并在此分析框架下揭示了农村集体土地确权制度中不同主体的多重逻辑及其相互作用带来的社会后果④。

综上所述,我们可以发现有关土地产权制度的相关研究经历了三个阶段:第一个阶段主要力图从本土经验提炼出有效的产权分析工具,以此对话西方经济学中的相关理论;第二个阶段主要围绕着农地集体所有制,探讨产权的社会建构逻辑;第三个阶段则从多元主体互构的角度,在制度与行动的关系上进行了更加广泛的讨论。相关研究向我们揭示了围绕土地制度展开的不同主体的多重互构,以及由此产生的社会影响。"主体互构"因此也成为学界有关制度分析的重要视角。值得一提的是,最初对相关主体的界定,更为重视国家与农民二者。这在一定程度上源于"国家—社会"的分析范式。这种"国家—社会"的分析范式也延续到了草场制度及其社会效益的研究之中。

随着分析框架的发展,研究者们对相关主体的界定扩展到了国家、地方——基层政府、村集体与农民,以及其他相关市场主体层面。当然,因研究对象和分析重点的差异,学者们会从中进行取舍,对不同主体赋予不同的分析权重。这也充分表明了土地制度的调试对于相关主体关系的形塑

---

① 周飞舟:《生财有道:土地开发和转让中的政府和农民》,《社会学研究》2007年第1期;曹正汉、史晋川:《中国地方政府应对市场化改革的策略:抓住经济发展的主动权——理论假说与案例研究》,《社会学研究》2009年第4期;折晓叶:《县域政府治理模式的新变化》,《中国社会科学》2014年第1期;周飞舟、王绍琛:《农民上楼与资本下乡:城镇化的社会学研究》,《中国社会科学》2015年第1期;郭亮:《"土地财政"中的地方政府权力运作机制研究》,《华中科技大学学报》(社会科学版)2017年第1期;陈颀:《从"一元垄断"到"二元垄断"——土地开发中的地方政府行为机制研究》,《社会学研究》2019年第2期。

② 郑雄飞、王提:《从单一到多元:新中国农村土地生产经营模式的演变路径探析,《学术研究》2020年第2期。

③ 周雪光、艾云:《多重逻辑下的制度变迁:一个分析框架》,《中国社会科学》2010年第4期。

④ 艾云:《中国农村土地产权的多重逻辑——基于成都市农村集体土地确权改革的案例分析》,《学海》2017年第3期。

作用，制度与主体之间的互动也成为产权社会建构逻辑的背后隐喻。通过现有土地制度的研究，我们可以发现制度对人地与人际关系的作用离不开落实的场域与社会环境。不同农村社会的乡规民约、文化传统以及人际结构会影响统一制度的多样化落实过程。这就在实践过程中产生了不同的制度落实特征，从而使得学者们从不同角度总结出了诸如象征地权、复合地权、关系地权、混合地权等不同的分析成果。这就需要对于不同土地资源及其所属地区采取针对性的实证分析，以此查证地方性的制度落实过程。

这一点在草场制度变迁中尤为明显。草场或者说草原，是一种特殊的土地资源，相较于农地，其生态系统更为脆弱。自20世纪80年代伴随着农地产权制度的调整，草原地区也开始了草畜双承包责任制。然而不同于农地产权制度调整，在草场制度的改革中，始终伴随着草原生态治理的维度。早在20世纪80年代，国家就启动了多项生态治理工程。并协同草场产权制度的改革，设计出了包括草畜平衡、禁牧围封、生态移民等不同层面的辅助性制度安排。与此同时，对畜牧业现代化的改造也成为草原生态治理的另一套手段，其中不仅包括有关"水、草、畜"的建设与改良，而且更为重视将传统的"放养"转变为自然依赖度更低的集约化"舍饲圈养"[①]。以牧业专业大户、家庭牧场、畜牧业协会、合作社，以及龙头企业为系统的现代化畜牧业改造计划，在草场治理语境下得到了迅速推广。从中可以看到，草场制度的变迁历程实际上是产权结构与资源治理双重语境下的制度设计。

二 有关草场制度与游牧社会转型的研究

当人们想到草场一词时，往往会联想到逐水草而居的浪漫画面。这种想象一般会把游牧民设想为无拘无束、自由自在、没有制度约束的塞外自由客。不过，在社会学与人类学家眼中的游牧其实是为了规避高度不确定的自然与社会风险的特定草场制度。有关蒙古游牧社会的一种误解便是"制度真空"：认为游牧就是自由散漫且毫无规律的移动与抢掠，是处于

---

① 传统草原畜牧业主要以移动的"游牧"为主要经营方式。不过在现代化畜牧业建设背景下，"游牧"往往被认为是无法抵抗自然风险的低效率生计方式。而且在草场治理的制度设计下，天然放牧往往不利于"禁牧""休牧"等措施的开展，因而在畜牧形式上，逐渐兴起了"兴建棚圈，开发饲料，以喂养替代放养"的"舍饲圈养"模式。

围栏社会的兴起

"狩猎"和"农耕"之间的文明进化阶段。这种误解恰恰反映了对于游牧社会草场管理与利用制度的忽视与不解。

因此有必要系统梳理有关游牧社会有关人地关系与人际关系的草场制度体系放牧的制度史研究。实际上,对这些研究的梳理不仅有助于我们掌握游牧社会人地与人际关系结构及其变迁机制,而且有利于我们理解形塑当前牧民草场认知的"活历史"传统。这些人地使用规则方面的乡规民约即便是在承包制背景下仍然发挥着重要的效力,影响着当前草场制度的落实与变迁过程。为此本节将主要以蒙古草原社会草场制度的变迁历程为脉络,梳理相关研究成果。并以此为基础着重呈现围绕草场承包制的两种学术视野及其争论,进而指出本书的落脚点。

(一) 有关游牧社会草场制度的研究

就游牧社会草场制度的研究除了晚近兴起的蒙古国、日本以及国内学界之外,更早的研究主要集中在苏俄有关边缘及内亚游牧人群的分析。这一类的研究善于宏观叙事,结合历史分析探讨特定地域游牧文明的兴起发展过程。例如,苏联社会史学家符拉基米尔佐夫以详尽的历史资料解释了从蒙元到清朝各个时期的游牧草场制度[1]。符氏的研究以俄文、蒙文资料系统性地介绍了蒙元至明清时期的北疆草场制度。而日本学者田山茂的研究则在此基础上大量地援引汉文史料进行了补充,并且考证了清代蒙地的草场制度,进而提出了"总有制"的概念[2]。除此之外,也有日本学者从更微观的视角归纳总结了牧民的放牧习惯与放牧技术[3]。

近年来,有关蒙古史与世界史的研究,在国内掀起了一股热潮,其中尤以杉山正明的《游牧民的世界史》这本书为主要代表。作者在第一章中就说明了"游牧"并非是漫无目标的移动,而是根据时节与牲畜的特性具有大致固定移动路线的系统性移动[4]。此外在蒙古史的分析中,对于清代

---

[1] [苏] 符拉基米尔佐夫:《蒙古社会制度史》,刘荣焌译,中国社会科学出版社1980年版。
[2] [日] 田山茂:《清代蒙古社会制度》,潘世宪译,商务印书馆1987年版,第157页。
[3] [日] 小长谷有纪:《蒙古草原的生活世界》,嘎·乌云格日勒、色音译,内蒙古人民出版社1999年版。
[4] [日] 杉山正明:《游牧民的世界史》(修订版),黄美蓉译,北京时代华文书局2019年版。

漠北喀尔喀蒙古的社会史研究中，也有一些值得借鉴的重要研究①。这些研究的共性是通过广泛地收集清代蒙古各部、旗档案史料，辅以蒙文、俄文相关档案材料还原了当时的漠北蒙古的社会、政治、经济概况。对于理解当时的草场制度、游牧方式、生计组织等相关议题，提供了丰富的文献支撑。

王建革是另一位有关游牧草场制度研究的集大成者。他的研究不仅局限于历史文献，而且融入了丰富的实证资料，并基于此提出了分级占有制的概念总结清代蒙地的草场制度②。王建革的研究向我们展示了蒙古社会游牧范围逐渐缩小以至固定的过程。从中可以发现中央王朝的控制、农业人口的增加以及与之伴随的文化交流正是近代蒙地草场制度变迁的外在动力③。此外作为人类学家的王明珂试图通过更为一般性的游牧部落的历史性分析，探索游牧方式的起源、游牧与自然生态之间的联系等更为普遍性的问题。王明珂指出在内亚草原地区，围绕着不确定的自然地理条件逐渐形成了一套特定的草场游牧制度。在这种游牧制度中，牧民并不在意草场的长久所有权，而更加重视特定时期的"使用权"④。可以将这种特定时间内的使用权理解为一种身份进入权。在北方游牧部落早期，相邻部落之间当面临特殊风险和挑战时会准许彼此进入各自的草场躲避天灾人祸，这其中可以发现游牧社会中的草场并非严格地垄断于特定群体，而是在身份确认的前提下弹性地被领有。

从上述研究，我们可以发现游牧社会的草场制度是适应草原生态的独特适应方式。在这种生计模式下，牧民们强调移动放牧，因而不会长期地占有某片草场，相对地会以亲属、姻亲等结构网络确保特定人群在特定时间的进入权。这是传统游牧社会草场制度的独特文化特质。这种文化特质也受到了社会变迁的影响。随着20世纪50年代战后民族国家的兴起，游

---

① ［蒙古］蒙古人民共和国科学院历史研究所：《蒙古人民共和国历史》（二）（上、下册），内蒙古人民出版社1986年版；［蒙古］达·贡格尔：《喀尔喀史》（上、下册）（蒙古文），色仍淖尔布、呼格吉乐图转写，内蒙古人民出版社2015年版。
② 王建革：《农牧生态与传统蒙古社会》，山东人民出版社2006年版，第348页。
③ 王建革：《游牧圈与游牧社会——以满铁资料为主的研究》，《中国经济史研究》2000年第3期；王建革：《游牧方式与草原生态——传统时代呼盟草原的冬营地》，《中国历史地理论丛》2003年第2期；王建革：《农牧生态与传统蒙古社会》，山东人民出版社2006年版。
④ 王明珂：《游牧者的抉择——面对汉帝国的北亚游牧部族》，广西师范大学出版社2008年版，第31页。

牧社会的变迁以及由此引起的社会生态问题，促成了社会人类学家对于特定游牧社会的民族志研究，其中不乏对于草场制度的经典分析。

不同于史学传统，20世纪50年代的人类学有关游牧社会及其草场利用方式的研究，试图通过特定地区游牧社会的民族志考察，还原游牧民的社会组织结构和社会运行方式。在这里只拣选着重强调游牧民草场利用方式的相关，例如《努尔人——对尼罗河畔一个人群的生活方式和政治制度的描述》[1]、《斯瓦特巴坦人的政治过程》[2]等著名的研究成果。

直到20世纪60年代，相关学者开始将目光放在了定居与游牧、国家与社会、游牧与农耕之间的关系问题上，以此探讨游牧社会转型带来的社会生态影响[3]。随着游牧社会的逐渐定居化改革，这一问题的追问逐渐形成了将全球化、民族国家政权建设、农牧互动的影响以及游牧民的反应凝聚在微型社区的研究范式。这一范式主要致力于回答"游牧—定居"历程的动力机制、社会影响和生态后果。"动力机制"方面，学者们普遍揭示了国家力量在定居化中的主导作用[4]。"定居后的社会影响与后果"的研究，则集中在生计与生态两个方面[5]。

"游牧—定居"的转变过程中最大的改变便是草场利用方式的变化。

---

[1] ［英］埃文斯·普理查德：《努尔人——对尼罗河畔一个人群的生活方式和政治制度的描述》，褚建芳等译，华夏出版社2002年版。

[2] ［挪威］弗里德里克·巴特：《斯瓦特巴坦人的政治过程：一个社会人类学研究的范例》，黄建生译，上海人民出版社2005年版。

[3] Ninda Swilder, "The Political Context of Brahui Sedentarization", *Ethnology* 12（3），1973；Anatoly M. Khazanov, *Nomads and the Outside World*, The University of Wisconsin Press, 1994；Dee Mack Williams, *Beyond the Great Wall: Environment, Identity and Development on the Chinese Grasslands of Inner Mongolia*, Stanford: Stanford University Press, 2002；Uradyn E. Bulag, *The Mongols at China's Edge: History and the Politics of National Unity*, Oxford: Rowman & Littlefield Publishers, Inc., 2002；［美］巴菲尔德：《危险的边疆——游牧帝国与中国》，袁剑译，江苏人民出版社2011年版。

[4] 如：Elliot Fratkin, Eric Abella Roth and Martha A. Nathan, "Pastoral Sedentarization and Its Effects on Children's Diet Health and Growth among Rendille of Northern Kenya", *Human Ecology* 32（5），2004。

[5] Richard Symanski, Ian R. Manners and R. J. Bromley, "The Mobile-Sedentary Continuum", *Annals of the Association of American Geographers* 65（3），1975；Avinoam Meir, "Demographic Transition Theory: A Neglected Aspect of the Nomadism-Sedentarism Continuum", *Transactions of the Institute of British Geographers*, New Series 11（2），1986；Avinoam Meir, "Comparative Vital Statistics along the Pastoral Nomadism-Sedentarism Continuum", *Human Ecology* 15（1），1987；Ricardo F. Neupert, "Population, Nomadic Pastoralism and the Environment in the Mongolian Plateau", *Population and Environment* 20（5），1999。

这也反映出了草场制度变迁与牧区的社会转型之间的内在联系。草原社会是以畜牧业为主的社会形态。其中有关草场的管理、规划和利用不仅决定着人地之间的作用方式，而且也形塑着不同主体之间的联系和互动方式。而且草场制度的调整，往往反映出了牧区社会与外部世界之间的互动关系。因此在后续的研究中，学者们开始注重从地方与外界的动态关系中，力图把握草场制调整对牧区社会、草原生态的实际影响。这也是学者们将游牧到定居的社会转型纳入微型社区制度变迁脉络中进行分析探讨的主要依据。

就本书涉及的蒙地草场制度的研究中，英国人类学家戴维·史尼斯（David Sneath）与凯若琳·汉弗瑞（Caroline Humphrey）的研究尤为突出。史尼斯通过考察集体化时期的蒙古国牧民日常畜牧活动，并对蒙古文中的畜牧业用语进行了词源语义上的分析，进而澄清了当时的草场权利义务观念[1]。此外，他们通过对比亚洲内陆三个国家（中国、蒙古国与俄罗斯）的草原社区，发现了草场退化与流动性放牧策略的丧失密切相关，即使经历了相同的市场化进程，流动性牧场的生态情况普遍好于放弃流动放牧的草场。他们主张在对草场治理与制度设计中，需要充分重视"移动"在内的地方性知识[2]。对于移动、多样性、适应和游牧的研究也成为认识内亚草原牧区的切入点，从而发展出了一系列研究成果[3]。

通过上述梳理，不难看出游牧社会研究的关注点随着牧区社会的转型发生了明显的变化。伴随着20世纪后半叶草原牧区定居化过程，学者们开始着重关注民族国家进程、世界体系建设、新自由主义、国家权力建设等话语下的制度变迁与游牧社会的转型。从研究范式上来看，相关研究试

---

[1] David Sneath, *Changing Inner Mongolia: Pastoral Mongolian Society and the Chinese State*, Oxford: Oxford University Press, 2000; David Sneath, "Land Use, the Environment and Development in Post-socialist Mongolia", *Oxford Development Studies* 31 (4), 2003.

[2] Caroline Humphrey and David Sneath, *The End of Nomadism? Society and the Environment in Inner Asia*, Durham: Duke University Press, 1999.

[3] 如：Yina Xie and Wenjun Li, "Why Do Herders Insist on 'OTOR'? Maintaining Mobility in Inner Mongolia", *Nomadic People* 12 (2), 2008; Andrei Marin, "Between Cash Cows and Golden Calves: Adaptations of Mongolian Pastoralism in the 'Age of the Market'", *Nomadic People* 12 (2), 2008; Yenhu Tsui, "Swinging Between Nomadism and Sedentarism: A Case Study of Social and Environmental Change in the Nomadic Society of the Altay Steppes, Xinjiang", *Nomadic People* 16 (1), 2012; Stefano Biagetti and Timothy Howe, "Variability is the Key Towards a Diachronic View of Pastoralism", *Nomadic People* 21 (2), 2017.

图将"游牧—定居"的牧区社会转型置于制度变迁的脉络下,以此探讨特定区域游牧社会的转型过程。可见草场制度与牧区社会转型之间的内在联系。从研究视角上来看,人类学家在草场共有地的研究中秉持了整体性的文化解读,在对异文化财产结构、所有制等问题的研究过程中始终保持着学科批判视野。在运用"产权""财产"等词语时更是谨慎[1]。在世纪之交私有化日益推进的特殊节点,如何挖掘私有化背后的西方制度改革的意识话语和路径选择,如何厘清他者母文化中的共有地与社区之间的联系,并加以恰当的文化翻译成为主要的学术关怀。这种学术传统同样影响着对于我国草场制度与牧区社会转型过程的解读,当然除此之外也有其他的视角和传统。为此接下来将主要回顾与本书密切相关的蒙地草场制度的实证研究。

(二)有关内蒙古草场制度变迁与牧区社会转型的研究

兴盛于20世纪80年代的草原社会调查,强调从农牧互动的视角来解读草场制度与社会变迁。1984年费孝通等人开展了边区调研。其中,费孝通指出了人口流动与内地移民对草原牧区社会制度、自然生态和生计方式产生的巨大影响[2]。在此学术脉络的影响下,涌现了诸多研究成果[3]。其中,马戎和潘乃谷发现农业人口迁移不仅影响牧区社会制度层面,而且诱发了农牧民就生产生活、文化习俗方面的矛盾,从而造成了草原环境的退化[4]。在此基础上,马戎试图提炼不同体制类型与人口迁移之间的关系,并进一步强调了农业人口迁移因素在牧区社会制度变迁中的作用[5]。而以

---

[1] 例如:Caroline Humphrey,"Rituals of Death as a Context for Understanding Personal Property in Socialist Mongolia",*The Journal of the Royal Anthropological Institute* 8(1),2002;Chris Hann,"A new double movement? Anthropological perspectives on property in the age of neoliberalism",*Socio-Economic Review*(5),2007.

[2] 费孝通:《边区民族社会经济发展思考》,见潘乃谷、马戎主编《边区开发论著》(前记),北京大学出版社1993年版。

[3] 包智明:《变动中的蒙民生活:三爷府村实地调查》,《社会学研究》1991年第1期;马戎、潘乃谷:《内蒙古半农半牧区的社会、经济发展:府村调查》,见潘乃谷、马戎主编《边区开发论著》,北京大学出版社1993年版;丁元竹:《牧区的经济组织及发展问题——一个跨生产类型的比较研究》,见潘乃谷、马戎主编《边区开发论著》,北京大学出版社1993年版。

[4] 马戎、潘乃谷:《内蒙古半农半牧区的社会、经济发展:府村调查》,见潘乃谷、马戎主编《边区开发论著》,北京大学出版社1993年版。

[5] 潘乃谷、马戎:《社区研究与社会发展(中)》,天津人民出版社1996年版。

人口迁移为线索的农户互动视角,也成为后续学者相关研究的重要立论基础①。这些研究,继承了传统农户互动视角下的草场制度研究传统,从不同的角度强调了农牧权利争夺对蒙古社会草场制度变迁的深远影响。

通过相关研究的梳理,我们可以发现 20 世纪 80 年代,内蒙古草原社区就已出现大范围成型的半农半牧、全农社区。从中可以了解到草场制度的变迁,实际上也会受到这一部分群体的影响。因此可以说,草场制度并非仅仅是对牧民与畜牧业的产权制度调整,同时也关照着内蒙古境内广大农民群体切身利益。与此同时,牧区社会从公社经营向家庭承包责任制变迁时,其内在的生产要素属性成为制度改革的主要标准。而这一点也是后期相关研究所批判的重要靶子,对此我们将在后文中进行系统的梳理。在这里我们还需要进一步探讨农牧互动视角带来的启发性思考。

例如,通过马戎等的研究,我们了解到人口流动会改变社区结构和人们的认同意识,从而会改变诸如择偶等在内的社会行为②。这一点启发我们研究草场制度带来的影响时,不能仅限于制度所涉及的"物"(草原生态)的范围,而更要关注制度对行动主体社会意识和文化认同的影响。在对草场制度变迁及其社会生态效应的研究中,应关注到更广泛的社会影响。不过,通过对接下来相关研究的梳理,我们可以发现学者们更多地还是将目光聚焦到了"草场"之上。

随着 20 世纪 80 年代初牲畜承包到户,为了防止"牲畜吃大锅饭"③而进行的草场承包改革应运而生。在此背景下,学界开始了有关草畜双承包责任制及其后续辅助性制度社会生态效益的争论。争论的焦点集中在"产权明晰化是否适合草原"这一问题上。

肯定草场确权制度合理性的一方,依据哈丁的"公地悲剧"模型④,

---

① 色音:《蒙古游牧社会的变迁》,内蒙古人民出版社 1998 年版;恩和:《草原荒漠化的历史反思:发展的文化维度》,《内蒙古大学学报》(人文社会科学版)2003 年第 2 期;恩和:《蒙古高原草原荒漠化的文化学思考》,《内蒙古社会科学》(汉文版)2005 年第 3 期。
② 马戎、潘乃谷:《内蒙古半农半牧区的社会、经济发展:府村调查》,见潘乃谷、马戎主编《边区开发论著》,北京大学出版社 1993 年版。
③ 草畜双承包责任制在实施过程中并非同一时间将牲畜和草场统一承包给牧户,而是在承包家畜的背景下,为防止"公地悲剧"的发生而采取了"草场公有,承包经营"的方法。其中"公地悲剧"则以"牲畜吃大锅饭"的比喻出现在了当时的主流话语之中,成为地区政府变革制度的思想基础。
④ G. Hardin, "The Tragedy of the Commons", Science 162, 1968.

突出了牧民的理性人假设，强调了草场退化与过度放牧之间的联系。在这一观点看来，80年代牲畜承包至90年代末草场承包这一时期，是北疆草原退化的主要阶段，其根本原因正是没有明晰产权，从而使草原成为向任何人开放的"公地"，至此出现了资源掠夺性使用[1]。因此，只有推进草场承包责任制，才能将特定的草场使用权、责任和义务统一起来，解决公地悲剧问题。

我们可以发现提倡产权明晰与经济社会效益的一方，多以"公地悲剧"模型来解释草原面临的现实困境。不过，在奥斯特罗姆看来，有关公共选择的"公地悲剧"模型，无论是解释力度，还是自身逻辑层面，都存在着一定的缺点[2]。在其看来，"公地悲剧"模型在解释集体行动时，蕴含着以下两种假设：一是个体间的沟通困难，或者无法沟通；二是个人没有改变规则的能力，而这些假设在现实中是很难站得住脚的[3]。

可见，在资源管理语境下似乎潜藏着制度与社区真空的假设，进而容易形成国家与社区、管理与使用、监督与遵从等对立关系。在制度设计中与资源直接打交道的社区成员往往会处于"禁音"的状态。社区自身的制度资源和地方性特质也会被贴上"落后、愚昧和低效"的标签，进而被改革和塑造。在气候条件极度不确定，资源分布十分不平衡的草原地区，这种想象的革新往往会事与愿违地产生更为严重的社会生态后果。实践表明，哈丁假设的"公地"是一种无人管理、完全开放的草场，但通过制度史的研究可以知道，草场是有主的，即便是再浪漫的游牧部落也是由学者们总结的"总有制"[4]或"分级占有制"[5]，并非是制度真空的开放公地。传统上由特定民族或部落共同使用的草场显然不在此类范畴。另外一些学者也对草场私有化管理的生态绩效提出了异议[6]，并提出了私有化之外的

---

[1] 许志信、陈玉琦：《草原管理与畜牧业持续发展》，《内蒙古草业》1997年第1期；张殿发、张祥华：《中国北方草原雪灾的致灾机制探讨》，《自然灾害学报》2002年第2期；刘艳、齐升、方天堃：《明晰草原产权关系，促进畜牧业可持续发展》，《农业经济》2005年第9期。

[2] [美]埃莉诺·奥斯特罗姆：《公共事物的治理之道：集体行动制度的演进》，余逊达、陈旭东译，上海三联书店2000年版。

[3] [美]埃莉诺·奥斯特罗姆：《公共事物的治理之道：集体行动制度的演进》，余逊达、陈旭东译，上海三联书店2000年版，第18—19页。

[4] [日]田山茂：《清代蒙古社会制度》，潘世宪译，商务印书馆1987年版，第159页。

[5] 王建革：《农牧生态与传统蒙古社会》，山东人民出版社2006年版，第348页。

[6] Gilles, J. L. and Jamtgaard, K., "The Commons Reconsidered", *Rangelands* 4 (2), 1982.

制度路径①。

也正是在此理论背景下，反思草畜双承包制度绩效的学者开始了有关草场制度与社会生态效益的广泛讨论。有学者在制度运行的实证分析基础上，指出了承包制度忽略了畜牧业的动态性和草原的特殊性，从而诱发了一系列生态与生计问题②。事实上，对草原资源类型的强调，一直是制度反思性研究的主要特点。例如，李文军、张倩通过强调草原作为非平衡性资源类型的方式，揭示了产权明晰化的管理方式因忽视草原的脆弱性和整体性，而造成草场退化的现实机制，并创造性地提出了"分布型过牧"的总结③。

"分布型过牧"的另一种解读是"围栏陷阱"④。杨理认为草场承包到户之后，牧民为排他性使用承包草场而围封牧场，这就导致畜群移动空间的压缩，从而造成了围栏内承包草场的迅速退化。而在生态人类学研究中，围栏被赋予了"景观"的意义，以此深描制度带来的牧区社会变迁⑤。也有学者对我国草原牧区定居化过程、牧民生计和社会平等模式之间的关联做了相应的分析。例如，有学者通过对西藏牧区的纵向民族志考察，分析了定居化社会转型对牧区社会平等模式和阶层分化的影响⑥。此外也有学者就草原管理⑦、草原生态奖补⑧等议题进行了专题性的研究和总结，为本书掌握和理解相关草场制度提供了重要的基础。上述研究的相似之处在

---

① Tony Banks, "Property Rights Reform in Rangeland China: Dilemmas on the Road to the Household Ranch", *World Development* 31 (12), 2003.

② 韩念勇：《草原的逻辑 续（上）——草原生态与牧民生计调研报告》，民族出版社 2017 年版。

③ 张倩、李文军：《分布型过牧：一个被忽视的内蒙古草原退化的原因》，《干旱区资源与环境》2008 年第 12 期；李文军、张倩：《解读草原困境：对于干旱半干旱草原利用和管理若干问题的认识》，经济科学出版社 2009 年版。

④ 杨理：《中国草原治理的困境：从"公地的悲剧"到"围栏的陷阱"》，《中国软科学》2010 年第 1 期。

⑤ 张雯：《自然的脱嵌：建国以来一个草原牧区的环境与社会变迁》，知识产权出版社 2016 年版。

⑥ Nancy E. Levine, "Transforming Inequality: Eastern Tibetan Pastoralists from 1955 to the Present", *Nomadic People* 19 (2), 2015.

⑦ 李艳波、李文军：《草畜平衡制度为何难以实现"草畜平衡"》，《中国农业大学学报》（社会科学版）2012 年第 1 期；张倩：《草原管理"难缠问题"研究：环境社会学的视角》，中国社会科学出版社 2019 年版。

⑧ 范明明：《草原生态补偿的跨尺度影响研究》，中国社会科学出版社 2020 年版。

于对"草原"这一公共资源特殊性的强调。学者们着重从草原的非平衡性以及水草资源的时空异质性特征着手,进而阐述单一化的承包制及其后续治理措施引起的各类社会生态效益。而另一种研究传统,则从草场制度落实过程揭示制度变革带来的社会生态结果[①]。

伴随着草场退化的加剧,以草畜平衡和生态奖补为主要手段的生态治理已经无法遏制日益退化的北疆草原,因此禁牧、生态移民等强制性手段应运而生。也正是对这些辅助性制度体系的解读,促成了"国家—社会"框架下的制度分析传统。例如,在对"生态移民"的研究中,学者们发现移民工程中充斥着国家强力、地方政府与市场组织的合谋,而地方社区往往被置于"禁音"的状态,从而客观上导致移民工程的环境保护目标充满了不确定性[②]。研究者们发现,在当前的草畜双承包责任制背景下,对草原的进入权并没有进行严格的把控,从而出现了诸多社区外资本与力量对草原的使用现象[③]。与此同时,也有些学者开始了挖掘牧区"地方性知识"[④] 的研究,力图以此探讨草场利用中的创新性思路[⑤]。

既然地方性制度有一定的生态效益,那么为何在当前的制度背景下很难达成有效的作用呢?对此,一些学者认为草场制度的变迁其实是国家建设的一个维度。现代国家为追求清晰化、统一性的制度目标,会忽视地方性的多样化制度资源[⑥]。而在王晓毅看来,当前的草场制度打破

[①] 王晓毅:《环境压力下的草原社区:内蒙古六个嘎查村的调查》,社会科学文献出版社2009年版;王晓毅、张倩、荀丽丽编著:《非平衡、共有和地方性:草原管理的新思考》,中国社会科学出版社2010年版;荀丽丽:《"失序"的自然:一个草原社区的生态、权力与道德》,社会科学文献出版社2012年版;王婧:《牧区的抉择》,中国社会科学出版社2016年版。

[②] 荀丽丽、包智明:《政府动员型环境政策及其地方实践——关于内蒙古S旗生态移民的社会学分析》,《中国社会科学》2007年第5期;包智明、任国英:《内蒙古生态移民研究》,中央民族大学出版社2011年版。

[③] 王晓毅:《环境压力下的草原社区:内蒙古六个嘎查村的调查》,社会科学文献出版社2009年版;乌尼尔:《与草原共存:哈日干图草原的生态人类学研究》,知识产权出版社2014年版。

[④] [美]克利福德·吉尔兹:《地方性知识:阐释人类学论文集》,王海龙、张家瑄译,中央编译出版社2000年版,第223—242页;David Brokensha, Dennis M. Warren, and Oswald Werner, *Indigenous Knowledge Systems and Development*, Washington, DC: University Press of America, 1980.

[⑤] 麻国庆:《草原生态与蒙古族的民间环境知识》,《内蒙古社会科学》(汉文版)2001年第1期;朱晓阳:《语言混乱与草原"共有地"》,《西北民族研究》2007年第1期。

[⑥] 荀丽丽:《再造"自然":国家政权建设的环境视角——以内蒙古S旗的草原畜牧业转型为线索》,《开放时代》2015年第6期。

了"移动"放牧的制度基础,将家庭的生产地位空前提高,为地方性合作行为带来了极高的成本[①]。而且在当前生态治理的语境下,国家派出机构往往会因自身的需求,与牧民达成短暂的"交易",从而造成了国家作为第三方监督主体的成本与成效的失衡,为草场监管造成了潜在的困境[②]。

由此可见,与农地制度的社会运行相同,在草场制度运行过程中,也涉及不同主体的相互博弈与互动。而各种"强力"的角逐中,往往缺少对牧民主体的重视,因而造成了制度设计与落实之间的巨大张力。其结果是制度设计不仅浪费了现有的地方性制度资源,同时也增加了实施过程中的交易费用。

至此,我们可以发现学界将"草场产权明晰化"的评估,纳入了国家与牧区关系的讨论。在草场制度的运行过程中,存在着国家与社区的非对称性关系。在草场制度的制定、实施过程中,国家及其派出机构成为唯一的操控方,而牧民与社区往往无法有效地表达自身的诉求。其后果一方面表现为:草场承包经营因忽视"移动"放牧等地方性制度资源,客观上增加了草场整体利用的成本,加剧了对草场资源的掠夺性使用。另一方面,草场监管中的非对称关系导致国家垂直管理体系的过高交易费用,同时滋生了监管者与牧民之间的"猫鼠共谋",不利于达成行之有效的监管效果。因此,有学者提出草场承包责任制往往会造成牧区环境的"私地悲剧"[③]。因而需要回到草原社区本身,探索社区管理在内的多种灵活的制度安排。

三 文献评述:把"人"带回来

随着草原退化的加剧,有关生态与生计的讨论夹杂着制度分析的深入,得到了多方面的探讨。纵观近几年草场制度社会生态效应的相关研究,多为环境社会学视角下地方性知识的正名尝试。此类研究强调特定区域的纵向分析,将论点置于"游牧到定居"的变迁脉络中,注重将

[①] 王晓毅:《环境压力下的草原社区:内蒙古六个嘎查村的调查》,社会科学文献出版社2009年版。

[②] 王晓毅:《环境压力下的草原社区:内蒙古六个嘎查村的调查》,社会科学文献出版社2009年版。

[③] 陈阿江、王婧:《游牧的"小农化"及其环境后果》,《学海》2013年第1期。

"活历史"[①]与史料结合在一起的分析策略。此种路径不仅可以清晰地呈现特定区域草场制度变迁的轨迹，亦能揭示制度变迁背后国家与社会关系的变化以及由此引发的生态后果。这种将历时性制度分析与横向实例剖析相结合的分析传统，为本书提供了方法指引。其中有关国家及其派出机构、地方政府、牧民等主体的互动博弈的讨论，也为我们研究草场制度及其社会影响提供了非常有益的突破口。

不过现有研究仍更为关注草场承包责任制调整产生的生态效益，将重点聚焦在了草地资源的退化问题上，并力图通过上述纵向与横向相结合的分析路径揭示草场退化背后的制度根源和影响机制。当然在阐述影响机制的路径上具有明显的差异：环境社会学和生态人类学更强调草原特有的资源特征不适合采取分包到户的碎片化经营；农村社会学与政治学维度则更加注重从"国家与社会"的视角，采取制度变迁与社会生态效益的综合探讨。虽有如此解释差异，但关注点依然集中在了草场制度调整对草原本身的形塑作用。对于牧民以及牧区的关注，则主要停留在了草场退化引起的生计困境、社区解体以及文化式微的讨论。这就引出了一些追问，具体如下。

首先，草场承包责任制催生的意料之外的社会后果除了生态危机与生计发展桎梏之外，是否有其他层面的表现？

其次，草场制度变迁背景下的社区解体该如何理解？是否移动放牧、互惠传统的消失便意味着"社区的解体"？

最后，制度变迁导致的社会影响与制度落实过程有何种联系？

对于第一个问题，草场制度的作用不仅限于生态领域，对牧民生活方式、人际关系、族群意识等方面都会产生较为明显的影响。实际上，如相关研究所指出的"互惠精神丧失，经济利益至上"，等等变化，都反映出了制度对牧民人生态度和社会选择的深刻影响。制度对牧民的影响还包含社会认同、人际互动、社会纠纷等方面。尤其围绕草场展开的纠纷矛盾是近年来影响牧区社会稳定的重要问题。另外，现有研究对于牧民生计困境的解读，多在"国家—社会"框架下，以制度制定忽视了社区特点，从而使得自上而下的制度落实促成了贫富差异加大、生态生计成本提升等方面

[①] 费孝通：《重读〈江村经济·序言〉》，《北京大学学报》（哲学社会科学版）1996年第4期。

加以解释。这一框架虽然阐释了制度落实中的权力差异的影响，但对于具体落实过程的阐释仍显余力不足。例如"牧区禁音"中的"牧区"是否就是铁板一块的权力利益统一体？不同的牧民是否对制度反应具有不同的态度？是否会出现利用已有社会身份固化制度落实路径的现象？这些又对草场制度的后续调整有什么影响？其结果与生计变迁又有何种关联？可见，对于牧民生计困境的追问仍需在草场制度变迁的语境下，从制度与生活的关联中进一步解答。与此同时，对于制度变迁中的"牧民"也应该做出更为详细的分类，以此分析不同群体对于同一制度的反应差异以及由此引起的复杂结果。

对第二个问题的回答，实际上会受到经验材料的限制。不可否认，在草场承包制背景下，牧区社会的互助结构与互惠传统遭到了一定的解构。不过随着基层治理模式的发展，国家对于治理共同体的重视日益增强。[①] 自治、法治与德治的融合将是乡村振兴新时期我国基层社会治理的重要创新方向（陆益龙、孟根达来，2021）。就草原社会而言，郑少雄在牧区"地方—空间紧张"的分析中，同样揭示了牧民在积极地利用流言蜚语、重建习俗等方式完成时空重组的过程[②]。而且通过实地调查，笔者发现一些基层牧区村落中也发生过通过礼俗重建的方式重构承包制背景下人地与人际关系的案例。其中传统文化身份、能人地位、亲属结构等地方性资源与纽带，在整合社区、维系彼此关系方面发挥了重要的作用。这些研究和发现表明，在社区解体问题上，需要谨记两点启示：一是当前的牧民是一种分化的群体，其中包含着不同的利益主体，因此在制度分析中不能简单地将牧民与牧区等同于没有内部差异的分析单元；二是"社区解体"是动态的，会随着制度变迁中不同主体的互动而产生变化，这就需要在历时性分析中进行区分把握。

第三个问题其实是对前两个提问的总结。通过对土地制度的研究梳

[①] 党的十九届四中全会《中共中央关于坚持和完善中国特色社会主义制度推进国家治理体系和治理能力现代化若干重大问题的决定》提出：完善党委领导、政府负责、民主协商、社会协同、公众参与、法治保障、科技支撑的社会治理体系。充分表明了当前社会治理中多元参与、协同治理的共同体作用。因此，在对于草原这一公共事务的治理中，如何发挥社区、市场组织、非政府组织等多元主体的治理作用，是需要进一步探索的重要议题。

[②] 郑少雄：《草原社区的空间过程和地方再造——基于"地方—空间紧张"的分析进路》，《开放时代》2013年第6期。

理，我们发现制度的影响离不开制度落实的过程，而制度落实过程的不同轨迹深受相关主体互动结果的影响。因此在制度效应的分析中，不能忘记主体关系的探讨。但就目前的相关研究而言，无论是国家与社会框架，还是国家建设的生态维度的探讨，都将注意力更多地放在了国家与牧区两者身上。事实上，即使是国家和牧区也是多元分化的，而且其行动策略也会随着制度环境不断的变化。这就要求需要从日常化的视角，对"牧民"进行更为细致的分类，以此解读制度与行动在不同群体日常生活中的互动逻辑以及由此产生的社会影响。基于此，本书将从以下两方面进一步探索，具体如下。

一是，在对草场承包责任制背景下牧区人地关系与主体关系的分析中，注重牧民的分类处理，以此揭示同一制度对于不同牧民群体的差异化影响。这种分化在草场制度的变迁过程中将会被进一步制度化和固化，甚至会成为左右制度初衷的社区因素。在当前承包制背景下，分化的牧民会围绕着草场资源展开丰富且复杂的博弈过程。有时这种博弈也会变成不同强力之间的对抗关系，进而演变成影响草场制度落实的重要因素。对于牧民的分类既体现在基于财富地位上的能人与普通牧户的区别，也表现在基于特定文化身份和乡规民约产生的群体边界。后者集中体现在类似于外嫁女群体（第七章）等边缘人群的差异化分类之中。除此之外，伴随着承包制背景下草原生态治理的推进，也会产生制度性的群体分化现象，例如禁牧区移民和非禁牧区的普通牧民等（第六章）。上述群体差异将催生各不相同的实践策略，既体现在生计层面，也体现在草原生态层面，更表现在相关主体之间的互动与博弈之中，进而构筑了当下牧区的实际状态。

二是，草场制度不仅仅是对于"草场"这一"物"的调整，更是对牧民彼此之间的关系，乃至牧区相关主体关系的形塑过程。因而对草场承包责任制的分析中，要将"人"重新纳入研究的重点之中，不能仅看到制度与生态之间的关联，也不能将牧民生计难题只视作草场退化的产物。而是更要看到人际关系的变迁带来的合作与竞争模式的变化也会诱致牧民生计与草场生态的改变。草场承包经营背景下，牧民生计、草原生态与人际关系是相互交织在一起的，是制度调试下牧区人地与主体双重关系变迁的缩影。概括而言，本书便是在草场制度的分析中重新将"人"带回来，回到人的无限可塑性，以此重新考量草场制度的地方性落实过程。

第二节 理论视角与研究框架

通过上述整理，可以发现以往关于蒙地草场制度的研究将关注点更多地集中在了"草场退化"这一生态议题上，对于人地关系与主体关系的综合分析相对薄弱。而且"国家—社会"的解释框架也有进一步挖掘的空间。笔者认为造成这种研究趋势的原因，除了生态问题的呈现性更强，相关议题的社会关注度更高，等等原因外，同样离不开对于草场制度的界定方式。相关研究在草场制度的界定上，更强调外在的、正式的产权属性，将草场制度的变迁一定意义上还原为了产权结构的调整。事实上，正如田野案例所示，牧民对于草场的使用方式虽然深受产权结构的影响，但在实践层面也有其特定的规划和使用方法。这种实践的制度文法深受牧区人际关系、文化传统和规范结构的影响。因此需要对"草场制度"重新解读和认识。

一 理论视角

本书正是通过制度与主体之间的关系，来重新解读草场制度与牧区社会转型之间的内在逻辑联系。这就绕不开社会转型论、社会互构论以及制度分析视角的支撑。事实上，有关制度与主体关系的探讨一直是学界争论的焦点。这一争论离不开制度分析的功能主义传统和理性选择视角。功能主义传统下的制度分析强调制度的外在强制性与社会约束。而在理性选择视角下人们的行动源于个人利益偏好和利益最大化原则，所谓制度则是社会行动者为实现自身效用最大化而创造的一系列行为规则。事实上，现实社会中的制度与主体的关系更趋于这两极之间。本书试图综合两种理论视角，将制度的结果视为制度落实过程中制度与主体互构产生的实践结果，以此揭示草场制度变迁对牧区人地与主体双重关系的重塑过程。

（一）社会转型论和社会互构论

本书中的"社会转型"来自郑杭生先生的相关理论。郑杭生先生对"社会转型"概念做了两层解释：第一层是指社会形态从传统型向现代型的转变；第二层特指中国的社会转型，即社会生活与组织方式由传统向现代的转型过程①。社会转型理论揭示了中国社会经历的巨变,不仅仅是市场转轨过程,同时也涉及不同制度安排和主体关系的现代化转型过程。转型中的社会主体保持着互构共变的关系,从而使得个体与社会形成了共时共变的状态②。因此,社会转型意味着深刻而又大规模的社会关系调整。

  从社会转型论和社会互构论不难得到以下启发:中国社会的转型同时也是制度变迁中不同主体互构共变的过程,不同制度设计是主体互动共变的重要背景,因此在对社会转型的分析中不能仅看到市场机制的影响,也要看到形塑主体互动状态的制度调整和变迁过程。诸如土地制度的调整必然会改变农民彼此、农民与集体、农民与国家、农民与市场的互构状态。郑杭生先生便在对比印度、泰国以及中国转型进程的基础上,同样强调了土地制度调整对国家现代化转型的深刻影响③。

  草原社会是以牧业为主要生计而构建起来的社会。草场是牧业的基础,如何使用草场、谁人占有、何以管理等涉及草场制度的内容便自然成为草原社会的核心议题。这套制度体系规定着人地以及主体之间的互动依赖关系。随着草场承包责任制以及后续一系列草场制度的调整,人地关系更多地体现为特定牧民与固定草场之间的排他性占有状态。在此背景下,围栏不仅成为固定人畜的空间界限,而且也重新塑造了牧区人际关系。人地与人际双重关系的变化促成了牧民生计、草原生态以及人际关系结构的互构共变过程。其中生计体现了牧民生活和人地关系面貌,生态反映着人与自然的依赖共变结果,关系转型则展现出了牧区内部乃至牧区与外界之间的互动共变状态。因此当形塑三者的草场制度发生变迁时便会诱致牧区的社会转型。这也是本书立足于草场制度变迁探讨牧区社会转型的理论基础。当然本书无意将当前牧区社会转型全然归结为草场制度的变化,而是力图揭示草场制度是如何诱致牧区的社会转型过程。制度变迁中的相关主体也并非完全被动的存在,制度与主体也处在持续互构共变的过程。那么该如何理解制度与主体的关系权重,这就绕不开制度分析的功能主义传统

---

  ① 郑杭生:《改革开放三十年:社会发展理论和社会转型理论》,《中国社会科学》2009年第2期。

  ② 郑杭生、杨敏:《社会互构论的提出——对社会学学术传统的审视和快速转型期经验现实的反思》,《中国人民大学学报》2003年第4期。

  ③ 郑杭生:《改革开放三十年:社会发展理论和社会转型理论》,《中国社会科学》2009年第2期。

和理性选择视角。

（二）制度分析的功能主义传统

制度分析的功能主义传统早在涂尔干和莫斯对原始分类的研究中就已有启示。他们认为分类是社会制度的结果，分类是社会呈现自身的社会表象。这种分类观念不仅局限于社会范畴，而且还折射到人与自然的关系之中，例如，祖尼人通过图腾（氏族）分类确定各个方位以及这种方位的社会意义[①]。

从中不难发现，对于自然的分类制度与特定社会宗教信仰、道德规范、社会结构是密不可分的。虽然涂尔干和莫斯分析的是原始社会的分类，但是如果抛弃进化论的社会类型学划分，那么这种分类的动力学机制在蒙古游牧民的自然分类中也有体现。在蒙古语中，对不同地势草场的命名一般源于蒙古袍的不同部位，例如山的阳面称作"obor"（译同胸口）、缓坡地带被称作"hormoi"（译同下摆），而山阳面往往相较于缓坡更富有神圣意义。这与蒙古人的神圣观念具有一定的联系，在蒙古人看来，一个人的精气神都在其头顶，因此男性的头部、与头部有关的帽饰是不可以随意侵犯的。例如将男性的帽子放在坐垫上或干脆坐在上面等行为都会被理解为"故意羞辱"其主人。这种以"高"为尊的观念或许来自"长生天"信仰体系，在此笔者无力考究。但这种观念体系实实在在地影响着牧民对不同地势的价值衡量：山峰高处往往会被用于建设敖包、祭祀山水等神圣活动，而缓坡则会被用来开展世俗事务。对地势的分类，源于游牧民的思维习惯和社会认知，特定区域与特定社会行为的匹配性，也为自然的分类赋予了不同的价值意义。可见，对于自然的分类，并非毫无章法可循，而是特定社会结构与社会认知的外显。而这种分类不失为最原初的"草场制度"。

在后续的研究中，道格拉斯进一步发展了这种思路。道格拉斯试图回答"制度何以可能"这一问题。她论证了合作行为和献身行为的制度注脚，认为集体行动并非如奥尔森所言与集体规模相关，而是受制于特定人群所处的社会制度。不过她没有忘记功能主义的缺陷——过度社会化，因

---

① [法]爱弥尔·涂尔干、马塞尔·莫斯：《原始分类》，汲喆译，上海人民出版社2000年版，第48页。

而在批判吸收涂尔干和布雷克①的思想基础上提出了自己的制度分析框架。在其看来所谓的"制度",可以理解为一种原初的规范系统(习俗、非成文约定等)通过社区成员间的超自然化类比达成的规定彼此关系和社会行动的一般性规则系统。她进而提出这种一般性的"制度"不仅会影响社区成员的权力结构和身份系统,甚至会通过制度编码的方式形塑集体记忆,改变群体对于所处社会与自然界的看法与认同②。

如果说涂尔干的制度理论解释了"对于自然世界的分类来源于社会生活"这一制度根源的话,道格拉斯则更进一步论述了"成为一般化规则的制度是如何发挥效力"的具体机制。而且她的解释试图以"记忆形塑"等分析维度,将时间引入功能主义制度分析框架之中,进而克服其"没有变迁分析"的理论缺陷。不过她所谓的制度依然是作为社会脚本的最本源的规范体系,相较于本书分析的草场制度,更体现为脚本化的社会事实。不过这并不妨碍从其理论体系中提炼出有益的部分,特别是制度分析的三个维度(身份角色、记忆、分类)③,为笔者分析制度影响提供了非常宝贵的启发。

(三)制度分析的理性选择视角

功能主义的制度分析思想提供了非常有益的框架,不过就本书研究取向和分析内容而言,仍有一些美中不足,主要表现为对于主体互动的分析力度稍显欠缺。道格拉斯的理论,更好地阐明了制度发挥效力的三种维度。不过如果进一步追问的话,这三个维度对于不同主体会产生相同的作用吗?不同主体的互动对于制度效力又有什么影响?为此,需要引入理性选择视角,为主体"加码赋权"。

提到制度分析中的理性选择理论,集大成者非诺思莫属。诺思认为制度是一套行为规则,是一些人为设计的、形塑人们互动关系的约束④。诺思在制度分析中充分重视了主体互动的作用。制度离不开其中涉及的主体。这里所说的主体不仅是个体,还包括为减少交易成本兴起的各种组织

---

① Ludwik Fleck, *The Genesis and Development of a Scientific Fact Translation*, Chicago: University of Chicago Press, 1979.
② Mary Douglas, *How Institutions Think*, New York: Syracuse University Press, 1986.
③ Mary Douglas, *How Institutions Think*, New York: Syracuse University Press, 1986, p.111.
④ [美]道格拉斯·C.诺思:《制度、制度变迁与经济绩效》,杭行译,格致出版社、上海人民出版社2008年版,第3页。

形式（企业、政府、市场等）。事实上，诺思认为制度与这些主体之间的关系就如同"玩家和游戏规则"一般①。这些主体会通过学习和重组的方式为获取社会机会进行持续不断地博弈，这其中会涉及对现有规则的利用和突破。可见，制度中的主体是持续互动的，而这种互动过程在一定意义上会重新形塑制度带来的社会影响。

我们可以进一步丰富其中的"主体"概念。众所周知，我们每个人在日常生活中的特定时间段都有一项主要的任务，不过完成这一任务的环境却是多维的，我们需要在多种需求中妥善衡量，进而采取实际的策略。可以将这一经验认识上升为理论体悟，即面对特定任务需求的主体同样不会受制于单一制度带来的激励与惩罚机制，而是在多种任务需求和制度环境中采取实际的应对方式。一些学者将其总结为了"多重制度逻辑"，旨在强调制度分析中应看到不同主体在不同时间节点具有不同的逻辑需求，这些不同的逻辑会促成制度变迁的规则和呈现出的状态②。将话题拉回本书，也就是说牧区社会中的相关主体并非仅受制于草场制度这一种制度的制约，而是在时空脉络中权衡不同需求进而采取具体的应对方式。如果进一步延伸这一框架，在其中引入时间概念的话，就可以将制度中的主体视为一种"多维一刻"的存在。"多维"意图将主体面对的多重需求纳入时间脉络中进行分析。即主体不仅会衡量制度的不同影响，而且也会在未来期许、过去经验的多种比较中采取实际反应。如此一来，就可以在制度效力的分析中有限纳入主体的能动作用，从而克服过度社会化或完全理性人的极端假设带来的分析缺陷。

二 核心概念

基于上述理论思路，现对本书核心概念作出如下界定。

1. 草场制度

在上述理论视角的引导下，我们可以发现制度是一种日常化的规范性要素，既包括外在强制的规则体系，也包括基于主体文化、地方传统等因

---

① ［美］道格拉斯·C. 诺思：《制度、制度变迁与经济绩效》，杭行译，格致出版社、上海人民出版社 2008 年版，第 102 页。

② 周雪光、艾云：《多重逻辑下的制度变迁：一个分析框架》，《中国社会科学》2010 年第 4 期。

素的约定俗成的分类文法。因此本书分析的草场制度，既包括有关草场的所有、使用、规划、管理、建设、治理等内容的规则体系和社会工程，也囊括牧民日常生活中的草场使用、规划和管理的具体实践知识。前者主要以草场承包经营和草原治理政策为具体内容，而后者着重强调制度的实施过程，其中既包括前者的设计规则，也包含牧民地方性知识体系。因此本书探讨的草场制度并非狭义的产权制度，是包括草场治理在内的广义规范体系。例如在当前草场管理中，具备一套自上而下的草场治理措施。其中包括围封禁牧、季节性休牧、生态移民等具体的草场治理措施。在这些草场治理的政策中，同样界定了不同主体草场使用权利和方式，进而形塑着牧区人地关系和主体之间的互动模式。与此同时也在无形中改变着牧民对于草原以及外界的态度和认知。因而也是影响地方社会分类方式的规范系统。因此本书并不是在产权经济学或法学视野下探索草场制度，而是从"行为约束集"这一角度探索有关草场使用和利用方面的制度规范。只有这样才能更为全面地囊括影响牧民人地与人际关系的草场规范体系。

2. 草场承包责任制

20世纪80年代内蒙古草原牧区施行了"牲畜作价、户有户养，草场公有、承包经营"的方法，统称为"草畜双承包责任制"[①]。在制度落实过程中，家畜承包早于草场承包，普遍在20世纪80年代完成。草场承包则晚于家畜承包，就G苏木而言直到1997年才彻底落实。事实上，草场承包责任制（以下简称为草场承包制）并非一项孤立的制度安排，它既指草牧场的承包经营，也包括各类草场管理、治理和产权结构调整在内的政策内容。因此，草场承包制既涵盖人地关系层面的调整，也是对相关主体彼此关系的重塑过程。畜牧业不同于农业，是以家畜为资源转换中介的生计方式。因而在牧区社会，人地关系主要指"人—畜—草"三者之间的动态关系。主体关系则表现在草场承包制及其补充性生态治理政策下的相关主体之间的权利义务关系，包括牧民内部、牧民与村集体、牧民与政府以及牧民与外来群体之间的互动关系。

3. 围栏社会

从一望无际的壮阔画面到纵横交错的铁丝围栏，伴随着草场制度变迁草原牧区景观发生了显著的变化。围栏的出现和普及不仅体现了当下草原

---

① 内蒙古自治区畜牧业厅：《内蒙古畜牧业发展史》，内蒙古人民出版社2000年版。

牧区的人地关系面貌，同样展现了主体关系状态。从这层意义上可将当下牧区概括为围栏社会。可从以下四个方面来理解"围栏社会"。

第一，从移动放牧到定居定牧的转型，使牧区社会保留着部分游牧、畜牧特征，并没有彻底成为城镇或乡村社会。中国草原牧区的社会转型具有自身的特点。相比西方国家基层牧区的社会变迁而言，我国牧区社会畜牧业生计与文化的游牧特征在一定程度上和一定范围内得到了延续与留存。与此同时，伴随着草场承包到户调整，移动放牧逐渐让位给了定居定牧。

第二，伴随着牧民个体性的增强，牧区横向人际关系与纵向代际关系发生了明显的改变。牧民个体性的增强离不开草场制度的增权赋能过程。随着草场承包责任制的推进，牧民具备了草牧场的独立经营权利。并且在近30年的承包使用之后，对于牧民个体而言草场的实际意义发生了较为明显的变化，在实践层面已然转变成了相当于家畜的"准私人财产"。这就使得牧民彼此之间的横向草场共同利用与互惠合作关系逐渐减少。牧民也像农民一般只能在承包牧场上定居放牧，而无法再次跨区域游牧移动。在承包制背景下"草场有界"已从人民公社时期的集体边界进一步缩小到家庭乃至牧户个体边界。草场承包制跨越性别、年龄、家庭的壁垒，将草场成功匹配到了每一位符合承包资格的牧民个体。从而使得草场边界与个体权益边界高度重合，造就了个体性的草场利用方式。在游牧社会，子嗣分家只会划分家畜，但当下不仅要划分家畜，更要划分各自名下的承包草场。在"分家更分地"的普遍实践中，牧民个体意识进一步解放，不仅改变了两性权利关系，也改变了父子之间的纵向权利关系。

第三，牧区主体的分化与多样化特征日益凸显。伴随着草场承包责任制的改革，牧民个体具备了独立经营和流转草场的权利。草场成为可以自由流动的特殊商品，从而为外来资本与主体的融入提供了制度条件。在此背景下，牧区已不再仅仅是牧民的栖息地，也是各类打草商、草场租客、矿产商的竞争舞台。牧区社会内部的主体关系呈现出了分化且多样化的特征。

第四，牧区空间的公共性越来越强。伴随着草场承包制背景下草原生态监管与治理措施的实施，一套自上而下以"草场监管"为名的治理体系嵌入了基层牧区之中。随着国家力量的渗透和草场治理的延伸，牧区社会的地方性逐渐减弱，公共权力日益成为影响牧区社会的重要因素。

基于此，当前的牧区已是围栏社会。围栏不仅仅是阻隔邻里家畜的基建措施，同时也是牧民对自身草场经营权的权利表述。伴随着围栏的兴起，人对土地的依赖关系发生了明显的变化。在游牧社会，人地之间的依赖是基于特定氏族成员身份达成的放牧权利。在草场承包制背景下，人对草场的依赖则体现为个体与固定草场之间的空间匹配和权利义务关系。其中现代国家权力的下沉程度，以及牧民对国家的依附程度都有了明显的提升。当前的牧民具有独立经营承包牧场的权利，与此同时也需要遵守草畜平衡的规定，承担保护草场的义务。与此同时，在草场治理语境中，"围封禁牧、退牧还草"成为限制或切断牧民与草场关联的政策手段。可见，围栏不仅划分了草原牧区，也将特定权利和义务分配到了承包空间之内，达成了特定空间、牧户个体与权利义务的匹配性关系，重塑了牧民内部乃至牧民与国家之间的关系。

4. 围栏定牧

在围栏社会中牧民生计体现出了"围栏定牧"的状态。本书中的围栏定牧有两层含义。第一层含义是指伴随草场承包制引起的定居放牧生计。草场承包到户之后，牧民难以继续移动游牧，只能在固定承包牧场上定居放牧。为了达到排他性的草场利用目的，围封草场成为牧民的共识。至此，草场空间与牧户个体高度匹配相连，围栏界限成为家畜与牧民的活动空间。第二层含义离不开草原生态治理措施的开展。为了缓解草场退化问题，国家开始了以草畜平衡为核心的载畜量管理方法。简要而言，便是根据特定牧场能够养殖的家畜标准来约束牧民的放牧数量和草场开发程度。可见草场承包责任制背景下牧民生计不仅是空间意义上的固"定"放牧，还是草场权利层面的限"定"放牧。"围栏"已不仅仅是界定牧区人地关系与牧民彼此关系的符号象征，同时也是牧区与国家两者权利关系的政治表述。围绕着围栏的建设、维护与争夺展开的一个个鲜活案例，体现出了牧区人地关系与主体关系的实际状态。本书正是在此意义上使用"围栏社会"这一概念。

三 分析框架

在上述理论综合的基础上，本书形成了图2-1所示的分析框架。正如图2-1所示，草场制度主要从人地关系和主体关系两个维度诱致牧区的社会转型。这两种关系主要由制度赋予的不同角色加以调整和界定。围

第二章 文献综述与研究框架

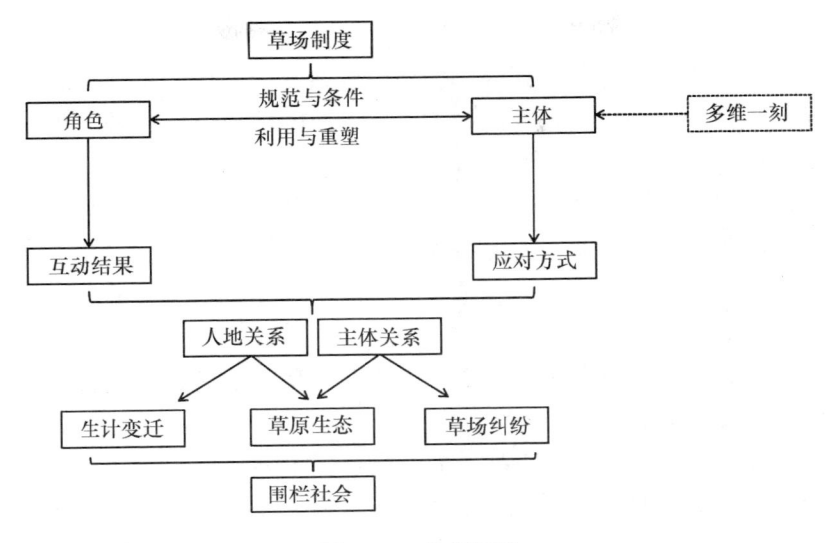

图 2－1 分析框架

绕草场形成的不同角色身份，被赋予了不同的权利边界。这些角色将不同主体安排在不同的位置上，形成了特定的角色体系，从而规定着草场的所有、使用、规划、管理、建设、治理等内容。因而，对于不同主体而言，这些角色既是规范，也是达成特定目标的条件。

不过正如社会转型互构论所示，社会转型亦是主体互构共变的结果。在此思路引导下结合制度分析的理性选择视角，我们便可以认为主体并非一种完全被动的存在，也会反过来重塑角色。而且这些主体保持着"多维一刻"的状态，时刻受到来自传统规范、未来期望、多重需求的综合影响，进而利用制度赋予的角色，发展出不同的应对方式。这些应对方式以及不同主体间的互动结果便会改变牧区人地关系和主体关系。

人地关系的变迁体现在牧民与草场之间的关联和互动状态，因而既体现在生计层面，也客观上表现在草原生态层面。而主体关系的变化则展现在互动博弈和交往行为之中。其中围绕草场产生的矛盾纠纷更能反映彼此关系结构与互动模式。主体之间的互动状态也会客观体现在草原生态层面。

生计、生态与纠纷三个维度存在着密切的关联，反映着制度变迁中的牧区社会现状，展现了当前牧区围栏社会的转型性特征。草原牧区是一种资源和人高度统一的基层社会。生计的变化必然改写草原生态本身，也会催化主体关系的改变。而主体关系的改变也会反作用于牧民生计和草原生态之上。而作为人际博弈的舞台,当草场生态发生变化时也会诱致相关主体关系和生计状态的改变。因此对于任一方面的单独分析将难以把握各自维度的全貌,只能采取综合性的研究思路和路径。为此本书将通过制度与生计、制度与生态、制度与纠纷三个方面分析草场承包以及后续制度调整对牧区人地关系与主体关系的重塑过程。

四 章节安排

第一部分包括第一章和第二章,主要介绍研究问题、研究方法、文献综述以及研究框架。

第二部分以第三章和第四章为全部内容,主要从横剖面和历时性层面介绍田野概况、牧区社会草场制度的变迁历程。这种安排有以下两点考量。一方面,可通过地方社会横向分析与草场制度变迁历程的纵向梳理,归纳总结影响当前牧民草场利用和生计安排的"活历史"根源。另一方面,制度的实施过程并非自上而下的简单替代过程,而是深受具体文化传统、社区背景和人口结构等因素影响的地方性落实过程。这就需要详细介绍地方社会概况,以此为后文制度分析提供背景性知识。

第三部分囊括第五章至第七章。主要从生计转型、生态变迁与治理、关系转型与纠纷三个方面论述草场承包制及其后续草场制度调整对牧区人地关系和主体关系的形塑作用,及其产生的社会生态效应。具体而言如下。

第五章主要从牧民生计转型展现了草场承包经营制对于牧区人地关系的形塑作用。伴随着集体草场承包至牧户个体,围封承包牧场成为牧区的"共享剧本"。在围栏中定居放牧是当下内蒙古牧区居民的现实写照。不过有限的牧场却难以承担日益增长的生计需求,因此繁殖速度快、经济成本低、规模效益突出的绵羊便成为围栏中的牧户着重发展的经济畜种。这使得牧民生计逐渐演变成了"发羊财"的养殖业。而基层畜牧业也变成了极度需要政策和资本扶持的资源依赖型产业。围栏放牧与"发羊财"的生计转型反映出了承包制对牧区人地关系的重新塑造过程。而人地关系的改变也意味着人对草场的作用方式发生了根本性变化。人地关系的变革不仅会促成牧民生计的转变,也会催生客观的生态结果。那么草场承包制促成的人地关系变迁对草原生态产生了何种影响?这种影响又会促使草场制度如何演变发展？这将引出第六章的内容。

第六章首先论述了草场承包制促成的围栏定牧对草原生态的现实影响。在此基础上解释了为何在当前各自为阵的草地利用模式下会出现草场退化与沙化问题的具体机制。为了缓解草场承包制背景下的草原退化问题，国家实施了自上而下的生态治理措施。这套治理措施可视为草场承包制的补充性制度设计。在这一过程中牧民往往是"有待改造且需要被监督的"超载放牧元凶。不过牧民也会围绕着制度赋予的长期承包经营权，在现实生活中采取租赁、包场等方式，抵消禁牧休牧等政策对自身造成的负面影响。而且其中作为监管者的国家派出机构也会与牧民达成"猫鼠共谋"。这一系列互动结果，不仅会造成生态治理无法达到设计初衷，而且会诱发牧民生计问题。通过上述过程的梳理，将会发现草场承包制以及后续草原生态治理政策，客观上形成了规范牧区相关主体草场使用方式的制度环境。在这一草场制度环境中，不同主体被赋予了不同的社会角色和权利义务，因而也就改变了它们彼此之间的社会关系和互动方式。在实践过程中，上述制度环境促成的角色分隔在话语权和社会资本不对等的情形下，极易促成彼此之间的隔阂状态和竞争对抗关系，从而诱发围绕草场的博弈与纠纷。这些草场纠纷将会成为本书透析草场制度变迁下牧区相关主体互动状态的重要切入口。

第七章主要探讨了草场承包制背景下牧区相关主体的关系结构。并以草场纠纷为切入口展现了不同主体之间的互动方式及其产生的社会生态效应。

第四部分是总结和讨论，包括第八章与第九章。其中内容如下。

第八章主要在上述内容的基础上，总结了草场承包责任制背景下牧区人地关系与主体关系层面展现出的现实困境，并将其称为"私地困境"。其中的私地并非是指草场的私有化，而是强调草场承包制背景下的个体化经营状态。这种个体化经营方式的产生离不开草场承包制及其后续草原生态治理措施对牧区人地与人际双重维度的重塑过程。不过在现实牧区，这种个体化经营方式产生了一些实际问题，主要表现为生计、生态以及治理三方面的困境与难题。生计困境主要表现为：围栏中的牧民生计极易陷入依靠政策与资本的资源依赖型发展模式。生态困境体现为草场治理中的角色冲突，极易诱发治理目标脱节、监督费用过高、治理效率低下等问题。而治理难题则主要从制度与主体关系的维度，衡量当前草场纠纷的社会影响。那么应该如何突破"私地困境"？为此该章着重分析了该地一起牧民自发重建礼俗传统，整合社区的案例，以此为契机阐释牧民主体实践对克服私地困境提供的可能性和现实机制。围栏社会中的人地关系与主体关系的转型性特征也将成为进一步推进牧区振兴与共同富裕的主要背景。

最后是第九章，在总结陈述全书主要内容和观点的基础上，进一步思考和探讨了草场制度变迁与牧区社会转型之间的内在逻辑联系。此外基于本书的发现，对牧区研究进行了相应的思考和展望。

第三章 田野概况：从游牧世界到围栏社会

第一节 区域概况与历史沿革

G苏木所处的锡林郭勒盟[①]（以下简称锡盟）位于北京正北方，内蒙古自治区中部。所谓"盟"这一行政区划主要来源于清朝时期的盟旗制度。根据《蒙古史词典》解释，"**盟旗制度为清代蒙古地方建置，入清后在万户的基础上，逐渐演变成管辖若干旗的蒙古地方行政机构。……盟相当于专区，旗相当于县**"[②]。锡林郭勒盟当时便是清朝内札萨克六盟之一，下辖浩齐特、苏尼特、阿巴噶、阿巴哈纳尔、乌珠穆沁五部编成的10个札萨克旗。这10个旗会盟于乌日古楚山麓的锡林河畔，故称"锡林郭勒盟"[③]。

G苏木所在草原便是清代锡林郭勒盟辖区内的游牧地。不过目前生活在G苏木的牧民并非是此地原住民，而是中华人民共和国成立初期从邻近旗县调往此地的牧民。此地原住游牧民在长期的战火侵蚀下几经迁徙消融在了蒙古国、内蒙古各地。中华人民共和国成立前夕，为了躲避战火，锡盟其他各旗的牧民也有举旗北迁的情况。正如一位搬迁至G苏木生活的乌珠穆沁老人所述，1945年其原先生活的东乌珠穆沁地区大部分牧民都在当地权贵阶级的带领下迁到了蒙古人民共和国：

[①] 再次说明：在内蒙古自治区的行政区划中，"盟"为市级，"旗"表示县级，"苏木"相当于乡，"嘎查"是村级行政单位。文中出现的具体人名、地名都采取了标准化处理。

[②]（薄音湖，2010：497－499）

[③] 锡林郭勒盟志编纂委员会：《锡林郭勒盟志》，内蒙古人民出版社1996年版，第157—160页。

| 围栏社会的兴起

　　当时正好是1945年阴历十一月初二，道尔吉王爷把我们所有人都带到了蒙古国边境。然后王爷带着50多户去现在的林东、林西大阪一带拉粮食去了。我父亲也跟着去了，怕到蒙古国没有吃的不行呀！正好那天我们苏木的300多户牧民就往回走了，走到了乌拉盖这边。他们走到那儿，我们就回来了，王爷也不在，乱套了。然后王爷回来了，就回来赶这些不想北迁的牧民，有的被赶回去了，有的留下了。七八天之后，王爷就带着人马过来发动了武装战争，然后王爷输了，没带走这些人。我是觉得主要是不能丢下祖宗一直放牧的草场、祭祀的敖包寺庙、祖先陵庙呀。这些都在这片草原呀，所以不能搬走啊。我知道一个贵族的后裔也没有搬过去。她妈妈是公主，因为身为王宫贵族，却未婚得女，有损王家颜面，所以贝勒爷就决定抛弃这个刚出生不到满月的婴儿。他们打算把她埋在敖包旁边，但是被专管贝勒爷祭祀事宜的喇嘛捡到了，送给自己哥哥和嫂子抚养了。因为当时的王公贵族是不能和平民通婚，必须得和其他地区的王公贵族结婚。但是当时没有合适的贵族，因此就耽搁了。

（那仁，2019年8月8日访谈，H嘎查那仁家中）

　　由上可知，当时的G苏木及其周边地区因频繁的战乱和贵族利益博弈，导致境内牧民南北迁移、四散游牧成为一种普遍现象。因此一些草场变成了"无主之地"，成为临近牧户游牧走场的临时牧场。中华人民共和国成立初期，当前G苏木所属草牧场便是周边几个旗县牧民冬春两季游牧转场的地点。之后随着集体化运动的发展，为了妥善利用当地广袤的天然牧场，发展草原畜牧业，便从邻近旗县调集牧区人口成立人民公社，并接纳了一部分来自东三省、山西、山东、内蒙古林西、林东等地的农业移民。这也正是本书的田野点——G苏木的区域概况与历史沿革。

第二节　自然条件与牧民生计

　　因地处北疆高原，冷空气长期滞留在草原上，促成了G苏木漫长的结霜期和大风天气。这也使得草原上极易出现寒潮、干旱、雪灾、沙暴等自然灾害。除了多变的气候外，苏木境内同样包含了丰富且多样的地形地貌。如照片2所示，当地草原不仅具有平缓牧场，也有缓坡、山地、河谷等多样的地貌特征。

照片2中的多样化牧场和景色便是来源于笔者田野调查时的中介人芒来家的承包牧场。1997年实行草场承包制时，芒来家共有4人符合承包资格，除了芒来之外，还有其父母和弟弟。当时其所在嘎查每人发包了1500亩草场，因此全家分到了6000亩的草场。当下芒来父母将草场分给了兄弟两人，芒来在大家庭内部实际占用的草场总面积为3000亩。芒来的妻子来自隔壁的旗县。由于当地草场总面积较大，因此每人承包面积也随之增加。芒来妻子名下约有2000亩的承包牧场，以每年每亩20元（2019年价格）的价格租给了当地牧民。2005年，芒来租赁了6000亩草场。每三年都会重新拟定合同，从2005年最初的每亩4元到当下的每亩12元，租赁费用涨幅明显。

在芒来家中居住期间，笔者时常随他一同放羊放牛。连同租入的牧场，芒来家实际利用的牧场面积约为9000亩。考虑到不同植被以及地形特点，芒来一般会在冬季选择山阳坡和背风处放牧，以此规避风雪冲击。而春天则会过渡到自己的牧场，夏秋则以平缓靠近机井水源的牧场放牧，以此达到抓膘的效果。在芒来看来即便是当下承包到户了也要妥善地经营自己的牧场，依据地形地貌和草地类型划分区域达到周期性的综合利用。

多年的放牧经验让芒来懂得了不同的家畜具有各自喜好的牧草和草场，据此因势利导不仅可以达到更好的膘情，也能更有效的利用草场。芒来有一年发现羔羊尤其爱吃小叶锦鸡儿上的黄花，而且生长在此类牧场的羔羊不仅更加壮硕而且也不会轻易得病。此后，芒来便将春季接羔的地点安置在了此地，以此达成上述养殖目标。而牛群在冬季则更适宜在芨芨草牧场放牧，高耸的芨芨草不易被积雪覆盖，可为牛群提供避风处的同时满足饲草需求。可见草原社会的气候与生态多样性促使牧民发展出了一套用于匹配"畜—草"最优组合的生计智慧。而游牧移动方式也正是这种生计方式的综合体现。芒来笑称牧民就是"跟着羊屁股和牛屁股过日子"。但在笔者看来即便是承包制背景下，基于传统记忆流传至今的生计智慧依然影响着当下牧民的生计方式和策略选择。

从整体而言，G苏木的上述自然条件使其更加适合发展畜牧业。当前苏木境内并无产业化的农业开垦区,是典型的纯牧业乡镇。苏木目前的经济畜种主要以肉羊和肉牛为主,2019年夏季牧业普查牲畜总头数15.3万头(只),其中大畜1.1万头、小畜14.2万只①。由此不难看出当地牧区"小畜做大、大畜做小"的养殖结构以及牧民生计体现出的"发羊财"特征。

在草场承包制落实之前,草场一直采取着集体公共使用的方式,牧民们依据气候和草场植被特征采取季节性移动放牧,以此达到畜草之间的可持续利用目标。不过在承包制背景下,除了少部分集体留用的草场之外,大部分草场均划分到了牧户个体,人地关系发生了极其明显的转变。因而当前的微观畜牧业主要以个体化的养殖手段代替了传统移动放牧模式。牧民们需要根据承包牧场的载畜能力,控制家畜数量。因无法再移动游牧,所以在冬春牧草枯萎或返青之前便需要储备大量的牧草,以此保障家畜的饲养需求。牧民们一般会在秋季集中收割牧草,收割好的牧草会被压缩成方形的捆草,小捆约为30斤,大捆则约70斤(见照片3)。由于各家承包牧场有限,无法预留出足够的草场用作打草场切割牧草。因此牧民们需要额外购置大量的牧草,以此满足冬季舍饲圈养的需求。

在一些禁牧区舍饲圈养已成为牧民常态化的养殖方式。可见当下牧民生计方式不仅仅是草原自然条件的产物,也深受制度调整的形塑作用。草场承包制背景下人地关系的变化,以及后续草场生态治理措施都成为牧民生计转型的重要制度环境。

第三节 游牧知识与自然禁忌

通过芒来嘎查草场使用方式不难发现,当下牧民生计策略的选择仍受到游牧生产方式和文化传统的影响。无论是将承包草场划区使用,还是依据草场植被情况与家畜习性采取微观匹配放牧,都体现出了游牧文化传统。事实上,游牧生活方式不仅会形成上述日常畜群管理和草场使用的实践知识,也会潜移默化地演化出一套有关人与自然的知识体系与民俗禁忌。对于这些实践知识和民俗禁忌的梳理和掌握不仅有利于解读游牧社会中的草

---

① 数据来源:当地苏木政府提供。大畜是指牛、马和骆驼,小畜则指绵羊和山羊。

场使用模式，而且也有助于理解影响当下牧民草场认知和土地利用方式的活历史传统。

提到游牧生活中的知识体系，首先让人印象深刻的便是牧民对于草场植被的精细化分类系统。在长期的放牧过程中牧民们总结出了一套依据水草特点和家畜栖息特征为基础的草地植被分类体系。在漫长的放牧生活中，一些老牧民早已熟知不同牧草的特点，以及对于家畜的功效。不同的家畜在不同的时节会对不同的牧草产生多样性的进食需求。因此，牧民的任务便是依据家畜生物习性，采取移动放牧的方式达成最有效的草畜组合。即便是同一种类的牧草，牧民们也会根据家畜习性采取多样化的利用。例如在冷蒿之中，当地牧民也会细分出羊蒿和马蒿两种类型。羊蒿一般较为细嫩，因此绵羊和山羊以及幼畜较为喜食，而马蒿则较粗且高，因而深得牛、马等大畜的喜爱。这也是为何此类牧草的蒙语传统名称都以相应家畜命名的原因所在。

牧民们在不同的时节会根据家畜习性选择某种牧草主导的草场，以此发挥某类牧场的优点。例如，冬季牧民们会选择芨芨草成群的牧场，芨芨草高耸的枝干不易被积雪覆盖住，可以成为冬季仅剩可供家畜啃食的牧草。除此之外，成群的芨芨草滩可以成为天然的避风港，可有效抵挡北疆高原上的阵阵寒风。尤其是牛群因其咀嚼系统，更是适合冬季放养在芨芨草滩。在牧民眼中一处稀薄的牧场可能是适合特定家畜特定时期放养的绝佳场所。

可见，牧民眼中的草场是种非均衡性的生态系统，不同的牧场涵盖的草地植被类型均有差异，因此在具体的利用过程中需要依据家畜习性和饲养目标采取灵活多样的畜草之间的组合匹配。除了对草地资源的分类之外，牧民也会通过禁忌和习俗的方式确立有关草场使用的规则体系。

对于蒙古游牧民而言，草原不仅仅是生产资料，同时也是栖息的生活空间，更是决定其生计安全的客观环境。因草原地区频繁的自然灾害，游牧民自古便发展出了一套崇敬自然、推崇自然的禁忌信仰体系，其中尤以祭天、敬天为核心内容。在游牧民朴素的生态观念中，天决定着雨水、年景。因此牧民也将"天"敬称为"天父"——Tenggeri Aba。以敬天为核心的自然信仰也约束着牧民对于草场的利用方式。在游牧民看来，草原万物均有灵性，随意砍伐损坏便会受到山水共主的惩罚。例如，牧民们一般不会挖掘石头，更不会随意投掷石头，在他们看来草原上的石头都有其自身的明确位置，随意挖掘投掷石块，会使得自身在日后的生活中迷失方向，遭遇灾祸。而且挖掘巨石也会造成草场的破坏，因此牧民们十分反感近年来进入草场挖取玛瑙、珊瑚等奇珍异石的石头贩子。

对于牧民而言，草原是非均衡且十分脆弱的生态环境，因而在日常生计过程中需要尽可能地敬畏草场、维护草原生态的平衡。只有这样才能在充满不确定性的自然环境中寻求自身的确定性。这些地方性知识和禁忌文化不仅为社区成员灌输着可持续使用的价值观念，同样约束着社区人际关系和人地关系，从而在达成有效的资源利用体系的同时获得了可持续的生计支撑。

之所以归纳游牧民的地方性知识，便是旨在揭示承包制背景下牧民在草场利用和管理中的策略选择和认知态度的传统来源。地方性习俗、禁忌文化既是游牧生计与草场公共利用模式的产物，也是在非均衡性草原生态中寻求有效的人地关系的文化传统和道德约束。即便是在当前草畜承包责任制背景下，这些地方性知识仍以"活历史"的姿态形塑着牧民的草场使用习惯。这也是笔者在此花费笔墨介绍游牧民草场使用中的传统知识与禁忌习俗的原因所在。

第四节 嘎查村落与人口结构

制度的实施并非自上而下一蹴而就的过程，而是深受当地社会文化传统、规范结构、人口特征等社区因素影响的地方性落实过程。因此，对于当地村落概况和人口结构特点的归纳梳理，也将有助于我们在后文中更好地理解草场制度变迁催生的地方社会特殊的反应机制和应对方式。

表3-1　　　　G苏木各个嘎查（村）的草场面积（万亩）

	H嘎查	W嘎查	T嘎查	A嘎查	B嘎查	C嘎查
草场面积	57	51.9	32.4	32.55	21.75	61.2

数据来源：苏木政府。

目前，G苏木下辖六个畜牧业嘎查三个居委会。各个嘎查村的草场面积如表3-1所示。因2004年"围封禁牧、生态移民"政策的实施,其中B嘎查整村、W嘎查部分地区被划定为了常年禁牧区,其他四个嘎查的天然草场则被确定为了草畜平衡区。常年禁牧区,顾名思义便是禁止一切放牧行为,减少家畜数量以此达成草场治理的目标。草畜平衡区则严格执行当地草牧场载畜量标准,以此约束牧民的放牧行为。与此同时,为了彻底实现"减人减畜、易地扶贫"目标,当地也相应落实了生态移民工程。在2004—2005年间,B嘎查全体居民、W嘎查禁牧区牧民,以及其他四个草畜平衡区嘎查村贫困人口,都被转移到了临近旗县城市郊区的奶牛村。以养殖奶牛替代草场放牧,实现产业转型和生态治理的双重目标。草原生态治理政策的出台离不开草场承包制背景下的生态问题,可以说这一套治理政策和工程正是草场承包制的辅助性制度安排。草场承包制及其后续草原生态治理政策体系也将成为形塑牧区人地关系与人际关系的主要制度环境,这一点将会在后文中依次展开。

表3-2　　　　　　　　G苏木人口构成情况　　　　　　　（单位：人）

年度	总人口	蒙古族	汉族	其他
1964	1384	1173	—	—
1982	1611	1027	—	—
1990	2934	2377	—	—
2008	3087	2620	439	28
2019	3537	2900	605	32

数据来源：苏木政府。

广袤的草原也造就了牧民分散而居的特点。在空间分布方面,内蒙古草原上的嘎查村与农区村落存在着较为明显的差异。牧区嘎查村实际上并无聚集的居民点,牧民们都是分散居住在各自的承包牧场上。承包草场虽大小不一,但动辄几千亩的草场也造就了牧民分散而居的特点。因此在牧区,邻里串门都需要车马等工具,相隔数里乃至数千米都是常见的情形。嘎查队部也只有几间活动室和办公室,用于举行集体活动。就人口构成方面,G苏木辖区内部蒙古族居民占据了绝大多数,其次是汉族居民,除此之外还有极少数回、满和达斡尔族居民（见表3-2）。从人口构成结构不难看出,G苏木为典型的蒙古族聚集地。不过,20世纪60年代此地便有

| 围栏社会的兴起

了外来移民迁入历史。

1961年人民公社将这些外来移民人口集中到一处成立了农业队，据老移民的口述材料以及乡镇档案资料显示，当时的农业队约有50户移民，其中20户为外省蒙古族移民，其余都是汉族移民。除此之外，公社其他行业当中也有部分汉族人口，根据老苏木长回忆1964年公社总人口中大概有100名的汉族人口。目前，G苏木总人口1424户、3537人（见表3-2），其中从事牧业的人口有675户、2049人①。

当前六个畜牧业嘎查中人口最多的是W嘎查，从表3-3可以看到其人数从1997年的519人迅速增长到了2005年的1025人，远超其他嘎查的人口增长速度。这主要是因为在2002年W嘎查合并了当地农业队移民人口，从而扩展成了苏木辖区内人口最多的嘎查村。而常住人口最少的便是苏木南部的B嘎查。随着草场治理与生态移民工程的推进，该地区于2004年初被划定为常年禁牧区，其中绝大多数人口被搬迁到旗县郊区奶牛村单独成立了居委会，因而留在牧区的人口才会如此稀少。除了上述两个极端案例之外，其余四个嘎查的人口增长情况相对接近。可见除了家庭内部增长之外，行政区划变革、草场治理政策也是影响牧区人口变化的重要因素。

表3-3　　　　G苏木六个畜牧业嘎查各时期常住人口情况

年度	H嘎查 户数	H嘎查 人口	W嘎查 户数	W嘎查 人口	T嘎查 户数	T嘎查 人口	A嘎查 户数	A嘎查 人口	B嘎查 户数	B嘎查 人口	C嘎查 户数	C嘎查 人口
1997	82	378	105	519	67	311	74	388	55	244	81	387
2005	126	421	216	1025	96	439	91	321	66	222	88	377
2019	147	440	261	955	110	410	124	530	20	56	112	394

数据来源：苏木政府。

除了畜牧业嘎查之外，G苏木还下辖三个居委会。三处居委会都是苏木境内为数不多的居民集中点，既提供学前教育、医疗就医、客运往来等公共服务，也有商店超市、饭店旅馆、电焊修配等畜牧业日常所需的商贸网点。其中乡镇政府便位于苏木中部四面环山的L居委会。其居民多为作

---

① 数据来源：当地苏木政府提供。

为个体商贩的外来移民及其后裔,也有部分周边嘎查村的牧民居住在此处。除此之外,便是上述政府以及相应公共事业单位的公职人员的临时宿舍。苏木北部也有一个 Y 居委会,是当年的公社原址地,其规模不及当前政府所在地,但仍有乡村医院和个体商贩。最新成立的 R 居委会并不在苏木辖区内部,而是位于旗县市郊的移民奶牛村。随着 2004 年禁牧围封生态移民政策的推进,将苏木境内禁牧区牧民搬迁到了市郊开展奶牛养殖业。不过人虽迁出,但管辖权并没有划分出去,依旧由 G 苏木统一管理,因此为了达到有效治理便成立了居委会。可见三个居委会的形成演化过程各不相同。这也造成了其人口特征的差异。

表 3-4 为 G 苏木政府于 2015 年统计得出的居委会人口流动情况。

表 3-4　　　　　　G 苏木各居委会住户情况

嘎查居委会	户籍户		移民户		常住户		从事畜牧业		已购买城市住宅		在养老区有住宅的牧户	
	户数	人口	户数	人口	户数	人口	户数	人口	户数	人口	户数	人口
R 居委会	0	0	—	—	44	164	141	426	13	43	25	73
Y 居委会	62	216	7	24	36	117	5	19	11	27	7	11
L 居委会	50	105	4	8	15	38	4	7	32	64	7	10

数据来源:苏木政府。

其中,R 居委会的人口流动特征最为突出。根据相关档案资料的整理,笔者发现在成立移民奶牛村时的 R 居委会总人口大概有 150 户,而 2015 年仅剩 44 户常住牧户,其余绝大多数牧户都选择了返乡"从事畜牧业"。究其原因,离不开奶牛散户养殖业的凋零,奶户们面对生计困境,纷纷返乡重新回归到了畜牧业当中。其中一些禁牧区奶户因自家草场禁止放牧,因此只能漂泊在周边牧区从事羊倌儿、打草等零散短工。而其余两个居委会的居民多为公社时期迁移至 G 苏木地区的外来移民后裔,主要开设商店、超市等商贸网店维持生计,因而从事畜牧业的人口便相对较少。不过这部分人口也会通过租赁草场的方式兼顾畜牧业,只是因为他们并无承包牧场,或承包牧场已被划入禁牧区,因而并未将其界定为畜牧业人口。

当地旗县政府为了缓解牧民养老问题,便在市郊建立了公租房性质的养老小区（表3-4中的养老区）。其租金为一年5000元/户，以此提供约为60平方米的两居室用于辖区内牧民养老居住。租赁公租房具有年龄和户籍条件，以此为牧区老人提供专项的养老住房服务。这一点充分考虑到了牧区生活条件的艰辛以及医疗服务的滞后性，因此将老人集中在养老区内，并配有相应的社区医院，以供养老保障。而这种养老房也可为牧户子女在市区就学提供住所。在G苏木辖区内，除了一所幼儿园外并无系统性的中小学，牧区适龄儿童需要到邻近的旗县上学，由此出现了牧区陪读需求。而此类养老小区既能满足老人的养老需求，也可成为陪读时的住所，从而近年来逐渐得到了牧户们的青睐。

整体而言，G苏木是个以蒙古族牧民为主要人口构成的典型畜牧业乡镇。这种人口结构为此地保留游牧文化传统、人—草—畜地方性知识提供了社区基础。与此同时，社区内也有一部分外来移民及其后裔。并且伴随着草场承包制改革，也有草料商、草场租赁商、外地务农人员等各类型外来主体的迁入过程。不同人群之间的交往也同草场制度的演变过程产生着持续且微妙的互动，从而成为形塑制度落实的地方特质，这一点将在后文中逐步展开。

第五节　草场制度与人地关系

1947年内蒙古自治区成立之后，实行了"不斗、不分、不划阶级和牧工、牧主两利，草牧场民族公有，放牧自由"的政策[①]。根据老牧民所述，当时G苏木的水草条件较为优渥，其境内不仅有多条内陆河，而且还有两处湖泊，可满足人畜饮水需求（见图3-1）。不过目前两处湖泊早已干涸，逐渐变成了盐碱地，因此很难得到有效的利用。

当前的G苏木是在20世纪50年代由周边几个牧业互助组合并而成，当时的草场利用情况沿袭了游牧移动放牧模式，在公社内部划分出了夏季牧场和冬季牧场，以此达到草畜之间的动态平衡（见图3-1）。夏季牧场一般选择在水源条件较为便捷的河流、湖泊地带或临近机井的草场，以此

---

① 锡林郭勒盟志编纂委员会：《锡林郭勒盟志》，内蒙古人民出版社1996年版，第421页。

满足人畜的饮水需求。冬季则依托山脉腹地，遮风避雪采取奥特尔①走场的方式规避自然风险。

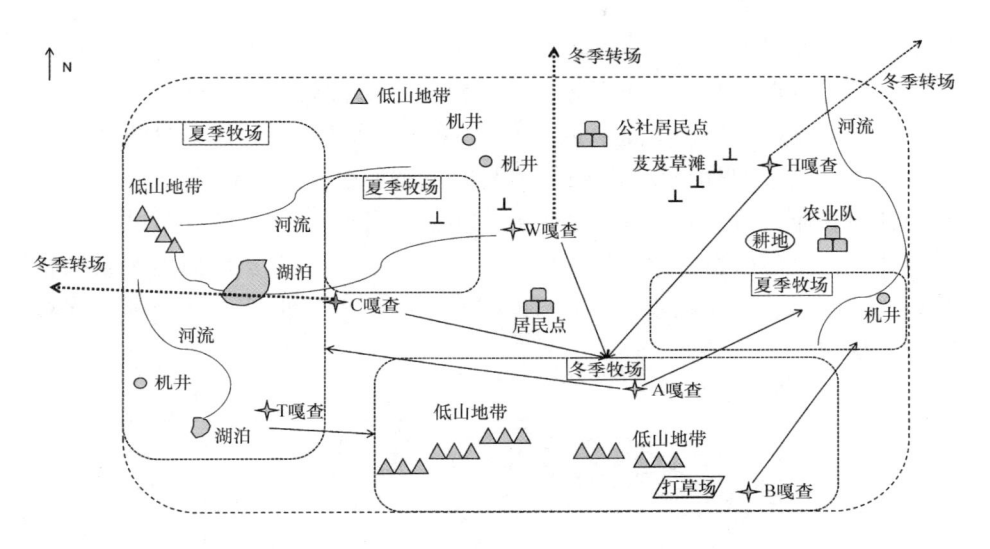

图 3-1 当地牧场资源与公社时期的移动放牧图
（笔者绘于 2020 年 8 月）

根据老牧民的回述，当时春天接羔的牧场也会预留出来，这些牧场一般临近夏秋牧场，并且配备棚圈、草料等用于保畜的基建措施。春季接完幼畜之后，便会根据公社、生产队的安排在夏季牧场放牧生活，当 9、10 月份天气逐渐转凉之后，根据当年气候情况再逐步过渡到冬季牧场。冬季牧场也不是固定的，也会根据降雪量情况选择不同的区域。整个冬季牧民们都会采取移动放牧，遇到特大雪灾时甚至会采取跨公社远距离的移动放牧。在 1977 年特大级雪灾中，公社中的一些生产队甚至迁移到了锡林郭勒盟最南部临近河北等地的草场规避风雪。

当时的畜牧业组织主要以"公社—生产队—小组—社员牧户"为架

---

① 奥特尔，蒙古语，译为移动、游牧、迁徙等。走"奥特尔"便是牧民为了规避灾害，将家畜带到没有灾情的草场的迁徙方式。由于草原牧区灾害的频发性，因此游牧民彼此之间都会产生一种互惠的预期，如此一来才能在自身遭受灾害侵袭时得到前往其他人牧场放牧的权利。可见走奥特尔主要依靠的是一种社区互惠纽带，一种互惠关系（Maria E. Fernandez-Gimenez, Barbara Allen-Diaz, 1999）。

构，牧民们彼此协作、相互配合以小组（Bag）的方式采取移动走场。具体移动转场的计划同样也会根据牧草的特点，结合家畜的习性，采取针对性的安排。通过老人的回述，可以发现公社时期已逐渐变成了两季游牧：夏秋两季主要以夏营地为依托，冬季采取远距离的移动走场，春季再返回春营盘。春营盘逐渐固定了下来，成为牧民习惯意义上的定居点。

除了畜牧业之外，G苏木也有发展农业的历史。图3-1中的"农业队"便是从公社时期延续至今的居民点。其居民多为1960年之后迁移至此的各地农业人口及其后裔。考虑到农业人口不擅畜牧，便在公社时期将这些外来移民集中在一起开展了农业种植工作。不过囿于草原地区自然生态和气候原因，当地农业开垦并没有维持很长时间，但此处却成为外来移民的聚落点。

图3-2　G苏木部分地区草场承包示意图

图片来源：当地林业与草原局提供。阴影部分为承包户个人信息，基于隐私保密原则特此处理。

步入20世纪80年代，草畜双承包责任制成为牧区制度改革的主要内容。G苏木于1984年实行家畜承包到户，1997年落实了草场承包制，将各嘎查集体草场承包给了符合成员资格的牧民个体。因苏木各嘎查草场面积大小各异，因而彼此间的承包标准也有所不同，多则一人1500亩草场，少则只有400亩草场。随着承包制的实施，移动放牧也失去了社区基础。草场被切割到牧户个体，牧民们开始了各自为"阵"的个体化经营模式。图3-2便是G苏木部分地区的草场承包示意图，图中密密麻麻大小不一的切块正是嘎查牧民各户实际承包的草场。从此，牧民们也像农民一般只能在承包牧场上定居放牧，而无法再次跨区域游牧移动。可见，在承包制背景下"草场有界"已从人民公社时期的集体边界进一步缩小到了家庭乃至牧户个体边界。承包制跨越性别、年龄、族群的壁垒，将草场成功匹配到了每一位符合承包资格的牧民个体。从而使得草场边界与个体权益边界高度重合，造就了个体性的草场利用方式。

  人地关系的变化对牧民草场利用方式产生了显著的影响。当前的牧户不仅将草场当作牧场进行畜群的养殖利用，也会视作打草场加以饲草料的加工开发。所谓打草利用便是在秋季牧草种子脱落后利用割草机将草场上的干草切割下来，并加工成捆状的干草，或自用或出售到市场上的方式。在人民公社时期也有集体打草场，但主要集中在公社内部的固定牧场。在承包制背景下，集体草场分包给牧户个体，打草行为也从固定牧场普及达至个体承包牧场。如果说之前的游牧制度更多的是以家畜啃食为中介达成人对草场的资源利用的话，当前普遍的打草行为则达成了人与牧草之间的直接对话。因此，无论是横向的牧场切割，还是纵向的牧草利用，草场承包制的调整彻底改变了牧区人地之间的关系。

  人地关系的变化同样重新塑造着牧区人际关系。随着承包到户的转变，集体草场绝大部分都有了承包主体。在此背景下移动放牧失去了制度基础，畜群的饲料地从广袤的游牧草场转变为了固定不变的承包牧场。这就需要牧民们在固定的承包牧场上独立抵御自然灾害与市场风险。生计协作、互助游牧的减少客观上形成了更加个体化的牧区社会。可见草场制度的调整重新塑造着牧区人地关系与人际关系。那么历史上的草原社会又是如何利用草场的？所谓游牧社会，具体如何管理草牧场？草场制度又是如何演变至此？这些提问是非常必要的。对于内蒙古草原社会草场制度变迁的纵向分析，将有助于我们更直观地感受草场承包制引起的牧区人地关系与人际关系的转变程度。同时也能提供理解蒙古族牧民草场利用方式与土地观念变化的历时性背景。为此本书接下来将从历史的角度梳理蒙古草原社会在不同时期的草场利用方式和制度设计。

第四章 草场制度的演变历程

就历史上的草原社会而言，草场制度的演变将会受制于不同时期社会背景、族群结构与文化传统的深刻影响。而且在漫长的历史变迁中，牧民群体也开发出了一套致力于草场管理与使用的实践知识与文化规范。这种活历史传统即便是在当前承包责任制背景下仍在一定程度上形塑着牧民对于草场的认知与利用方式。为此，本章将在史料基础上，结合田野中老牧民的口述材料，以纵向的历史进程为脉络勾勒出草原社会不同时期的草场利用方式与制度设计。在此基础上总结其内在的核心特质与文化传统。最后，将上述总结结合到 G 苏木的实际演化历程中，进一步梳理中华人民共和国成立后内蒙古地区典型畜牧区的草场制度变迁过程，以此为后文的实证分析提供制度脉络与社区背景。

第一节 游牧中的人地关系

以游牧为核心的草场利用模式，具有明显的阶段性差异。这其中清代施行的旗界和苏木制度更是影响深远。因此本节将以清代为界，梳理不同时期蒙古草原社会内部就草场利用和管理的制度规范和组织体系。

一 草场制度与游牧方式：清代以前的变化

根据符拉基米尔佐夫的研究，古代（11—13 世纪）蒙古社会的基本社会集团是氏族（斡孛黑，obog）[①]。氏族集团游牧的地区被称为"嫩秃黑"

[①] ［苏］符拉基米尔佐夫：《蒙古社会制度史》，刘荣焌译，中国社会科学出版社 1980 年版，第 74 页。

（努图克，notog）①。这种努图克并非固定的住处或屯营，而是囊括四季游牧范围的广阔地域②。可见，在当时"努图克"之意是指特定氏族在内部经常移动放牧的游牧圈。在氏族内部对于特定草场采取了一种公共占有的利用方式。正如王明珂指出，为了应对不确定的自然风险，草原社区形成了一套相较于长期所有权更重视特定时期"使用权"的草场制度③。可见，规避社会与自然风险的特征，促成了游牧民强调"弹性占有而非排他私有"的草场占有方式。

就公共占有制下的组织方式而言，特定努图克内部的游牧方式可分为"古列廷"和"阿寅勒"两种形式。其中"古列廷"是由众多牧户组成的游牧集团，这种集团性游牧组织是由于共同抵御战争风险需求而产生④。分属于不同"古列廷"的氏族牧场是相对稳定的⑤。"古列廷"反映出了游牧民较高的组织化程度，看似分散的游牧社区，为了应对自然灾害与部落冲突，往往会形成较强的团体性组织。

根据符氏的研究，组成"古列廷"的基础便是"阿寅勒"，即由牧户家庭组成的小型游牧单位⑥。"阿寅勒"并不是固定的组织，牧民们基于草原生态特点和气候条件灵活地组成阿寅勒或分散游牧，以此规避草原生态风险。例如在冬季，牧民们便会组成小型的"阿寅勒"采取移动放牧抵御雪灾。在笔者调研的G苏木，这种"阿寅勒"的合作形式一直发展到人民公社建立初期⑦。据色仍格老人的介绍，在其加入国营牧场之前，他家有3000多只羊，在克什克腾旗有400只羊，其他的分给九户人家放养。自己

---

① ［苏］符拉基米尔佐夫：《蒙古社会制度史》，刘荣焌译，中国社会科学出版社1980年版，第92页。

② ［日］后藤十三雄：《蒙古游牧社会》，布林译，内蒙古自治区蒙古族经济史研究会，1992年，第33—34页。

③ 王明珂：《游牧者的抉择——面对汉帝国的北亚游牧部族》，广西师范大学出版社2008年版，第31页。

④ 内蒙古自治区蒙古族经济史研究组：《蒙古族经济发展史研究》（第一卷），内蒙古自治区蒙古族经济史研究组出版社1987年版，第73页。

⑤ ［苏］符拉基米尔佐夫：《蒙古社会制度史》，刘荣焌译，中国社会科学出版社1980年版，第68页。

⑥ ［苏］符拉基米尔佐夫：《蒙古社会制度史》，刘荣焌译，中国社会科学出版社1980年版，第59页。

⑦ 关于"阿寅勒"的具体情况，详情请查看附录一。

手里则留有1000多只羊，60多匹马，以及100多头牛①。可见"阿寅勒"也是一种富裕牧户与贫困牧民合作游牧的生计方式。

通过上述史料与口述材料可知，"阿寅勒"主要以合作互助的方式抵御社会自然风险。通过联合合作来解决生产资料的匮乏，并依靠互助模式规避风险，正是"阿寅勒"的核心功能。可见，独特的草原生态和社会背景促成了古代游牧民弹性灵活的草场占有方式。这种弹性的占有方式支撑着游牧民的移动转场，以此达到规避社会风险与自然灾害的目的。而支撑这一生计方式的组织结构也体现出了多变的合散状态，以此达成人地之间的均衡发展。随着蒙古社会从氏族阶段向封建时代的转变，这种以氏族为核心的草场占有方式也出现了一定的变化，不过以移动和公共占有为核心特质的草场利用方式仍然支撑着基层畜牧业的发展。

根据古列廷和阿寅勒的组织方式，不难看出氏族社会草场的公共占有特征是游牧民为应对社会与自然风险的制度设计。可见氏族时代的游牧并非一种随意且完全自由的移动放牧，而是以氏族努图克为基础采取集团性移动放牧的生计模式。虽然氏族努图克的界限时常因战乱和灾害而打破，但以祖先崇拜为核心的集体记忆会迫使氏族成员努力重新争夺习以为常的努图克。不过随着氏族间的合并，草原社会逐渐迈入了封建帝国时代。

对于统治阶级而言，确保牧场的秩序是首要的。为此成吉思汗建立统一的游牧帝国之后，便以血缘纽带为基础，将分地［又称"兀鲁思"（Ulus）］划分给了亲属，而分地由特定数量的百姓和草场构成②。对于一般牧民来说，此时的草场利用界限将会受到相对严格的限制与约束。在元代之后，逐渐出现了"鄂托克"（otog）的游牧组织③。根据符氏的研究，鄂托克是填补帝国时代千户组织的游牧单位④。这一时期的草场管理权已经下放至各个封地领主。当时的平民隶属于领主，无权离开领主另行游牧，

---

① 色仍格老人，2019年10月19日访谈，旗县牧户家中。
② ［苏］符拉基米尔佐夫：《蒙古社会制度史》，刘荣焌译，中国社会科学出版社1980年版，第162页。
③ ［苏］符拉基米尔佐夫：《蒙古社会制度史》，刘荣焌译，中国社会科学出版社1980年版。
④ ［苏］符拉基米尔佐夫：《蒙古社会制度史》，刘荣焌译，中国社会科学出版社1980年版，第207—210页。

擅自离开领主将会被视为逃亡者①。可见，随着时代的更替变化，游牧组织的结构也会发生不同的变化，而一般牧户的移动界限和放牧安排，则需要服从严苛的等级结构和身份统治。

二　草场制度与游牧方式：清代以后的变化

在清代蒙古地区，施行了以旗、苏木为基础的行政区划。"旗—苏木制"强调"口系于户，户系于地"的控制方式。这种特点在满清统治下的蒙地展现得更为淋漓尽致。清朝在原有习惯边界的基础上，制定了各旗间的边界，严禁旗民越界放牧。《大清会典事例》中对王公贝勒乃至庶人越界游牧做出了明确的判罚标准，不过鉴于北疆草原灾害频发，需以游牧的方式跨界避灾，因而特别补充了申请越界游牧的条件和手续②。可见在牧民实际游牧实践中，旗界也是种弹性的存在。

基于上述特点，田山茂将清代蒙古游牧地区的草场制度归纳为了"总有制"③。在其看来，当时的旗民不能随意将草场分隔占有，同时更不脱离旗的管制越界放牧。而且在总有制下牧民没有更改草场使用方式的权力。这种总有制强调的是旗民身份与特定草场之间的稳定联系。从田山茂的整理中我们可以发现，如果旗民擅自脱离规定的牧场，将会失去旗民的身份，这将直接威胁到个体的生计支撑。因此，对于当时的牧民而言，剥夺其旗民身份便成为严苛的处罚。

后续的学者在详细的田野资料与史料基础上，细化了清末蒙民的移动种类与机制。其中王建革从移动动机、特点和距离将牧民的游牧移动总结为了长距离与短距离移动④，而这两种游牧模式一直延续到了中华人民共和国成立之初。在 G 苏木牧区，二者相应地被称为"Alasin Otor"和"Otor"⑤。其中"Alasin"一词在蒙古语中译为"遥远的、远方的"，"Otor"译为"游移、游移的地点"，因而"Alasin Otor"相较于一般

---

① ［苏］符拉基米尔佐夫：《蒙古社会制度史》，刘荣焌译，中国社会科学出版社1980年版，第256页。
② （清）会典馆编：《钦定大清会典事例理藩院》，赵云田点校，中国藏学出版社2006年版，第237—238页。
③ ［日］田山茂：《清代蒙古社会制度》，潘世宪译，商务印书馆1987年版，第159页。
④ 王建革：《游牧方式与草原生态——传统时代呼盟草原的冬营地》，《中国历史地理论丛》2003年第2期。
⑤ 色仍格老人，2019年10月19日访谈，旗县牧户家中。详情请查看附录一。

围栏社会的兴起

"Otor"更强调移动距离的远和游牧范围的广。除了日常生计与灾害应对的区别之外,囿于草原资源的时空异质性特征,蒙古草原社会各地的游牧习惯也有很大的区别。西穆科夫(Simukov)在考察蒙古国游牧民移动习惯的基础上,总结出了六种游牧形态[①]。由此可见草原并非一种"一马平川"的想象,而是包含着山地、盐碱地、缓坡、丘陵、河流等诸多差异性的资源整体。而且这种整体在水热条件下,会呈现出五彩斑斓的动态性。为了应对这种时空异质性,需要牧民因时因地移动放牧,而不能在一定区域长期利用。

对不同草原地区移动差异的解释中,除了自然地理因素外,学者们也注意到了社会组织与文化习惯的影响。正如汉弗瑞和史尼斯的分析所示,西穆科夫的游牧类型学划分简化了同一地区内部因社会因素的差别导致的不同形式的移动游牧方式。他们的研究指出,清朝晚期至20世纪中叶蒙古国境内的游牧可分为两种类型:精英指导型与生计维持型[②]。精英指导类型的移动游牧通常以贵族和寺庙的畜群移动为主,底层的牧民一般承担着上层封建主的牲畜,因而大畜群的游牧通常以长距离、大范围的移动为特征。这种大畜群的移动需要人力物力的整体协调,因而需要一定的社会整合与动员能力。大范围的移动通常有助于畜群的规模性收益,因而有助于封建主阶层增大畜群规模。而一般的独立家庭往往缺少相应移动的人力、车辆等物资,因此不太倾向于大范围的游牧,取而代之采取了短距离的移动方式来保存现有畜群规模维持生计。除了上述因素之外,牲畜的习性也是游牧民选取特定牧场和移动放牧的重要原因。这一点在拉铁摩尔的著作《中国的亚洲内陆边疆》中有详细的论述[③]。此外,随着蒙古高原南部和东部因农业开垦的扩展,草场制度与游牧方式也有明显的变迁[④]。

由上可知,清代以来直至中华人民共和国成立初期内蒙古游牧社会

---

① Simukov, A. D. 1934, Mongol'skii Kochevki [Mongolian migrations]. Sovremennaya Mongoliya [Contemporary Mongolia], No. 4 (7): 40 – 6 and map. 转引自 Humphrey, Caroline and Sneath, David. 1999. The End of Nomadism? Society and the Environment in Inner Asia. Durham: Duke University Press, pp. 221 – 222。

② Humphrey, Caroline and Sneath, David. 1999. The End of Nomadism? Society and the Environment in Inner Asia. Durham: Duke University Press, pp. 221 – 222.

③ [美]拉铁摩尔:《中国的亚洲内陆边疆》,唐晓峰译,江苏人民出版社2005年版,第48页。

④ [日]田山茂:《清代蒙古社会制度》,潘世宪译,商务印书馆1987年版。

中，游牧移动距离和频率除了水草自然生态的影响外，也与社会组织能力、家畜的种类、畜群的规模以及农牧整合程度均有一定的联系。通过对蒙古高原各个历史时期的草场利用方式和组织形态的梳理，我们可以发现对于草场的开发使用，不仅受制于水文地理条件，而且也会受到不同时期政治格局、社会背景和基层社会结构的影响。这也告诉我们游牧并非一种浪漫化的逐水草而居的无制度生活，其中充斥着对于资源利用的规范体系。直至中华人民共和国成立之初，这套规则体系仍广泛地影响着内蒙古纯牧业区的草场利用模式。而在这套游牧草场利用模式下形成的文化内核以及地方性知识更是成为形塑草场制度变迁的重要资源。为此，接下来将在总结游牧社会草场利用方式的基础上，进一步梳理游牧民日常生活中的草地使用知识与文化传统。

第二节　游牧社会中的草场及其利用体系

通过不同时期的草场管理、利用制度的回顾，不难发现游牧社会的核心是"人—草—畜"三者的有机统一。为了达成人地之间的可持续利用目标，游动成为牧民独特的生计策略。这就需要草场的公共使用以及与其相配套的组织方式，从而促成了独特的草场利用模式。这种草场制度同样也会产生实践层面的草地利用知识与文化传统。这些地方性知识以"活历史"的方式在当前畜牧业生活中仍然扮演着重要的角色。对于这些微观技能与文化传统的梳理，也将有利于认清当前牧区的人地关系与草场使用状态。

一　游牧：草场公共使用与"人—草—畜"的有机结合

对于游牧民而言，规避社会与自然风险，采取邻里间的合作方式成为维持自身生计的前提。这种合作既体现在构成游牧单元的组织方式之中，也展现在更为日常性的游牧过程中。而合作精神的内在核心特质可概括为"组合"的方式。这种组合既体现在游牧单元内部的劳力分配，也体现在畜群种类之间的组合，更体现在畜群与草场之间的搭配组合。可以说微观畜牧业中的"人—畜—草"三者的有效搭配，才是牧民维持生计的根本。

草原是一种多元化的资源系统，不仅存在地势方面的差异，而且也具备多样化的牧草资源。在一年四季不同的气候条件下，不同的畜群对于不同的牧草具有特定的喜好。这就要求游牧民在"牧草"和"畜群"之间形成灵活的配对。根据畜群的习性和草原气候条件形成草畜之间的有效组合，不仅可以达成事半功倍的效果，而且也能让整体草场得到间歇性的恢复。除了草畜之间的组合外，不同种类家畜的组合也有利于草牧场的整体利用。不同的畜群喜好不同的牧草，因此多元化的畜群结构不仅可以高效地利用牧场，而且亦能达到畜群间相互配合抵御灾害的效果。对此，即便是当下的一些牧户同样深以为然：

> 马这种动物是个直肠子，吃得多，排出的也多，消化得不是很彻底，所以粪便当中有很多草籽，加上马的移动范围比较大，所以它可以有利于不同草场之间的牧草品种的更替交换。这几年草场狼针很多，因为大家都不养马了，马比较喜欢挑食这种牧草，相较隔壁几家，我们家牧场的狼针[1]就很少。狼针一多，羊毛和羊皮上就都是这玩意儿，直接导致羊皮和羊毛不值钱了。以前我也不以为然，有一年我们家羊群总是往养马的围栏里钻[2]，其实那里面看着还不如外面的草场茂密，但是那些羊就是喜欢往有马的草场钻。外面的草场这么高，里面的草场还不到一半，我观察了很久，发现即使里面的密度不如外面，但好像有羊爱吃的草，草的种类可能要比外面多。之前两个牧场并没有划分，之后为了想在卖羊之前集中增膘才把羊群和马群分开的，按理说之前的草场情况是一样的，但是分了一个月不到，羊群就不喜欢在自己的牧场里面待着了，就往有马的地方钻，所以以前父辈说五畜"各吃各的"说法是有道理的[3]。

（巴雅尔，2019 年 8 月 17 日访谈，H 嘎查牧户家中）

---

[1] 也称针茅草，生长于平原牧场，多节植物。秋季针茅过度会造成尖刺扎入羊皮，不利于出售，严重时会造成损伤。

[2] 铁丝围栏中间的缝隙成为绵羊和山羊等小畜钻出的空间。而牛、马等大畜则一般会采取跳跃的方式越过围栏。随着围栏的普及，家畜越界不仅造成了牧区邻里之间的常见纷争，也客观上促成了围栏松弛变形等问题，加重了牧民的生产投入。

[3] 所谓"五畜"便是蒙古五畜，即指牛、绵羊、马、骆驼和山羊，其中牛、马、骆驼被称为大畜，绵羊和山羊则是小畜。

除了"草—畜"和"畜群之间"的组合，古列廷和阿寅勒内部，也有羊倌、马倌、牛倌的分类，分别放牧对应的畜群，从而达到专业化的养殖目标。因此总体而言，畜牧业生产方式，体现着"组合"的地方性知识。在"草—畜""畜群""人—畜"之间的组合与分工，可以有效抵御自然灾害带来的财产损失。"游牧"这种草场利用方式，便是三种组合方式的整体体现。在移动中，不同种类的畜群由相应劳力看管，有经验的牧民选择目标牧场，制定游牧方案，从而达成"人—草—畜"三者间的最佳平衡。

如果农民的内在特性是"乡土本色、离乡不离土"的话[①]，游牧民的特性便是"畜群本位、为畜移土"的生存策略。为了规避自然风险在畜群与牧场之间达成有机的平衡，牧民们只能通过组合的方式采取游牧移动的生计方式。"人—草—畜"三者的有效组合，主要是为了解决牧区生产生活中的人地矛盾与人际间的紧张关系。草原生态是一种极其多变且脆弱的系统，贫瘠的草场无力承担家畜的长期啃食。保畜工作直接关系到人的生计问题，因而这种"畜—草"间的矛盾，其本质便是人与土地（草场）之间的矛盾关系。这就要求游牧民根据草场特点与畜群习性，不断移动组合从而在确保草牧场循环可持续的基础上保障自身的生存。另一方面，传统游牧社会纷争多起，氏族之间、不同牧团之间的冲突矛盾不断。这种人际群体间的矛盾，需要群体内部较高的整合程度，进而逐渐发展出了阿寅勒、古列廷等互助共同体。

概言之，"人—草—畜"三者之间的组合平衡，是为了应对北方草原高度不确定的自然生态与社会危机而采取的生计模式。这种生计模式的制度基础便是草场的公共所有制，为了确保游牧生计的机动性，需要充分保障土地的公共属性。当然通过蒙古草原社会草场管理制度变迁历程的梳理，不难看出这种公共所有制在各个时期也有不同的特点，受到了不同时期政治格局、社会结构和族群关系的深刻影响。不过从总体而言，蒙古游牧民的草场共有制主要以特定的成员身份为依据，采取"氏有共用"的草场使用方式。并且在公共资源的管理中通过身份划分，界定了不同人群的草场权利与义务。王公贵族、封建官僚实际掌握着草牧场的占有权利，而一般牧户只有在规定边界内的放牧使用权。

---

① 费孝通：《乡土中国生育制度》，北京大学出版社1998年版。

在蒙古游牧社会中，共有制主要涉及三个层面。① 首先，草场按不同氏族和部落集团划分，归该行政主体领有，由其中的封建贵族统摄管理。在其中进而划分出不同的行政区划，并配有四季放牧场，以此确定不同群体的放牧边界和游牧圈，不得随意变更或侵占草场。其次，在微观畜牧业中，牧民以阿寅勒为单位采取牧户联合放牧的形式，以此达成"人—草—畜"的实际组合生计模式。阿寅勒的组成由一定的血缘、地缘或特殊身份②为纽带进行灵活结合，并在不同时节采取多变的组合或分散的经营方式。最后，草场的划分、使用和管理在微观畜牧业中深受习惯法的确证，并以成员身份界定草场的权利边界，由此处理草场纠纷并对违规者采取剥夺成员身份的处罚。当然在不同历史时期，对于草场纠纷的处理将会受到当时法律条文的明确界定，这里主要是从整体的角度做出了上述总结。可见"公地"下的牧民并非是一种制度真空的存在。他们有其自身的组织体系与资源利用制度，用以规范成员个体的草场利用方式，并通过移动游牧的措施保持着草牧场的生态平衡。这一点在游牧民日常草场使用过程中具有更清晰的展现。

二 游牧中的日常管理——色仍格老人的四季放牧

为了更细致地展现游牧民日常生活中的草场利用知识，本节将在典型牧户口述经历的基础上，重现人民公社成立之前的牧区草场使用面貌。在1958年人民公社成立之初，色仍格老人便是入社的富户之一，老人亲身经历了中华人民共和国成立初期的自由游牧、公社时代的集体放牧以及草场承包制背景下的围栏放牧整个过程。

在中华人民共和国成立初期，G苏木所属地区往往由几户牧民共同组成的"浩特—阿寅勒"形式共同游牧，其中尤以"富户+贫户"的游牧组为主。富户会将畜群分成几份交由贫户或一般牧户放养，俗称"放

---

① 需要澄清的是，本书所指的"草场共有制"并非是共产主义性质的公共所有制度。通过上文梳理，亦能发现蒙古族游牧民虽然没有个人与草场的排他性占有权属观念，但也基于氏族、血缘以及身份的方式确立着草场占有权。占有体现的是有权力用土地去做一些事情，并且拥有反对他人对其所拥有的财产加以侵犯的权利（赵旭东，2011：47）。在蒙古游牧社会中这种土地占有权，既通过血缘、地缘加以区隔，也依靠特定权力身份得以达成。因此不能将游牧民视为全然没有占有观念的自由客，同样不能将草原社会视为"制度真空"的浪漫世界。而且这种占有观念也会通过"活历史"的方式形塑当下牧民面对划分土地时的分类方式和主体实践。

② 例如上文提到的富户与贫困牧民组合而成的阿寅勒形式。

苏鲁克"制度。之后依次推行了"新苏鲁克"和"新雇佣制",意图在改变封建剥削的同时,保住牧户间合作放牧的传统以此提升生产效能和抗风险能力。色仍格老人的案例可以口述历史的方式重新展现当时的草场利用与人地关系。此外,选取色仍格老人的另一个主要原因是老人经历了从游牧至定居的整个过程。这一生命历程无疑对我们理解公社时代乃至更早期的草地利用和人畜管理方式提供了珍贵的材料。老人不仅熟知集体时期的放牧日常管理方式,而且对于牧区草地种类、气候知识、地形地貌的利用等地方性知识更是所知甚详。为此,接下来笔者将利用老人的口述整理,重新展现中华人民共和国成立初期微观畜牧业中的人地关系与草场利用状态。①

根据老人所述,在1956年之前基层牧区以牧户小组的形式进行合作游牧,牧民们将其称为小组(bag)。当时的夏秋营地一般在嘎查内部牧场,游牧则从秋季开始,冬天有时会跨旗县进行远距离游牧,牧民们将其称为"走奥特尔"或"奥特尔转场"。秋季家畜无须每天饮水,一般隔几天才会到水源地。牧民们也会选择一些多汁的牧草,以此为家畜补充水分。在牧民养殖习惯上秋季需要让家畜快速增肥以此抵御漫长的冬季,将其称为"贴油膘"。而夏季则主要以水源地为放牧点,以此满足高温下的人畜饮水需求。因此此时的放牧也被形象地称为"长水膘"。从中亦可看出游牧民对于畜草间灵活组合的放牧技巧。

冬季的奥特尔转场并没有固定的营盘,一般会根据积雪和牧草状况采取远距离移动游牧。据其所述,冬季的奥特尔一般在农历十月中旬开始,一直持续到春季临近母畜产仔时才会返回嘎查牧场。待到畜群产仔天气回暖后再到夏季的营盘。牧民们一般将春营盘和夏营地统称为努图克,可见此时的努图克更多地表示营地与特定牧场。在具体的游牧过程中,一般会以浩特阿寅勒的形式组成小型的合作牧团。其中一些经验丰富的老人和长者决定游牧路线和时机,并且一般会提前几天率先出发选择下一步移动转场的牧场。根据老人描述,选取牧场的主要依据是积雪厚度和地势结构是否适合防风固雪、人畜居住。

移动放牧的集团一般由几个浩特组成,而一个浩特多以两三家牧户构成。实际上,组成浩特阿寅勒组织的家庭数量取决于家畜数量,根据老人

---

① 详情可参阅附录一。

围栏社会的兴起

描述当时每个浩特一般不会超过 1500 只羊，除此之外还有若干头牛、马等大畜。如果家畜数量过多，将不利于特定牧场的可持续利用，也会加大劳动力投入。因此牧民们一般会灵活安排组成浩特阿寅勒的家庭数量。根据老人描述，如果是三家牧户共同放牧，那么一般会采取三角形的扎营模式。如此一来可将家畜安排在三角内部，从而达到防范狼患，避免家畜走失，等等功效。扎营的位置一般依据自然方位，取决于地势、风向等因素。例如在没有掩体的平原地带，扎营点会选择羊群栖息地东边，因为冬季蒙古高原主要以西北季风为主，如此一来如遇到暴风雪天气，便可以在下风口听到畜群的动向，防止家畜走失。

通过上述奥特尔转场过程不难看出，游牧社会中的草地利用不仅要结合水草和畜群习性，也需要一定的社会组织与社区基础。正如阿寅勒一般，这种组织形式不仅可以促成移动放牧，而且也形成了微观畜牧业中的人际合作与社区整合。无论是结营方式还是走场中的分工，都体现了牧民彼此之间的合作形态。可见游牧过程中的草场利用方式，不仅会塑造人地关系，也会形成特定的人际关系和社区面貌。因此当草场利用方式和管理制度发生变化时，势必对牧区人地关系和人际关系产生重塑作用。这也是本书以草场承包制为切入口，重新审视当前牧区人地关系与主体关系的重要依据。

第三节 从人民公社到围栏社会的演变

中华人民共和国成立之初 G 苏木所属牧场主要是周边牧户秋冬游牧迁徙的冬营地。基于此，当地政府为了开发此地便从周边调入了大量牧户与牲畜开始了集体化运动。此后又在草畜双承包责任制背景下，分发家畜发包草场，造就了如今的苏木概况。从"苍穹稀人畜、水草迁牧人"到"草畜双承包、围栏定人畜"，此片草原见证了新中国成立以来草场制度变迁的整个历程。

一 牧区的再造和集体化运动中的草场制度

内蒙古自治区成立之初，在牧区畜牧业生产当中依然残存着封建生产关系，王公、贵族、喇嘛和旅蒙商占据了大量的草场和牲畜资源①。为了达成公平有序的社会主义畜牧业生产关系，全区范围内迅速开展了整顿封建生产关系和草场利用方式的民主改革。正是在此背景下，1958年在地区政府的领导下此地成立了人民公社。据史志材料，当时入社的牧民约为380户，家畜共计12万只（头）②。至此，此地迎来了大集体时代，其草场利用延续了公共使用方式。各个生产队的游牧方式由公社和大队统一制定，以此划分不同时节的游牧场所。有时也会采取跨公社乃至跨旗县的移动转场，以此规避自然灾害。

正如老牧民益达木所述：

> 那时候都是集体草场，到了夏天，领导会规划草场，然后安排各户的夏营地，那时候已经没有秋营地了，基本上夏天和秋天都在一个地方。冬天一般是在走奥特尔（移动走场），我们这里没有适合过冬的草场，所以一般都是去别的生产队、公社。这也是公社领导之间协调好了的事情，然后安排好我们就过去了。春天公社也会事先安排地方接羔，然后就在指定的地方工作，那时候队里会安排好春营地，不会在其他的时间利用。那时候都是公社统一安排的，没有说随便游牧的，都是按照公社领导和老牧民的经验，看天气、草场情况安排游牧路线。有三个夏营地，一个营地可以容纳二三十户人家。夏天几个月，那时候羊多，待久了草场承受不了，冬天就没草吃了，所以就得去别的公社的冬营地。那时候也不要什么租金啥的，都是集体的财产，两个公社的领导协商好了就按时搬过去了。如果当时草场允许的话，也会在那儿度过春天，要看具体的草场情况而定。

（益达木，2019年8月14日访谈，C嘎查益达木老人家中）

从中不难发现，公社时期的草场仍以公共使用为主要特点，而且牧民的移动范围也没有局限于所属公社内部。如遇到特大级的灾害时，移动的距离也会超过公社范围。例如在1977年，因特大级雪灾，该公社一些生产队采取了远距离、跨旗县的移动游牧方式。

---

① 齐伯益主编：《锡林郭勒盟畜牧志》（第一篇），内蒙古人民出版社2002年版，第227页。
② 色·恩和：《苏木简史》（蒙古文），内部资料，2019年。

围栏社会的兴起

据 C 嘎查老牧民益达木老人回忆①，那年十月底开始下暴雪，但因为气温尚未普遍降至零下，白天积雪底层逐渐消融，而在夜间又会结冰冻土，平均形成了一尺以上的积雪。入冬之后持续降雪降温，草场底层结冰，冰上覆盖积雪，导致牛羊无法刨雪采食，造成了严重雪灾。基于上述特征，此役也被当地人形象地称为"铁灾"。老牧民至今仍不堪回首那段惨烈经历。益达木老人便是亲身度过那年雪灾的公社牧民。他回忆到当时牛羊饿到只能舔食毡包和牧民衣袍，甚至相互啃食彼此的毛皮，其结果便是无法消化这些材质直至活活撑死。一些牧民无法忍受家畜成群成群地饿死，只能没日没夜地刨雪除冰，不顾冻伤的风险一点一点地亲自投喂，至今一些牧民身上仍有当年冻伤后的恶疾，也出现过冻伤后只能截肢甚至冻死的情形。

当时 G 公社草场无一幸免，全部被埋在了深深的积雪之下，因此公社下属的一些生产队采取了跨旗县的远距离奥特尔游牧，W 嘎查的前身生产队更是一度达到了中蒙边境的一些地区。这种艰苦的移动游牧得到了一定的保畜效果，相比之下没有采取移动走场的其他公社损失甚为惨重。例如，与 G 公社相邻的公私合营牧场因没有采取远距离的奥特尔走场，加之当时的基础建设和草料储备情况远不及当下，因而导致该国营牧场的损失极为严重②。

当地史志资料也印证了老人的口述经历。远距离移动避灾的 W 生产队，在灾后保留了 11000 只家畜（灾后全公社保留家畜约为 13005 只），占据全旗县保畜量的三分之一（灾后全旗县保留牲畜仅有 3 万只，而上一年度则高达 37 万只），而留在当地避灾的公私合营牧场却损失惨重，为降低损失仅屠宰和出售的家畜便多达 23091 只，饿死冻死的家畜更是不计其数③。

从上述灾害经历，我们可以发现公社时期的草场利用主要以规避风险为主要的导向。在具体草场使用方面力图在保障牧场承载力的基础上以风险规避为主要目标采取移动放牧的措施。这种移动放牧的前提是草场的公共所有制。当时的草场并没有详细划分到户，公社内部的草场按照牧民使

---

① 益达木老人，2019 年 8 月 14 日访谈，C 嘎查牧户家中。
② 色仍格老人，2019 年 10 月 19 日访谈，旗县牧户家中。
③ 色·恩和：《苏木简史》（蒙古文），内部资料，2019 年。

用习惯进行统筹规划,进而采取季节性的移动游牧。这是一种契合草原生态特点的草场利用方式,在一定程度上保护了草原生态环境。

二 草畜双承包责任制的落实与围栏社会的来临

20世纪80年代初,内蒙古自治区开始了草畜双承包责任制的制定与实施过程。就内容方面,草畜双承包责任制囊括家畜作价归户与草场承包经营两方面的改革(内蒙古自治区畜牧业厅,2000)。G 苏木也正是在此背景下开始了草畜双承包制改革,并在1984年落实了家畜承包工作。草场的承包责任制则一直到1997年才落实到户。因苏木各个嘎查村家畜规模和草场面积不同,施行草畜双承包责任制时,当地政府因地制宜采用了不同的分配标准。其中牧业村的每人承包草场最少面积为825亩,最多的则达到了1500亩。1997年苏木各个嘎查村草场承包到户情况如表4-1所示,其中户均承包草场最大的便是 C 嘎查,达到了户均7600亩的水平,而最少的 B 嘎查只有户均4000亩的草场。随着承包制的落实,集体草场被切割为了大小不一的承包牧场,基层牧户不再移动放牧,转而开始了承包牧场内的独立经营模式。

表4-1　1997年 G 苏木各牧业嘎查村草场承包到户情况

	H 嘎查	W 嘎查	T 嘎查	A 嘎查	B 嘎查	C 嘎查
草场面积(万亩)	57	51.9	32.4	32.55	21.75	61.2
承包户数量(户)	82	105	67	74	55	81
户均草场(万亩)	0.7	0.49	0.48	0.44	0.4	0.76

数据来源:苏木政府。

除了产权制度的调整,草畜双承包责任制还包括生产方式以及草原管理方面的变革。前者主要围绕着承包制开展定居定牧、舍饲圈养、人工饲草料地以及水电机械等现代化畜牧业改革内容。而草原管理主要是从法律制定和组织体系建设两个方面进行草原监督管理和治理工作。

在承包制推行后,为了有效遏制过度放牧、阻止草原退化,草原管理中逐步形成了草畜平衡的方法。意图通过特定草场的承载力约束牧民畜群养殖数量,达到牧草与家畜的可持续平衡状态。并在此基础上增设了禁牧休牧、围封转移等更为强制性的治理政策,形成了一套作为草场承包制辅助性制度设计的草原治理体系。G苏木所属地区随即也成立草原监理部门，其主要职能包括实施草原禁牧休牧、草畜平衡和天然打草场的监督和管理等工作。可见，在承包制背景下，牧民不仅具备草场的使用权，而且也要承担保护草场的责任和义务。

从1989年开始，我国进一步落实了草场"双权一制"，以法律的形式保障了所有权、使用权与承包经营责任制[①]。在此基础上，2015年草原牧区开始了草场确权登记工作，大力推行"三权分置"为草场经营权赋予了合法依据。"三权分置"激活了草场的经营方式，客观上加强了草场流转[②]。至此，草场承包经营成为牧区的常态，集体草场被分包到户，牧民们纷纷围封承包牧场，内蒙古草原牧区就此进入了围栏时代。

随着草场承包制的落实，一套自上而下的草原治理体系也随即建立。在此语境下，家畜的饲养规模以围栏中的草场载畜量加以确定。这就导致围栏成为决定畜群规模的界限，进而也成为牧民草场权利义务的范围。因此当下草原牧区是一种"以草定畜、围栏定牧"的围栏社会：既以围栏范围内的载畜量"界定"牧民家畜数量和放养权利，又以围栏"确定"牧民在特定空间范围内放牧生活，而非迁移不定地逐水草而居。

从移动游牧到围栏定牧，草原牧区人地关系发生了明显的变化，与此同时，草场相关主体关系也发生了一定程度的变化。草场承包制及其后续草原监管与治理措施会重塑国家、地方政府、村集体、牧民等不同主体的权利关系与互动状态。主体关系的变化也会反过来重塑人地关系，进而改变牧民生计与草原生态情况。人地关系和主体关系的变化相互交织，共同造就了当下牧区的现实面貌。为此本书接下来将依次通过牧民生计、草原生态、纠纷合作三个方面探讨草场承包制对牧区人地关系与主体关系的形塑过程。

[①] 敖仁其：《草原产权制度变迁与创新》，《内蒙古社会科学》（汉文版）2003年第4期。
[②] 谭淑豪：《牧业制度变迁对草地退化的影响及其路径》，《农业经济问题》2020年第2期。

第五章 "发羊财"：围栏中的生计转型与谋生之道

独丽雅家位于 C 嘎查中部。1984 年当地实行家畜承包制，他们家共分到了 100 只绵羊、24 只山羊、3 头牛和 2 匹马。1997 年草场承包到户之后，独丽雅发现有限的承包草场无法支撑家畜的多样化发展，想要将大畜发展成群，以此产生规模效益，则需要额外的牧场以及更多的草料。"一头牛顶五只羊"是当地牧民对大小畜所需成本差异的直观表述。

而且草场承包到户之后，随即出现了围封草场、建设棚圈等定居化舍饲养殖的建设需求。围封草场一来可以避免其他牧户私下占用自家牧场，毕竟几千亩承包牧场一家人也无法每时每刻地监督管理。此外，围封草场也可以适当地解放牧民劳力。围封牧场后畜群便在有限的牧场上固定进食，如此一来即便是脱离畜群的家畜也不会彻底走失。围栏在一定程度上可以发挥保畜的功能。至于棚圈的建设同样离不开草场承包制的实施。在草场承包到户之后，独丽雅家便没有再移动放牧。当时绝大部分草场都已分包到户，因此无法采取游牧方式规避灾害，只能提升自身基建水平，以此增强抗灾能力。1997 年分到草场后，独丽雅一家立马围封了草场，并修建了用于冬季保畜的棚圈，共花费了 4 万元。这对于世纪之初的牧民而言可谓是一项不小的支出，以独丽雅的话来讲便约等于自家"前三年的总收入"。

独丽雅表示除了这些支出外，每年还需要储备过冬的草料。在草场承包制背景下，围栏放牧替代了移动游牧。此时牧民为了度过漫长的冬季，便需要提前购置草料。有时春夏也会出现旱灾，这时更需要舍饲养殖。2000 年春夏两季，当地出现了极其严重的旱灾和蝗灾。六月底的牧场一片枯黄没有丝毫生气，一度将牧民逼入了绝境。在此背景下，独丽雅一家并没有足够的能力继续发展大畜。相较而言，羊群则体现出了增殖快、产出足、成本少的优势。因此早在2000年前后，独丽雅一家便将马匹全部卖掉只留下了少量母牛，开始集中发展起了羊群。2019年她家的羊群已增长至1200只，当年秋季集中出售了其中的500只羔羊。每只均价达到了1000元，为其带来了50多万元的收入[1]。可见承包制背景下草原畜牧业的"发羊财"特点。

我们可以发现，独丽雅一家的畜群结构调整深受草场承包制的影响。草场制度规定着谁人所有、如何利用、何以治理等内容。在其中尤以"人地关系"的维度形塑着牧民对于草场的使用以及家畜的管理方式。"人—草—畜"的动态结构也正是牧民生计的基础。因而草场承包责任制的落实将从"人地关系"的维度重新改变牧民生计方式。进一步而言，正如道格拉斯所述，制度会给予身份同时也会影响社会记忆[2]，制度不仅会影响社区成员的权利结构和身份系统，甚至会通过制度编码的方式重塑集体记忆，改变群体对于所处社会与自然界的看法与认同。因而当围绕草场的一系列制度规则发生调整和变革时，当然也会改变基层牧区不同主体对于草原的认知和态度，其中与草原联系最为密切的群体便是牧民。那么牧民上述畜群调整又与草场承包制具有何种联系？承包后的牧民生计何以发生上述变化？为此本章主要从牧民生计方式的改变，揭示草场承包制对于牧区人地关系的形塑过程。

第一节　围栏中的草场和人

草场承包到户的直接结果，便是围栏放牧的普及。草场承包到户之后，为了保障草场的排他性利用，围封牧场成为牧民的"共享剧本"。围栏的出现不仅仅是草原景观上的变化，也是对牧民身份与生活方式的一场

---

[1] 当然这其中包括高昂的草料成本和草场租赁费用，且羊价具有极强的波动性。因此并不能每年都会带来如此可观的收入。具体详情及其中的制度脚本将会在正文中得到更完善的梳理和解析。

[2] Mary Douglas, *How Institutions Think*, New York: Syracuse University Press, 1986, p.111.

"生活革命"①。在围栏社会中集体草场被承包到户，这就导致横向移动走场的生计方式将不再适用。取而代之的则是固定在承包牧场上的围栏定牧。在此背景下，"长腿"的蒙古包逐渐被"落脚"的屋舍替代，牧民们下马上车摇身一变从游牧民成为牧场主。

一 各自为阵：乌兰琪琪格家的围栏故事

1997年G苏木开始了承包草场的工作。根据老牧民的回述，承包之初只是确定了具备草场承包资格的家庭成员人数，并以此为基准按户划分了家庭总体牧场，并没有具体在家庭内部细致划分每一位成员的草场位置。当时的草场界限只是以垒石、挖坑等方式大致区分了每户的草场范围。这就导致在牧户实际围封过程中难免会出现不准确的边界划定问题。可通过苏木下属C嘎查乌兰琪琪格一家围封草场的经历，更为直观地把握制度落实中的地方性建构过程：

> C嘎查于1997年开始落实草场承包制，此后嘎查牧民纷纷开始了围封草场的工作。不过由于承包草牧场之初并无清晰的边界，因而在实际围封过程中往往会出现"大户吃小户"的草场侵占问题。在围封动辄万亩的承包牧场时，稍有不慎便会出现近百亩乃至几百亩的实际落差，从而会引起邻里之间的持续纷争。C嘎查乌兰琪琪格一家与其邻里之间的草场边界纠纷便几经波折，持续了近二十年之久直到2016年草场确权登记时才得以平息解决。据乌兰氏所述：
>
> "1987年的秋天嘎查大队给我们说了草场在那一带，但是没有详细地指给我们。我们家那时候有个手压井，我记得特别清楚那年是我第二个姑娘出嫁呀，我在缝衣服来着。然后我姑娘就过来说西南詹姆苏家网围栏都拉到咱家手压井前面了，你都没看吗？我缝衣服来着，没注意啊。我当时就想出去理论，你这围栏怎么就拉到我们家门口了！但是我家老头儿就拦着我不让出去，说以后嘎查肯定会给我们指边界。主要是家门口拉网子有点别扭，后来第二天那家人就开始把杆子拔了没再拉。1997年草原站的工作人员给我们踩了几个点分了边界。然后发了黑绿色的草原本，然后就没变过。上面有个图，然后我

---

① 周星：《"生活革命"与中国民俗学的方向》，《民俗研究》2017年第1期。

们就按着图拉网子,当时隔壁家的总说他们家的草场被我们占了,不让我们拉网子,他们说我们走了关系请草原站的吃饭才占的。他们不服,自己找草原站的人,人家过来看图就是这样,前后找了三次,都是一样的。"

(乌兰琪琪格,2019年10月30日访谈,C嘎查老人家中)

虽然乌兰琪琪格一口认定自己并没有侵占邻居的牧场,但2016年当地草场确权过程中却出现了截然不同的真相。经过当地林草部门的重新衡量,乌兰家实际围栏面积确实往邻居家牧场凸进去了300亩左右。至此两家关系变得更加疏远,时常因家畜越界等问题产生矛盾冲突。当然围栏的建立的确为牧民放牧生计带来了极大的便利,也为牧民保护性畜提供了基建支撑。乌兰老人曾向笔者提到过建立围栏前的放牧生活。据其所述在承包制落实后不久,自家还没来得及围封整片牧场,因此遇到暴雨、大风等恶劣天气时,畜群受惊走失的问题时有发生。曾有一年夏季雷雨夜,熟睡中的乌兰一家被邻居牧户急促的敲门声惊醒。来人告知乌兰,他们家的羊群因受到雷电惊吓四散而去需要尽快归拢起来,否则后果不堪设想。乌兰一家迅速穿戴好雨具骑着摩托车便踏上了雨夜寻羊的旅途。虽然经过几人一整夜的寻觅找回了大部分家畜,但也失去了十几只母羊,造成了不小的损失。经此一役,乌兰一家更加坚定了修筑围栏的决心。

通过上述案例亦不难发现,制度的落实过程因技术、监督、成本等因素的影响,会产生意料之外的社会后果。承包制的变革带来了围封牧场的需求,不过围封过程却又深嵌于基层社会人际关系结构之中,因而会受到资金、人力、人情等因素的影响。围栏的建立过程将在地方社会权力地位的差异下极易造成个体信任危机。多分多占的问题随着围栏的新建成为合法化的草场侵占行为,即便2016年草场确权登记时这些问题得到了缓解,但也无法弥补近20年的侵权事实。而且伴随着确权登记水落石出的侵权事实也会进一步加剧牧民彼此之间的隔阂,对于彼此的信任危机至此得到了自我验证。这将会促使牧户个体更加禁锢在承包草场之内,将信任感埋藏在家庭之中,不利于社区的整合。

现如今,围封草场和围栏修理已成为一位牧民最基本的日常工作,围栏也成为牧区社会中最常见的景观。G苏木以往的放牧边界、自然区域皆

第五章 "发羊财":围栏中的生计转型与谋生之道

以山川河流的名称界定,承接了以往的游牧传统①,不过随着围栏的普及这些地名也逐渐消失在了历史的长河中。对此乌兰老人感慨道:

> 现在地名都没了,都是谁谁家的围栏名,以前去哪儿都是说地名,现在都是说先绕过谁谁家的围栏,再穿过另一家的围栏这种。别说外来人了,有些不常走动的我们自己都弄不清。
>
> (乌兰琪琪格,2019 年 10 月 30 日访谈,C 嘎查老人家中)

由此可见,当前的草原已不再是信马由缰一望无际的绿色大地,而是被围栏切割成大小不一的承包牧场。在如今的基层牧区,如果没有当地的向导,那么即便是眼前清晰可见的牧户人家,也是无法轻易驾车前往。横亘在草场上的围栏,已将牧区分割成了一片片独立的私人领地。因此对于当下的牧民而言,"努图克"② 一词的含义已从氏族公共牧场转变成了各自为阵的承包牧场。在牧民日常口语中,经常会听到"Mannie Notog",译为"我的努图克",以此表示承包草场的领地特性。牧民们以铁丝围栏界定承包牧场的独断标志,以此达成排他性的草场利用。

除了围封草场引起的矛盾纠纷与社区信任的缺失问题外,围栏的筹建也增加了牧户生产支出,而且还需要额外的修缮工作,增添了劳力成本。网围栏虽然多以铁丝和钢制柱桩构成,但也会随着家畜的碰撞、越栏等原因出现松弛老化的问题。而且近年来该地区一年生植被长势较为旺盛。此类植物根茎较浅,因而秋季干枯后便会在高原寒风的加持下四散飘荡,最终披挂堆积在四周围栏之上。远远看去铁丝围栏犹如穿上了厚厚的黄色外衣,演变成了纵横交错的植被城墙(见照片 4)。

不过在牧民眼中,此番景象却有着截然不同的意义,随着越来越多的植被挂落在围栏上,便会逐渐压垮围栏。而且堆积的枯草阻碍了砂石穿过围栏,随着大风天气的加剧,围栏便会被沙土覆盖掉,这将造成牧户沉重的基建损失。乌兰家每年也会花费数千元用于围栏修理,如遇到大面积的围栏倒塌问题,将需要更新整个围栏。由此可见,围栏中牧户的生计方式

---

① 例如一个苏木的游牧范围大体以某座山、某条河流以及某处草场为界限,游牧图也会标识当地地名以此设立游牧边界。

② 有关"努图克"的含义,可参考第四章的相关内容。

及其生产维修的成本问题。

另外随着围栏定牧的普及，牧户承包草场内部也出现了大小不一的围封牧场。这些围封牧场要么留作冬春季节家畜过冬时使用，要么以不同畜群为依据划分出不同的子牧场集中喂养，又或者用于围封购置的草料，以备雪灾旱灾时的保畜工作。

例如，乌兰氏便为了防止家畜偷吃草料而将一小处草地围封了起来，而且还在围栏底部以更为密集的细网进行了加固。当被问到何以至此时，牧户无奈道近两年野兔成灾，冬天的时候总会在草料堆中祸害啃食成捆的干草，从而导致捆草麻绳松弛不利于搬用和利用，这才在围栏底部加固密网以此防备野兔入侵（见照片5）。

"网子越拉越密，现在不仅要防牛羊，还得防兔子。现在不是兔子怕人，反过来人怕兔子。"

（乌兰琪琪格，2019年10月30日访谈，C嘎查老人家中）

可见除了围封承包牧场之外，围栏放牧方式也会产生内部子草场乃至上述小规模草地的围封需求。这些需求也将进一步加大牧民的生产投入。此外，牧民们也清晰地认识到随着围栏的日益密集，草原生态也在发生着明显的变化。一些老牧民认为正是围栏的普及阻碍了大型野生动物自由迁徙，导致此类动物数量的迅速减少，从而造成了小型野兔、鼠类的激增。而这些小型动物多以牧草、植物为食，因此在无形中加重了草场负担。因此一些牧民也觉得应该减少围栏，促成彼此间承包牧场的联合利用模式。但在承包制背景下，各户的家畜数量不等，承包草场面积不同，合作利用牧场之后如何保障公平公正的生计发展又成了新的问题。因此上述"跨栏"想法也多是停留在了观念层面，并没有形成普遍性的生计实践。至今为止苏木境内整体上依然保持着各自为"阵"的围栏定牧状态。

二 下马上车：从游牧民到牧场主的转变

制度变迁会促成主体角色的变化。在游牧时代，为应对高度不确定的社会与自然风险，草场的利用方式主要以移动放牧为主，重视特定时期的身份进入权。在这种草场利用体系下，普通牧民个体与草场资源之间并不

第五章 "发羊财"：围栏中的生计转型与谋生之道

具备排他性的占有关系。不过随着草场承包制的落实，加之承包年限的延长①，牧民对承包草场的权属观念日趋增强，实践层面呈现出了个人占有状态。草场承包责任制实施之后，牧民的角色身份显然发生了实质性的改变，从以往的游牧民、公社社员转变成了围栏中的牧场主。

如果说草场制度是牧民角色转换的剧本，那么日常生活便是这一角色演绎的主要舞台。日常生活包含着牧民衣食住行以及闲暇时光的安排等内容，其中与承包制背景下生计方式的转变直接相关的便是住行与闲暇时光的安排。住和行主要是对空间的改造和连通方式，而闲暇时光则体现着围栏放牧引起的牧民生活时间维度的变化。

首先来看承包后的围栏放牧对牧民居住和出行方式的影响。就居住方式而言，因草场承包制度的落实，每块草场都有了承包主人。这就导致传统的移动放牧方式在牧区基本消失，牧民们开始在承包牧场上常年定居定牧。根据老牧民回忆在公社初期移动到其他公社牧场，并不会有现金酬劳，只会留一些羊粪或食品作为报酬，更多的是人际互惠的保持。不过随着草畜双承包责任制的实施，"草场有价"的观念渐入人心，移动放牧的成本也随即增长，加之移动放牧中的折损和人力物力的投入，促使牧民们逐渐放弃了远距离的游牧方式。

移动放牧方式的逐渐式微，意味着牧民的定居化过程，定居方式的标志便是房屋的改造。与农民扎根于乡土上的"生于斯死于斯"的屋舍不同，牧民们为了达到移动放牧，进而发展出了一套随时可拆卸组装的蒙古包。蒙古包一般由木材和羊毛毡子组成，这种毡包不仅利于迅速移动走场，而且装卸过程中不会留有建筑痕迹，是一种环境友好型的居住房屋。蒙古包一般分为上下两个部分，上半部分呈穹形，下半部分则是圆柱形。上下部分皆由木材拼接而成，下半部分犹如木制的栅栏一般围成圆柱形的木墙，而上半部分则由长度相似的撑竿拼接出穹形，并在其顶部以圆圈型的木架加以组合固定。顶部骨架留有圆形镂空，用于烟筒的搭建。在此基础上，牧民们会用羊毛毡子层层包住木制骨架，并用绳子进行加固。就蒙古包内部而言，门口两侧分别会摆放厨具和马具，中间便是火炉，其旁边则是用作燃料的干牛粪②。火炉两侧及后面便是木制的卧床，床上会铺上

---

① 请参见《中华人民共和国农村土地承包法》相关条例。
② 目前牧民们冬季一般会使用煤炭取暖，牛粪则多用于春秋时节。

调绘各色吉祥图案的羊毛垫。牧民们也会在蒙古包内部撑杆上挂上各种重要的物件,例如珍贵家畜的毛发、各类那达慕游艺上的奖项等。

游牧民的居所和房屋设计多取决于当地的生态条件和畜牧业生计需求。正如努尔人一般,其居住的屋舍一方面是出于规避雨季水淹和蚊虫侵害的考量,另一方面也是为了更有效地照料牛群[1]。从结构和内部空间设计上来看,蒙古包亦是为了适应北方草原多变的气候与环境的居住形式。牧民们依据季节的温差变化,会灵活地调整毡包外部的毡布厚度。此外,一天之中也会通过收挂毡壁来调整室内的温度,天热时会卷起毡子,而天凉了便会放下毡布。夏季,牧民们也会在毡壁内侧挂上纱布,用于遮挡蚊虫,这样一来夏天收起毡子时,包内便会变得格外清凉舒适。而且收起毡壁后也可以随时查看外面的畜群情况。由此可见,蒙古包最明显的特点是便于移动,不仅其结构便于就地取材,而且其整体也能迅速组装迁移。可以说蒙古包在哪里家就在哪里,从中也可以看出毡包和游牧之间的天然契合性。

不过,随着移动次数的减少,牧民们逐渐开始建造土坯房乃至砖瓦房,而蒙古包也逐渐变成了住房的补充或者储物仓库(见照片6),也有牧民会在夏秋时期临时搭建蒙古包避暑乘凉。或在寿宴、祭祀敖包、举办那达慕等集体聚会时搭建蒙古包,用以安顿来访的宾客。当前蒙古包已逐渐演变成了居所的衍生空间,以此满足特殊场合中的人际互动与集体团结的需求。可见,房屋的变化也反映着特定时空下人的联系方式与社会整合状态。这一点在莫斯对因纽特人屋舍结构的季节性变化中亦有相同的论断。在其看来,因纽特人在冬季会从孤立的单一家庭转变为集体家庭模式,随之也会建造更大的房屋[2]。

下面是 C 嘎查益达木老人家居住格局的变迁历程:

在 1994 年以前一直是住在蒙古包,1994 年盖了两间土房,那年春天是最后一次走场游牧,之后就没再走过场。当时其实草场也分到

---

[1] [英]埃文斯·普理查德:《努尔人——对尼罗河畔一个人群的生活方式和政治制度的描述》,褚建芳等译,华夏出版社 2002 年版,第 78—80 页。

[2] Marcel Mauss, *Seasonal Variations of the Eskimo: A Study in Social Morphology*, London; New York: Routledge, 2004, pp. 43–46.

第五章 "发羊财": 围栏中的生计转型与谋生之道

组了,很难像以前那样移动走场。嘎查内也给我们几户大体指了草场,所以就在基建地点开始盖房。那时候我跟以前的基建队的关系不错,有一个公社时期还在我家一起放过牧,我们就找他一块儿盖房子,他们都是东北的蒙古族,泥瓦活儿好。旁边那间就是我们以前的土房,现在住的这间砖瓦房是2014年儿子儿媳自己扩建的。这个的前身是2005年他俩结婚时候盖的,我们那间土房也住不开,就给他俩重新盖了一间。那时候(2005年)包括料啥的花了3万元左右。

(益达木,2019年8月14日访谈,C嘎查老人家中)

从益达木老人家的居住格局的变化不难看出正是承包制背景下移动放牧模式的消失,促成了定居性的居住格局。现如今,牧民对于住房的舒适度、美观性、便利度等各方面的要求更为重视,修建一套舒适且亮丽的砖瓦房更是成为财富和地位的象征。在当前牧区,新式砖瓦房屋已成为年轻牧民分家之后的主要目标,更有甚者也有通过自身努力搭建起了二层小楼。布和便是G苏木率先盖起楼房的年轻牧户。高中毕业后留在牧区从事畜牧业的布和,跟随父亲经常修建棚圈,习得了不错的建造手艺。布和在城市就读中学时就想过为什么牧区不能盖楼房,牧区本就一望无际,如能住在小楼上视野会更加开阔。因此在结婚之前便开始筹建起了新房,并在四周构筑了院墙,做出了小庭院式的草原别墅。

从"长腿"的蒙古包到"落脚"的屋舍,牧民居住方式的变化反映着牧区人地关系的转变。院墙的兴建则更加反映着承包制背景下牧民个体化的发展。牧民们开始注重隐私、具有了土地与财产的意识。在传统蒙古族诗词中素有"策马迎牧人,四季不上锁"的内容,在形容蒙古族热情好客的同时反映出了牧民房屋住宿习惯。不过在当前,牧民个体占有意识更为凸显,根据益达木老人与布和家的房屋修建历程不难看出,屋舍和围墙的建造也是对周边土地和草场"宣示主权"的过程。

在房屋上的投资也反过来强化了牧民对于承包草场的排他性占有意识。包括房屋在内的基建是人们对于草场空间的重新塑造过程,这一过程必然反映着牧民对于这一草场空间的价值认同。如果说传统牧民在草场共同利用制度下,对于牧场的认知更为强调特定时期的身份进入权的话,当前牧民在大兴土木的驱动下,已经扎根于特定承包草场,将其视为不可侵犯的"私人财产"。就其本质而言,住房已成为承包制下的一个特殊符号。

围栏社会的兴起

通过房屋的规格不仅可以看出牧户的生计水平，也能看到牧民对于定居生活的建构方式。这种固定的房屋既是牧民生活的场所，也是向外宣示其"承包领地"的符号与标志。因此承包制背景下定居方式的转变，以及在此趋势下固定房屋的建造行为，也是牧民草场权属意识的强化与再生产过程。通过这种空间的改造，牧民对于承包草场形成了更为强烈的排他性占有意识。

除了居住空间的变化外，随着草场承包制的落实，牧民的出行方式也发生了一定的变化。随着大畜的减少，牧民们纷纷"下马上车"，从马背上的游牧民变成了摩托车上的牧场主。在承包制背景下，每户家庭的草场均有限，因此很难达成"牛、绵羊、山羊、马、骆驼"等五畜成群的养殖规模。且因家畜作价归户时马匹、骆驼等大畜价格高、数量少，因此每户分得的数量更为稀少，加之大畜养殖成本高、变现周期更长，因而在承包单干后牧民们倾向于优先发展小畜。在此背景下，牧区户均养马数量逐年下降，客观上减少了以马匹为载具的现象。而且在承包制背景下也无须远距离地移动放牧，从而也减少了马匹作为交通工具的用处，取而代之的则是各类新式的摩托车。摩托车更是一度成为牧民炫耀自身地位与财富的资本，而近年来这一风潮逐渐被家用小轿车所替代。当然随着近年来牧民收入的增加，以及游艺活动的增多，也出现了较多的养马户。但整体而言，当前的马匹已不再是牧民出行的工具，更多是出于经济考量和文化身份的畜种，出行则更多地依靠摩托车和小轿车。因此也有牧户调侃道："现在下马酒已经变成了下车酒了。"

笔者在G苏木调研期间，最常用的出行工具也是摩托车，骑车放羊已成为当下牧区的常态，也成为调查经历赋予笔者的宝贵技巧：

照片7中正是益达木老人家中的摩托车。他们家最早的摩托车是金城牌摩托车，当时还是去商店街购置的机车。所谓商店街主要是牧民对当地一处商贸网店的统称。因集镇上多为外来移民开设的个体商铺，其中不仅包括各类生活用品商店，也有饭馆、招待所和汽修铺等，故得此称。益达木老人家中的摩托车正是来源于此地。根据老人回忆，在2000年初一辆新车大概在5000—6000元左右。起初大家都不太会骑乘，常常会摔倒，因此也比较费车。在老人看来摩托车的普及确实加大了生活开支。他们家当下每年都会购置4桶汽油、2桶柴油，用于日常机械的使用①。不过老人也向笔者反映到即便是目前一些牧户重新开始养马，但日常放牧过程中还是习惯了用摩托车。

在其看来这一变化主要是出于以下两点原因：一是承包制背景下放牧已无须大范围的人力移动和跟随；二是户均马匹数量仍然过少，且在草场围栏日趋密集的当下，摩托车更具便捷性。首先，在承包制背景下各户的放牧范围主要以各自承包牧场为界，在各户围封牧场的背景下，这一界限更是清晰明了。因此，当前牧民的放牧已无须寸步不离地跟随畜群，只要在饮水和喂草料时集中看顾即可。尤其牛群等大畜一般都会被固定放养在特定围栏内，以此减少人力成本。因此老人认为当下的放牧就是"享受"，不仅省去了很多劳力，而且也没有突发风险：

"我们当时放羊哪有这么多围栏呀，那时候草场都是大家一起用，晚上得住在羊群旁边，一有动静就得立马起来。那时候狼也多，每家都得养狗，狗叫了就得起来看看。要是碰到刮风、白毛风②的天气，你不看羊群，它们就会顺风跑散了，那时候也没有围栏啊啥的，跑散了再全找回来就难了，你就得赔，都是公社的羊啊！那时候没有网围栏，所以必须每天都在羊群旁边待着，现在只要放到围栏里面就不用管了。"

（益达木，2019年8月14日访谈，C嘎查老人家中）

从老人话语中不难发现放牧方式的转变对家畜结构和出行工具的遴选作用。此外，笔者在亲身放羊的过程中发现，摩托车的声音以及喇叭声也是指挥或震慑畜群的一大"利器"。伴随着发动机的轰鸣以及喇叭"滴答"的声音，羊群会顺势汇总，并朝着指定的方向前往合适的牧场。实际上，当羊群从远处听到摩托车声的时候便会下意识地动身。尤其在赶牛的时候，因为体型缘故，牛群的步伐会相对缓慢笨重，此时便可从后面按喇叭催赶。一些骑术精湛的牧民，甚至可以做到在牛群后面匀速并行且不熄火的水平。平日里笔者发现一些家畜也会主动到摩托车旁边"打量"这一每天在后面驱赶自己的"铁家伙"。一些灵敏的小山羊甚至会跳到摩托车上进行近距离接触。而在冬季则会蜷缩在排气筒旁取暖避风。看来除了人

---

① 除了摩托车之外，老人家中还有一辆小轿车和一辆大型农用车。
② 白毛风，是当地居民对大风暴雪天气的俗称。

围栏社会的兴起

以外，草原上的家畜也逐渐适应了摩托车的陪伴。

至此，放牧方式的转型，促使牧民无须长期跟随畜群，也减少了频繁移动导致的载具需求。在此背景下，对于马匹的使用也随之减少，这也是牧民减少马匹数量的一个原因。另外在围栏社会中，邻里之间的互动需要绕过重重围栏，这就需要经常性地开关围栏门，此时作为机械的摩托车显然比马匹更易操控。可见，出行方式的变化更深层次上是牧区人地关系和畜牧业生计方式转型的缩影。从马匹到摩托车，再由摩托车到汽车的转变，除了消费观念、消费能力的展现外，还体现出了牧区流动性的增强。城乡流动的日益频繁，促使牧户需要更为适合城市的载具，这不仅是一种现代化的规训改造，也是牧民满足生计需求的过程。汽车可以一次性搭载更多的人和物品，且可以更舒适、更快速地往返于城乡之间。而流动性的加强则离不开围栏定牧对人的解放，以及由此产生的大量闲暇时间。

如果说居住与出行方式的变化体现的是草场制度变迁下牧民角色身份转变的空间表象的话，那么闲暇时间的变化则体现着时间维度的变革。正如上文益达木老人所述[①]，在围封牧场之前，牧民们需要紧跟在牧群后面，以防家畜走失或偷盗、狼灾等情况。故而在蒙古语中牧民的工作被称为"Honi Harahuu"，即"看羊"，也有牧民戏称为"跟在牲畜屁股后面的工作"。汉语中的"放羊"便是这层含义，表示牧人与畜群在时空上的高度统一。不过在围封草场之后，因围栏的阻隔效应，一定程度上解放了人力。围栏放牧已无须牧民时刻跟在畜群后面，从而为牧民带来了相对充足的闲暇时光。

充足的闲暇时间为牧民开展其他娱乐活动提供了基础。当然这与牧区的市场化也有很大的关联，其中尤为重要的便是坐落在村镇中的饭馆和商店。尤其后者因可赊账的经营方式吸引着大量牧民前来购货喝酒。商店门口往往会坐着三三两两的牧民，一手提着一瓶燕京啤酒分享着各自的见闻，往往一喝就是一天。商店老板虽然嫌弃这些人喝酒闹事，但也抵不住

[①] "我们当时放羊哪有这么多围栏呀，那时候草场都是大家一起用，晚上得住在羊群旁边，一有动静就得立马起来。那时候狼也多，每家都得养狗，狗叫了就得起来看看。要是碰到刮风、白毛风的天气，你不看羊群，它们就会顺风跑散了，那时候也没有围栏啊啥的，跑散了再全找回来就难了，你们得赔，都是公社的羊啊！那时候没有网围栏，所以必须每天都在羊群旁边待着，现在只要放到围栏里面就不用管了。"（益达木，2019年8月14日访谈，C嘎查老人家中）这段话在上文中已被引用，为方便阅读摘抄至此。

金钱的诱惑。毫不夸张地说"去商店喝酒"成了牧民的一大消遣娱乐项目。随着经济能力的提升，牧民们也不再满足牧区的"破商店"，有了时间便有了机会去更远的地方，尝试城市生活的璀璨烟火。

如果说牧区市场化和消费社会的冲击是牧民消遣方式变革的充分条件，那么草场制度变迁背景下生计方式的改变促成的时空重组便是这一切的必要前提条件。正是因为草场承包带来的个体化围栏放牧，使得牧民不再需要没日没夜地照看牲畜，在一定程度上将牧民从熟悉的、在场的牧区生活抽离了出来，使其有时间和能力嵌入更为宏大的市场化、现代化的转型之中。因此在对牧民日常生活转型的探讨中，需要牢记草场制度的脚本性意义。由草场制度变革带来的人地关系的改变，彻底改写了牧民的生计空间与劳作时间，使其从传统的游牧民摇身一变成为当前的牧场主。

牧民们下马上车，收起毡房住进了砖房，过上了先辈们未曾享受过的定居生活。草场制度变迁带来的角色身份的转换反映着基层畜牧业从以往的合作游牧转变为了个体性的围栏经济。那么这种转变会产生怎样的生计后果？为此接下来将以"制度—生计"的链条进一步梳理草场承包制背景下牧区人地关系的转变及其社会结果。

第二节　围栏经济：草场承包后的牧民生计

草场承包制调整会对牧区"人—草—畜"三者的关系状态产生实质性的影响，进而改变牧民生计方式。牧民生计方式的变化主要体现在草地资源的利用和家畜结构的调整两个方面。

一　草地资源的利用方式：以 A 嘎查为例

人民公社时期的草场利用沿袭了传统游牧时期的共同使用模式，强调依据水草条件和家畜习性采取移动游牧，以此达到草地资源的可持续利用目标（详见附录一）。如图 5-1 所示，公社时期 A 嘎查游牧路线大致依托当地自然地理条件，形成了周期性的游牧圈。其中夏季牧场一般选址于临近水源的水草丰美地区，而秋季牧场则主要选择平缓草场，逐步过渡到山阳坡或便于遮风避雪的预留牧场过冬。图中的冬季牧场也会成为其他生产队过冬的牧场，当然遇到特大级雪灾，冬季迁徙的范围将会更远，甚至会

| 围栏社会的兴起

超过公社边界采取远距离的移动游牧（详见附录一）。

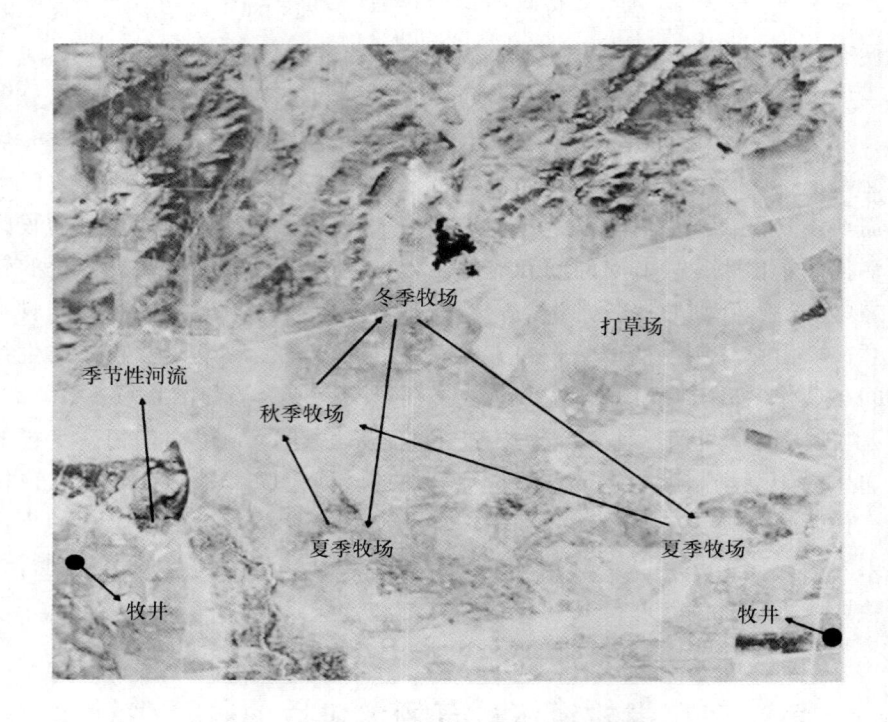

图 5－1 人民公社时期 A 嘎查南部游牧地形图

图片及资料来源：卫星地图、老牧民口述材料①。

不过随着草场承包到户，草原被切割到了牧户个体，当前的草场已然成为图 5－2 所示的碎片化状态。如图所示，原本的季节性牧场已经被各户切割为了大小不一的承包牧场，而且由于家庭人口的不同，每户承包牧场的资源禀赋与范围面积也是不尽相同。图 5－2 是草场承包后的官方示意图，实际牧区的划分程度要比这张图还要细碎且复杂。这主要是因为自 1997 年施行草场承包制已过二十余载，在此期间牧户家庭内部随着子嗣的成年分家，普遍出现了各自承包牧场内的二次划分情形。

例如，A 嘎查牧户詹巴拉家在 1997 年落实承包制时全家共分得

---

① 根据对色仍格、益达木两位老人的口述资料整理。

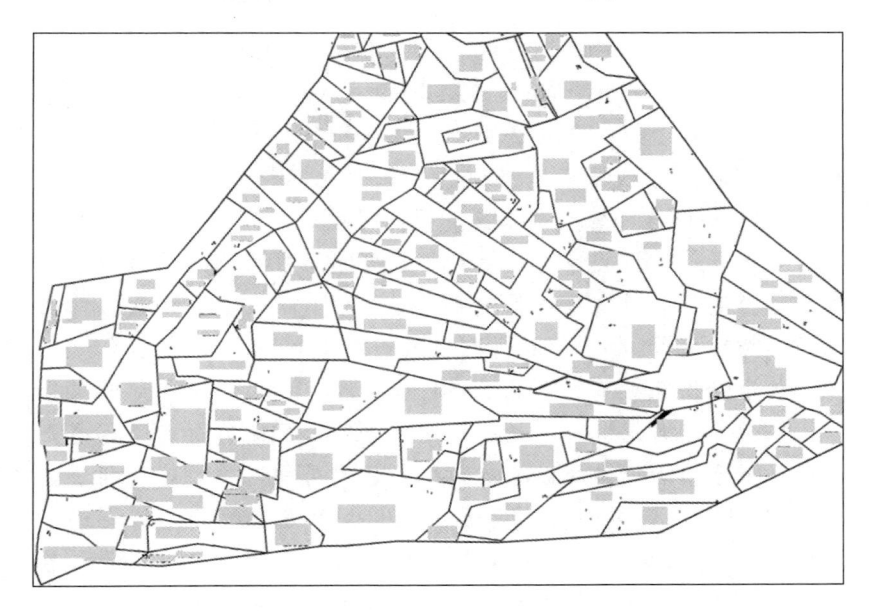

第五章 "发羊财"：围栏中的生计转型与谋生之道

图 5-2　A 嘎查南部草场承包示意图
说明：阴影处为隐私资料信息，特此处理。
图片来源：当地林草部门。

5760 亩的草场，其中包括 540 亩的打草场①，但当下已二次划分成了两片草场。当时除了詹巴拉之外，具备承包资格的家庭成员还有五人，分别为詹巴拉父母及其三个兄弟姐妹。承包初期由于子嗣尚处幼年，因而承包牧场虽有名分之别，但并无利用之分。正如詹巴拉的妹妹莲花所述：

"（分草场）那时候爸妈都在，就不会去管这些事儿。那时候爸妈说了算，孩子们根本不管这些。而且那时候（1997 年）分草场，当家的骑个马过去了，嘎查和草原局的跟你说你的草场是这一片，你就回来了，连'边界在哪儿'这种问题都不会问，就是根本就没有什么'自己的'这种意识。更别提我们这些嫁出去的女孩了，更不会跟爸妈说'哪片是属于自己的'这种问题。草场就是家里的，就是爸妈的，孩子们就不会管。根本没有过'那是自己的，可以自己利用的'

---

① 1997 年草场承包到户时，A 嘎查规定每人承包放牧场 870 亩、打草场 90 亩，共 960 亩。其中打草场主要用于储备冬春季节饲草料，而放牧场则是进行放牧养殖的草场。

围栏社会的兴起

这种想法。"

(莲花，2019 年 10 月 22 日访谈，旗县茶馆)

不过随着子嗣各自成家独立，划分名下承包牧场也成了"理所应当"的需求。詹巴拉在家中排行老三，上有两个哥哥，下有一个妹妹。2016 年妹妹外嫁到隔壁县，因此将牧场低价租给了詹巴拉。詹巴拉作为幼子继承了父母的草场，并担负起了主要的赡养义务。如此一来詹巴拉实际利用的草场便有四人份 3840 亩草场。而其二哥巴音则以"劳力女婿"的方式入赘到了同村的代琴家中。代琴只有一个女儿，加上老伴儿共有三人份 2880 亩草场。这种"劳力女婿"也是当下牧区为了应对人地紧张关系而发展出的通婚策略。二哥巴音则将草场以远低于市场价格的标准常年租给了大哥吉米央。这种租赁方式从巴音 2010 年入赘之初便延续至今。租金大概每两三年都会进行一次调整，根据 2019 年的协定以每亩五元的价格续租给了大哥。考虑到自身草场已交给三儿子詹巴拉，老两口便将大部分家畜分给了其他子女，以此达到公平的财产划分。至此，草场承包初期的 5760 亩草牧场，经过家庭内部二次划分变成了大小不一的两片牧场。

实际上，詹巴拉家的划分情况已算相对合理公平，当下牧区不乏兄弟几人均分草场的案例。而且此类承包制背景下的二次划分往往存在于牧民家庭内部，以非正式的方式运作，因此实际草场的切分程度更为密集琐碎。

此外，通过对比上述两幅图，不难发现草场承包制忽视了草原的整体性和多样性。从照片 8 中可以清晰地看到 A 嘎查东西两侧临近水源，中部宽广平坦但碍于水利条件，不适合长期居住放牧。因此在公社时期才会在夏秋两季集中在东西两侧，利用水利条件满足人畜饮水需求。而在承包制度下，最主要的任务便是将嘎查 32.55 万亩[①]的草场按照人头均分下去。此时不会再考量承包给特定牧户的草场是否具备人畜饮水的条件，是否适合冬季避风避雪的要求，是否满足秋季畜群抓膘的需求，等等具体的情况。草场空间的划分更多地体现在图纸层面，以行政强力的方式将草场资源与牧户个体绑定在了一起。这就导致各家承包草场水草条件大不相同，

---

① 数据来源：苏木政府。

一些分到了临近水源的牧场，一些分到了临近打草场的牧场，一些则分到了适合冬季放牧的牧场。

人地关系的这种调整在客观上造就了高成本的草场利用方式。随着每家草场的围栏放牧，传统的移动走场方式失去了制度基础，因而不得不在各自牧场内提升基建水平，以此规避自然风险。然而正如图5-2所示，承包草场在现实中有大有小，甚至在代际分家过程中被进一步划分为了更为碎片化的牧场。这就导致在现实经营中，往往会出现草场不够用的情形。

就A嘎查而言，1997年草场承包到户时，规定每人承包放牧场870亩、打草场90亩，共960亩。其中打草场主要用于储备冬春季节的饲草料，而放牧场则是进行放牧养殖的草场。根据2000年草畜平衡责任卡所示，约每22亩地只能养一只羊单位，那么一人份的870亩放牧场也就勉强够39只绵羊养殖[①]。如果理想化地将39只绵羊都算作母羊，且每年都能稳定地产仔且幼畜从不折损，那么第二年也就至少可以有39只幼畜[②]。牧户一般都是3月份完成母畜产仔工作，并在秋季集中出售幼畜。按嘎查牧民介绍2000年的羊羔价约在300—400元间，如取平均价格便是350元，39只便是13650元。四人份的草场一年便大致可产生5万元的收入。

然而这只是理想状态，现实中还要算入母畜的折损、喂养母畜与幼畜的成本以及产仔成活率问题。而且在2000年承包到户的初期，牧民还有一笔开销——围封草场。

  例如，A嘎查的密吉格老人，家中共有3840亩的承包草场。在承包初期因资金周转困难，老人并未立刻围封牧场。不过由于缺少围栏，当时的放牧过程往往需要长期的人力监管。如遇暴雨或大风天气，极易出现家畜走失等问题。鉴于此，老人在1999年初开始围封

[①] 草畜平衡是内蒙古草原牧区常年实施的草原生态治理政策，试图通过衡量特定区域牧场的产草量，从而决定适宜的载畜量，以此控制牧户的养殖规模。所谓羊单位即指绵羊单位，其中各种家畜折合羊单位标准：绵羊=1个绵羊单位；山羊=0.9个绵羊单位；马=6个绵羊单位；驴=3个绵羊单位；牛=5个绵羊单位；骡=5个绵羊单位；驼=7个绵羊单位；牲畜当年幼仔折合0.5个成年畜。

[②] 上述情况为理想状态，现实中很难达成。

牧场，最初的围封费用便高达一万元之多。老人向笔者解释到当时为了节省成本，多以木桩来替代铁桩，但木桩会出现腐蚀和老化问题。实际上即便是全部以铁桩立杆也会因家畜越栏和挤压产生倾斜变形。可见围封牧场并非一劳永逸的工程，伴随着设备基建的老化，需要持续性的再生产投入。

围栏耗损的原因主要有两方面：一是家畜冲击产生的损坏；二是自然因素带来的老化问题。在围封牧场中一些家畜因习性所致常常会出现越栏、跨栏或钻栏的行为。除了牛马等大畜跨越围栏时因自身体重压坏网围栏之外，也会出现山羊、羔羊等家畜钻围栏的行为，长此以往便会造成围栏的慢性耗损。除了家畜越界带来的耗损外，自然生态变化也是造成围栏老化的重要原因。根据老人回忆在2018年嘎查范围内长满了Hamhol（猪毛菜）一类的牧草，此类植物根茎较浅且蓬状丛生，因此入秋干枯后便会连根而起四散飘荡，最终会堆积在铁丝围栏上。

据老人回忆，当年类似Hamhol的牧草非常多，入秋后整片围栏都挂满了干草，甚至一些拐角交会处的围栏不堪重负被生生压垮了下去。当时正值秋季又不能火烧围栏清理干草，只能带着草叉人力清理①。不过这种方式收效甚微，而长期的干草堆积，促使围栏变成了天然的屏障，在高原大风天气的作用下，更是带来了不少砂石，进一步加重了围栏的负担。老人回忆到一些严重的区域，整个铁桩和三脚架都被彻底压断，这就导致年后的工作直接从修理围栏变成重建围栏。

根据密吉格老人介绍此类现象已是周边牧区的常态。谈到此处，在老人看来围栏放牧确实引起了不必要的投入成本。但当笔者提出是否可以拆掉围栏时，老人又觉得似乎很难得到执行。在其看来，如不能动员周边牧户，自己拆掉围栏就成了"待宰的羔羊"，任何人都会轻易地侵占自己的承包牧场。

可见围栏实际上是承包制的空间表象，通过围封牧场承包主体向外界传递着排他性的占有信号，以此标识着自身的土地权益。而且经过长期的

---

① 秋季天气干燥，且草场干枯极易发生火灾。

基建投资，牧民们更是很难轻易拆除围栏。在此意义上，围栏已成为牧民彼此之间的共享定义，只要围封了草场便是"有主之地"，这一"主人"无论是牧民个体也罢，嘎查集体也好，还是政府亦可。围栏已不再只是简单的基建投入，更是相关主体表述土地权益，重塑社区人际关系与人地关系的重要符号。

根据笔者走访归纳，就 A 嘎查而言，承包制实施至今每户围封草场和历年总修缮费用大致在 5 万—15 万元之间，基本上相当于牧户两到三年的收益情况。在此背景下要想维持生计，便需要增加家畜。如此一来一方面是要承担超载放牧的罚单，另一方面牧场本身也无法支撑畜群的扩充。因而在牧区社会中逐渐形成了两种经营策略：购置草料与租赁草场。当然这两种生计选择的兴起也离不开国家草场治理的政策背景。随着草原退化问题的加剧，自 2000 年以来国家启动了多项生态治理措施和工程，构成了草场治理的政策体系。其中除了针对草牧场的治理与管理之外，还涉及对牧民放牧方式的改造工程。伴随着草原生态治理的推进，改造牧民传统粗犷落后的放牧方式，代之以集约化的舍饲养殖成为各级政府畜牧业工作的重点。另外为了促进草场资源的有效配置，经营权流转也得到了政策与法律层面的完善。尤其在农村土地承包经营权流转管理办法通过之后（2005 年），草场经营权流转便得到了合法依据。实际上，在 1997 年草场承包制落实后牧区社会中便出现了私下草场租赁流转的现象。

表 5-1　　　　2001—2003 年 A 嘎查牧民干草使用情况　　　（单位：斤）

	2001 年每户平均值	2002 年每户平均值	2003 年每户平均值
数量	60000	52500	50000

数据来源：A 嘎查畜牧业记录。

无论是草料费用还是草场租金对于牧户而言都是非常高昂的生计成本。草料是统称，牧民主要会购置用于过冬的干草和玉米粒，近年来也有些新式的秸秆类、合成类的肥料。表 5-1 是 A 嘎查 21 世纪初牧草使用情况，由于旱灾的影响 2001 年的均数甚至达到了 6 万斤。

围栏社会的兴起

表 5-2　　　　　　　G 苏木干草价格增长情况　　　　　（单位：元/吨）

年度	2001	2003	2005	2008	2012	2019
价格	200	400	500	500—600	700—800	800—1000

数据来源：牧户调研。

一般情况下，每只羊至少需要从 12 月份喂养到来年产羔之后的 4 月底，即 5 个月。根据经验丰富的老牧民介绍，一只羊每天最少需要 4 斤的牧草，因此每只羊 5 个月需要近 600 斤的牧草[①]。如果按照 2003 年的价格计算，一吨牧草是 400 元（见表 5-2），可得每斤牧草价格为 0.2 元。因此每只羊一年至少需要 120 元的投入。根据老牧民回忆当时一只羔子只能卖到 400 元，可见牧草支出在其中所占比例之高[②]。表 5-2 显示了当地干草价格的上涨情况，从中不难发现草料费用早已今非昔比。这项支出成为牧民主要的生产投入：

>　　草料费用是越积越厚了，前二三年都有出现过到现在（8月——因旱灾）还喂草料的情况。还有就是牲畜这个东西是不适合在小规模的草场上放牧的，因为没日没夜地在固定草场上吃草，营养啊啥的都不够用，慢慢也容易出现草场退化的问题。这么一来冬天必须得喂草。再加上我们这边也是草畜平衡区，春天有一个月的禁牧期，你也得备草料呀，然后如果遇上黑灾[③]的话那就得多准备一些才行。你必须把一年的草料备足了，因为你没法预估一年的突发情况，这是牧民必须要做的事情。
>
>　　　　　　　　　　（益达木老人，2019 年 10 月 2 日访谈，老人家中）

草场承包制背景下牧民草场经营的另一种策略便是租赁草场。就 A 嘎查而言，最早一批草场流转的情况发生在 2000 年前后，其中更有甚者促成了近 20 年之久的租赁事实。

[①] 益达木老人，2019 年 8 月 14 日访谈，老人家中。
[②] 益达木老人，2019 年 8 月 14 日访谈，老人家中。
[③] 黑灾，指旱灾，草场颗粒无收，目之所及没有绿色的牧草，因而也被称为黑灾。相对的雪灾也被称为白灾。

第五章 "发羊财":围栏中的生计转型与谋生之道

据当事人巴图孟克回忆,从 2002 年开始一直租赁邻居家牧场沿用至今(2019 年)。最初每年每亩为 0.5 元,相较于当下动辄十几元的租赁费用,可见当时的价格优势。即便是目前,租赁价格也只有 5 元,远低于当地平均水准。之所以长期租赁草场,主要原因是自身承包牧场面积受限,无法满足日益增长的生计需求。当然以如此低廉的价格长期租赁牧场也离不开熟人社会中人情关系的支撑。巴图孟克租入的草场正是其邻居家的牧场,该户草场被划定为了林业保护用地,因此便举家迁到了临近的旗县开饭馆生活。不过草场却私下租赁给了巴图孟克。每当遇到林草相关部门的监管人员,巴图孟克都会将畜群迅速赶到自家承包牧场上,据其所述近年来也有周边牧户曾向苏木相关干事举报过自己。虽然正式制度层面禁止在此地放牧养殖,但囿于监管缺失,加之巴图孟克每年的"走动关系",便实现了当下的长期利用事实。

在巴图孟克看来即便不是自己租赁使用,这片草场也会被周边牧户肆意使用。禁牧围封的围栏根本无法阻挡人的私利动机,众人的竞争性使用将会更加破坏草场植被。而且他认为即便是完全禁牧也不利于草场的恢复,牧草没有得到有效利用便难以更新换代,会出现老化的问题。①

因租赁时期较长且又是邻里朋友的牧场,巴图孟克一直注重租赁牧场的长效化利用。在其看来租赁草场也分情况。现在牧区一些短期租赁状况往往会促成租入地的过度利用,不利于草场的恢复和长期使用。而 5 年以上的长期租赁则会使租入方考虑长期的牧场效益,客观上也会遏制过度使用牧场的冲动。不过巴图孟克同样承认自家情况也属特例,当前平常情况下草场租赁价格已在 10—20 元/亩的水平,且多以 1—3 年期的短租为主。

---

① 实际上,对于禁牧,牧民们普遍持有怀疑的态度,正如笔者的一位领路人所述:"禁牧的话其实根本没什么用,为什么呢?因为时间不对啊,每年 3 月到 5 月禁牧,为了长草,但是那时候我们这儿一共也下不了几滴雨,所以你禁不禁都不会怎么长草。至于如果在我们这推行养殖业的话,那只能换品种了。我们这儿的乌珠穆沁羊根本就不适合饲料养殖。牛和马的话或许可以,但是要想把养殖业形成规模的话,没几户牧民能承担费用,必须得政府牵大头才行。"(巴雅尔,2019 年 8 月 17 日访谈,H 嘎查牧户家中)

从表 5-3 三个牧业嘎查的草场流转情况可以发现，当前畜牧业社会中草场租赁已是牧民较为普遍的选择。之所以选择这三个嘎查，主要有以下两点考量：一是可以查看不同自然禀赋条件对于牧户草场租赁行为的影响；二是可以分析草场制度对牧户租赁行为的具体形塑作用。

正如图 5-1 所示，A 嘎查南部部分地区在公社时期一直是预留的打草场，素以牧草茂密著称。而 C 嘎查位于 A 嘎查北部，属于山丘草原，植被情况相对稀薄且水利条件相对较差。因而 C 嘎查牧民更倾向于从嘎查外部租赁夏秋草场，总体租赁户数也就比 A 嘎查稍高一些。

表 5-3　　　　　　　　2019 年 G 苏木三个嘎查草场租赁情况

	嘎查总户数（户）	参与草场租赁的户数（户）	参与租赁户数比例（%）
C 嘎查	112	40	36
A 嘎查	124	35	28
B 嘎查	117	70	60

数据来源：驻村调研。

那么为何 A 嘎查的租赁户数也会紧追 C 嘎查呢？这主要是因为 A 嘎查草场面积相对较少，因而导致户均承包牧场也相应少于 C 嘎查，从而出现了租赁草场的需求[①]。即便 A 嘎查牧草条件再好，但囿于面积缘故也会产生较为迫切的租赁需求。至于 B 嘎查近六成的租赁比例，则更多地来源于制度因素。B 嘎查在 2004—2005 年生态治理中被划定为常年禁牧区，其住户也被生态移民到了市郊的奶牛村，以此实现"退牧还草，易地扶贫"的生态治理目标。在实践层面虽然嘎查牧户绝大多数被搬到了奶牛村，但其草场并没有因禁牧而荒废。大多数牧户都将草场租给了草料公司和外来打草商，从而造就了如此频繁的租赁情形。

可见当前内蒙古草原牧区草场的流转呈现着多种类型。就 G 苏木而言，A 嘎查和 C 嘎查更多的是牧户间的租赁行为。而 B 嘎查的案例便更为丰富，主要以个体与外来资本之间的经济交易为主。此外，表 5-3 统计的租赁情况主要是以一年以上的长租为统计标准。实际上当前牧区除了一年期以上的长租之外，还有几个月甚至几十天的短租现象。如果说

---

① 1997 年实行草场承包制时，A 嘎查每人承包草场只有 960 亩，而 C 嘎查却有 1500 亩。

长租因时间跨度较大，租入方会相对注意草场的可持续利用的话，短期租赁则更为关注租赁行为带来的经济效益，因而更容易出现租期内的草场过度利用问题。不过由于短租草场的租金更高、收益更快，所以也得到了一些生计窘迫的牧户青睐。当然整体而言，无论是长租还是短租，当前草场租金都相当高。在 C 嘎查一些山坡上的牧场由于缺少水井，一般在每亩地 12—16 元之间；A 嘎查境内的缓坡草场则高达 15—17 元每亩；B 嘎查境内的一些短租草场更是超过了 20 元每亩。在 G 苏木，牧户间的长租一般是三年以上，且租金需要一次性结清或至少结清半数。可见无论是草料购置还是租赁草场，承包制背景下的草场经营均需高额的生产成本。

综上所述，随着草场承包制度的实施，草原牧区被切割成了碎片化的个体牧场，游牧民也摇身一变成为牧场主。制度变迁带来的人地关系的调整，彻底改变了传统游牧生产中的"人—草—畜"之间的平衡。时节性的移动方式也失去了赖以开展的制度基础。承包初期的围封草场是为了保障排他性地利用每一亩承包草场，但围栏定牧后的牧场局限以及草原治理政策限制了牧民扩充家畜规模的冲动，这时只能通过购置草料和租赁其他草场来达到上述目标。无论是购置草料还是租赁草场，强调的是经济理性下的最大化利用牧场。这与传统游牧社会中的通过移动来确保草地的再生产，以此达成可持续发展的思路是完全不同的。

当前的草地利用方式更为强调资源的依赖性，如果将草料和牧场看作生产资料的话，那么购置与租赁行为则需要大量的资金来维持。除了资金之外，个体化牧场经营相较于移动放牧更为强调对于草场资源本身的开发。正如 A 嘎查的案例一般，以往只有两个集中水源区（见图 5-1），但承包到户之后每家都需要开发水井，不然无法满足人畜饮水问题。近些年随着地下水位的下降，一般水井更是无法支撑家畜饮水需求，进而普遍出现了 120 米深的机井。除了水利外，草料需求的增长同样无形中加重了整个地区的打草压力。而草场租赁流转也在经济理性的刺激下，易于出现过度利用租赁草场的情况。资源依赖型发展模式无疑对草原的可持续利用以及牧民生计的持续增长造成了不小的阻力。

二 畜群结构的变化

人地关系的调整引起的牧民生计变迁，除了表现在草场利用上的变化

围栏社会的兴起

外，还集中体现在对家畜结构的调整方面。正如本章开篇时提到的独丽雅一家，在草场承包制背景下，如要成群养殖蒙古五畜直至产生规模效益，便需要更多的草料投入，甚至租赁其他的牧场①。

在 1997 年落实草场承包到户时，独丽雅家中符合承包资格的只有其父母二人，共分得了 3000 亩的草场。这片有限的牧场根本无法承担畜群结构的多样性发展。而且随着承包制背景下草原治理稳步开展，2000 年初 G 苏木便实行起了草畜平衡的政策。在此背景下，独丽雅一家只能优先发展养殖成本低、回报率快的羊群。2019 年，独丽雅家的羊群规模已达到上千只。为了保障畜群规模的同时应对草畜平衡，从 2011 年初她又租入了 4000 多亩的草场一直沿用至今。在独丽雅看来，养羊是最快的生财手段，不仅具备产仔周期短、保畜率高的特点，更重要的是养殖成本相对较少。她认为在当前羊价尚可的条件下，租草场养羊更是"稳赚不赔"的买卖②。独丽雅曾向笔者算过一笔账：1000 只母羊，来年至少可以得到 800 多只羔羊，以羔羊均价 1000 元的水平，便可获得 80 万元的收入，以 2019 年的价格来算租赁 4000 亩草场，一年需要支出 6 万元，加上草料费用 10 万元，还可以获得 64 万元的盈利。

可见草场承包到户彻底解放了牧民对草场的使用权利，并在个体逐利的动机下，促成了当下"发羊财"的生计选择。除了羊之外，牛是另一个主要的经济畜种，但无论羊价几经涨跌，对于一般牧户而言，相比发展牛群，羊仍是最便捷、成本最少的养殖选择。

根据独丽雅介绍，在 2019 年一头本地成年母牛可达到 12000—15000 元的价格，即便是本地牛犊也平均在 7000 元的水平。所谓"本地"便是当地品种，近年来还有从国外引进的西门塔尔牛和安格斯肉牛。这些引进品种的价格更高，一些母牛可达 20000 元以上的价格。相较而言，一只优质的生产母羊也只有 1500 元的水平，可见养牛的门槛要远高于养羊。此外，根据独丽雅反映，一头牛每年需要的草料是绵羊的 4—5 倍，国外的

---

① 牛、绵羊、山羊、马和骆驼，统称蒙古五畜。
② 2019 年她家羔羊出售均价达到了 1000 元。

品种则需要更多的饲草料。在牧民看来这些引进的品种不够本地的"皮实",有时会出现水土不服的情况,因此需要格外细致的舍饲圈养。不仅需要配备良好的圈养暖棚,而且还需要投入大量的牧草和饲料。这就使发展牛群成了门槛更高的选择,而且还要留有后手,以防疫病、气象灾害等不可抗力造成的损失。虽然一头牛可带来十只羊的收益,但同时也意味着每头牛的损失也会造成更沉重的打击。

因此对于牧民而言,牛是一种"高投入、高回报、高风险"的畜种,需要殷实的经济基础和基建条件才能保障牛群的持续发展。所以当下牧区,一般牧户都会率先发展羊群,进而补充牛群,以此互为依托,以羊保牛。上述案例中的独丽雅一家正是通过优先发展羊群带动生计增长的典型牧户。从中亦能看到承包制背景下牧区畜群结构"小畜做大、大畜减少"的变化,其中小畜是指绵羊和山羊,而大畜则包括牛、马和骆驼。实际上,独丽雅家的情况并非特例,图5-3便是G苏木各时期大小畜的演变趋势。从图中不难看出,随着1984年草畜双承包责任制的实施,小畜数量得到了快速的增长,而大畜数量却趋于稳定,甚至总体数量还有减少的趋势。

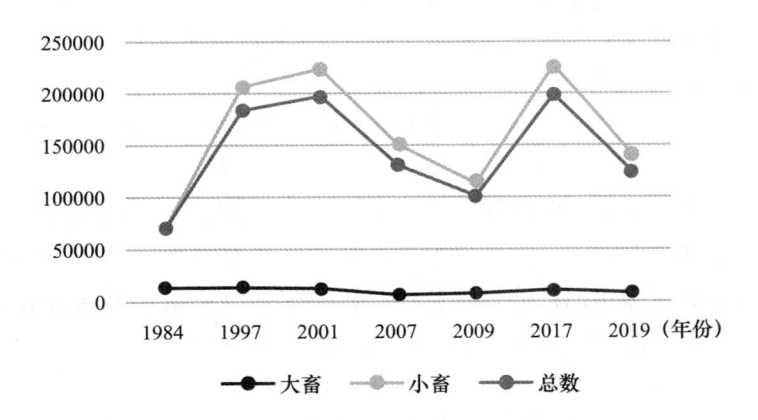

图 5-3　G苏木各时期大小畜数量的变化(只/头)

数据来源:苏木政府统计资料。

为何会出现这种变化?这与草场制度的变革具有密切的联系。草场承包到户之后,每户可支配的草场单元大幅减少。在此背景下无法满足大畜,尤其是马群的生计需求,加之牛、马等动物迁徙范围广、体型巨

围栏社会的兴起

大,因而即便是有围栏也会出现跳网越界进食的问题。蒙古马的习性促使其适合远距离的迁徙游牧,在围栏定牧的背景下如没有大范围的承包草场将很难支撑其整群的生计需求。如果不采取整群的经营,那么自然也无法达到规模化效益,反而徒增饲养成本。在此背景下,牧民们自然会减少大畜尤其是马匹的数量,取而代之以绵羊和山羊为主要的经济畜种。可见人地关系的变迁重塑了"畜—草"之间的关系,客观上促成了畜群结构的变化。

不过家畜同样也是牧民身份、游牧生活的重要符号和情感寄托。因此有些牧户仍然坚持着养殖马群的习惯。

> 例如,H嘎查便有一位牧民巴雅尔,即便是遇到了灾年也没有放弃养马,虽然会处理一些老弱病畜,但一直坚持着马群的经营。为此常常需要租赁其他牧场,保障整体畜群的维持。

> 我们家只有3000亩的承包草场,这里是戈壁,都是芨芨草的草场,所以比较适合冬天利用。现在养马成本也高,一匹马正经一天能吃两头牛的量。这里的草场不够用,就托人从外旗租了草场夏天用。那边租草场还便宜一点,一亩10元,但我租得多,15000亩,所以一年也得15万元呢。

> (巴雅尔,2019年8月17日访谈,H嘎查牧户家中)

如果从效益最大化的原则出发,毫无疑问全部养羊可能是更高效的选择。但对巴雅尔而言,马群不仅是经济来源,还是游牧文化身份的重要符号,更是家庭情感和记忆的传承载体。巴雅尔的马群是已故父亲留给自己的遗产,是代际传承的重要标志。对此说道:

> 前几年2岁的小马驹不到1000块钱,还不如一只羊的价格!而且很少有人收马驹的,都是3、4岁的成年马匹。就我们家而言,一匹马的养殖成本是一头牛的两倍,而且马很挑草场,还不太喜欢吃草料。你可能觉得如果我把马都卖了,干点别的,可能更赚钱,但是我就觉得缺了马自己就好像和父辈不一样了,这就让我很难受。马群的底子是父亲给我留下的,那时候分牲畜,我们家分到了一匹成年母

马，两匹幼崽，就是这个基础上父亲拉扯到十几匹，无论是什么行情，都没有动过它们，所以我一直想留着继承给下一代。现在为了发展旅游业，大力发展马文化，各处都开始养马，这种做法可能在经济上确实是很好，但是要按这种方式来发展文化的话，我觉得还是不够的，只有生活不消失，文化才能不消失。

（巴雅尔，2019年8月17日访谈，H 嘎查牧户家中）

在素有"马背上的民族"之称的蒙古牧民心中，马是一种精神寄托，也是体现民族情感和身份认同的重要符号。"会不会骑马"也是判定一名合格游牧人的重要标准。但一句"只有生活不消失，文化才能不消失"也道出了生计转变的现实影响。

现在都不怎么喜欢养马了，都觉得费用高、对草场压力大，而且另一个重要原因是现在到处都是铁丝网。马这种东西从来都不怎么受到过局限，你铁丝网得多高才能困得住这些马？所以就得出人力、出钱修网子。再加上这些马隔三岔五跑到别人家的草场上，事端也就多了，所以渐渐都趋向于养牛羊或者干脆觉得牛也麻烦，就只养羊了。再说因为现在每家的牧场都有限了，所以其实很难再养五畜，比较适合一种畜群的养殖。这样可能更有利润。现在我就担心下一辈有谁会养马？现在很多年轻人都不喜欢在牧区当牧民，都喜欢在城市里晃悠，如果没了牧民其实也就可以说没有蒙古文化了，生活和文化是一起的呀！

（巴雅尔，2019年8月17日访谈，H 嘎查牧户家中）

这里通过巴雅尔的事例及其口述内容可以发现，牲畜对于牧民而言，是一种特别的财产，既决定着家庭经济状况，同时也影响着牧户的精神世界和集体情感，而且更是寻求身份象征的重要符号。不过这一案例从侧面也反映出了养殖马匹所需的生计成本。其中不止每年的草料费用，甚至还需租赁草场，以此满足整体畜群结构的合理安排。对于普通牧户而言，显然无法支撑这项长期的投资，从而选择了"发羊财"的养殖策略。就2020年畜牧业数据而言，G 苏木小畜（绵羊和山羊）比重高达家畜总量的91.6%，已然形成了小畜主导型的发展模式（见表5-4）。

表5-4   2020年G苏木各类家畜数量情况（头/只）

家畜种类	年初数量	繁殖成活	购入	卖出	自食	死亡
牛	11232	4142	113	5724	78	3
马	1705	631	97	745	0	1
骆驼	73	20	0	27	0	0
绵羊	137511	69555	450	63206	2602	950
山羊	4936	2562	165	3271	0	120
总数	155457	76910	825	72973	2680	1074

数据来源：当地苏木政府提供。

另外，从表5-4中我们可以看到小畜中占绝对比重的是绵羊，而山羊却只占到小畜总量（绵羊与山羊的总数）的3%。山羊数量的变化离不开草场制度的调整以及草场治理政策的实施。在草原治理语境下，山羊被认定为会用蹄子剖挖草根，不利于牧草恢复的家畜。G苏木所在地区正是在此背景下开始了削减山羊的任务。表5-5便是当地各时期山羊数量情形，1980年山羊仍占据了小畜总量的52%，然而步入2000年之后，山羊比重逐年降低直到2020年只有小畜总量的3%。

表5-5   G苏木各时期山羊数量的变化

年度	山羊数量（只）	在小畜总量中的所占比例（%）
2020	4936	3
2008	10141	14
2000	13318	24
1980	6088	52

数据来源：当地苏木政府提供。

由此可见，无论是畜群结构的整体变化，还是单一畜种的数量波动，都离不开草场制度的脚本性定义。当然制度脚本的存在，并非否定其他因素的作用。正如达林太等的研究所揭示的一般，北疆牧区家畜结构的变动同样离不开市场价格、劳动力流动、市场距离等因素的左右[1]。不过从制

---

[1] 达林太、郑易生：《牧区与市场：牧民经济学》，社会科学文献出版社2010年版，第311—321页。

度起因而言"小畜做大，大畜减少"的趋势与围栏定牧背景下的放牧圈缩小、养殖成本的提高有着根本联系。而山羊这一特定畜种的数量变化也与草场制度有着密切的关联。游牧时代，放牧地点随四季轮换，因而山羊对单位草场的压力要远比当下小得多。草场承包之后，牧户常年只能使用固定承包牧场，在此背景下山羊等动物对草地的踩踏作用将会被放大，因而才会有了后续草场治理为名的山羊削减计划。不难发现草场制度调整对于家畜结构的实际影响。

三 "发羊财"的草原和人

通过上述分析可以发现草场制度的变迁催生了畜群结构"小畜做大，大畜减少"的整体变迁。那么在"人—草—畜"三位一体的草原畜牧业中，畜群结构的变化又会对"人—草"两个方面产生哪些影响？

首先来看畜群结构变迁对于草地资源的影响。畜群结构变化的直接结果便是草地资源利用率的降低。我们知道，传统蒙古游牧民主要以五类家畜为生计的基础，俗称"蒙古五畜"。这五畜的搭配源于长期的游牧生活经验，不同类型的家畜对草地类型的需求都不尽相同，而且也会形成彼此优劣互补的牧草资源利用方式。一些有经验的老牧民对此深以为然，即便是在当前有限的牧场，仍然努力维持着多样性的畜群结构，以此在牧草综合利用的基础上，提升整体畜群结构的抗风险能力。这里援引一位人民公社时期荣获杰出劳动者称号的老牧民话语，展现蒙古牧民的畜群组合与草场利用方面的地方性知识。

> 冬天下雪之后，马一般会用蹄子铲着吃草，这时候它一般不会吃草里面的种子。草籽会落在被马蹄铲挖过的土里面，来年在原先的地方也会长出相同的草。草不仅仅靠根茎生长，有草籽的时候也可以生长。而且只有草籽落下来了，草才会长得密集。其实草原上有很多含有草籽的牧草，像芨芨草这种耐寒耐旱的很多。所以有马群的草场，虽然看起来吃得很快，很稀少，但等把马群移出来，来年返青时候草的种类和密度会相比其他草场更好。马蹄类似于犁一样，会起到松软土层的作用。所以那些草籽会随着土壤的松动，陷进去成了来年返青的幼苗。而且，马群的进食距离很远，喜欢在宽广的草场上来回跑动，加上马是直肠子动物，所以粪便中有很多草籽和有机肥料，对草

场的改善和牧草的丰富有很大的作用。我有时也在牧场上泼洒马粪，雪灾的时候还可以用来喂家畜。现在年轻的牧民都不知道这些道理，跟他们讲这些都还不太相信。现在马群少了，而且草场都分到户，这种有机肥料就没了。

（色仍格老人，2020年7月15日访谈，旗县老人家中）

除了通过搭配不同畜群丰富牧草多样性之外，老人也会在雪灾频繁的冬季通过大小畜搭配的方式利用草地资源。在冬季大雪覆盖的草场，老人会依次选择合适的牧场将马群或牛群放养进去，大畜一般会用蹄子挖出积雪中的干草，并选择细长枝叶类的植物进食。在大畜利用体型优势开辟出一片合适的牧场之后，再让小畜进来啃食积雪下的草地，以此综合利用冬季牧场。不过色仍格老人坦言道，随着大畜数量的迅速削减，此类地方性知识也失去了实施条件。当前的灾害应对方式更多地变成了在草料上做文章，以储备草料舍饲圈养的方式渡过难关。虽然这种舍饲圈养的方式更为高效，但同样也需要更多的投入。

畜群结构变化对于"人"的影响则主要体现在生计层面。除了草地资源利用率降低促成的生计成本之外，畜群的单一化同样不利于牧民生计的维持与提升。例如就削减山羊数量的政策而言，多数牧民都有一些困惑，但迫于行政压力不得不执行。之所以不满削减山羊政策，是因为山羊绒是牧民在春季青黄不接时的主要收入来源。在微观畜牧业生产中，牧民的收入呈现出季节性的特征，一般是冬春接羔、夏秋哺育、初秋出售、备料过冬。其一年的主要收入来源是秋季出售的幼畜，在此之前山羊绒则是牧民春季的主要收入。

而这笔收入将会缓解此时重要的家庭开支——子女求学。在撤乡并镇削减牧区小学的背景下，牧民们往往需要将孩子送至城镇上学。一般由家中老人或母亲进行陪读。此时便会出现"一家变两家、生活费用激增"的问题。因此春季开学时正是牧户急需一笔现金的时段，而春绒便成为此时的救命绒。因此在削减山羊前，牧民们也会适当地养殖山羊，以此缓解春季的窘境。

例如，W嘎查牧户布仁在2003年初便经营着近100只的山羊，在其看来生计来源不能仅靠贩卖家畜，应该拓宽收入渠道，而山羊绒

第五章 "发羊财":围栏中的生计转型与谋生之道

便是当时较为可观的增收来源。据其所述,有些好的年景一斤山羊绒可达到150—160元的价格。

布仁家中有两个孩子,一儿一女,女儿上中学时正是2005年前后,当时由于撤乡并镇G苏木牧区并没有中小学。考虑到住宿条件以及子女教育质量,布仁一家一直采取着陪读的方式。布仁自己留在牧区照料畜群,妻子则在旗县租房看顾子女。因此每过寒假送儿女到旗县上学时,都是布仁最苦恼的时期。一方面,是相思之痛,短暂的寒假两个月后,又要离开妻女独守牧区,想到这里布仁也会苦涩伤感。另一方面,更重要的是需要为妻女提供租房和日常开销的生活费。

在三月份开学之前,家中大部分积蓄都已用作过冬草料的费用所剩无几。因此只能向邻里借钱。当时临近旧公社的集镇上有很多外来移民开设的商店和饭店,因此也被当地牧户称作"商店街"。商店街也成了周边牧户借贷的中心,以"来钱快、门槛低"的优势充当着当地"牧区银行"。布仁提到当时苏木镇上也有农村信用社,但是信用社放贷门槛高、手续烦琐。而且春季子女教育费用虽没有多大额度,但属于"急用专款",稍作耽搁不仅影响子女日常开销,也会引起后者的自卑感和心理负担。因此即便明知民间借贷利率高,也只能选择这一渠道。这部分借款往往额度较低,通常以3000—5000元为准,因此在五月份卖掉春绒后便可还清这笔钱,并不会造成过大的负债难题。然而随着山羊数量的锐减,这笔钱也只能到秋季一次性卖完家畜后才得以偿还,额外增添了几个月的利息费用。

此外,"小畜做大,大畜减少"的整体趋势也不利于牧户有效应对价格波动和市场风险。步入2000年,G苏木地区羔羊的价格持续增长了几年。从2000年三四百元一只到2008年的500元一只,羔羊价格得到了一定幅度的增长。甚至在2011、2012年一度提升到了800—1000元一只的水平。牲畜价格的提升增强了牧民扩大小畜规模的动力,一些牧户甚至不惜贷款买羊,造就了绵羊数量的快速增加。然而好景不长,2015—2017年间羔羊价格迅速回落,甚至下降到了300—400元的水平。这就导致选择扩大小畜规模的牧户损失惨重,加之草原牧区频发的灾害冲击,从而使其迅速陷入了债务危机与生计困境。

围栏社会的兴起

例如，C 嘎查的牧户额尔登其木格一家便深受"羊财热"所害，造成了自身的债务问题。在 2008 年前后，额尔登其木格见羊价水平平稳提升，便从嘎查内部承包了 150 只基础母畜。所谓承包基础母畜，便是通过租赁的方式，将母畜带到自家牧场上放养，以产仔后的羔羊为收益的畜群扩展手段。这一方式在牧民之间被称为"包羊"。在承包期满将畜群归还给牧主时，畜群数量不得减少，因此将被承包的家畜称作"铁畜"。承包期间母畜产下的羔羊尽归承包户所有。包羊，这一畜群扩展的方式相较于直接购买家畜，价格更低且风险更小，因此一直以来是较为稳妥的扩展畜群方式，深受牧民们的青睐。

额尔登其木格当时包羊的价格是每只羊一年 240 元，150 只母畜，共计 36000 元。在连包三年后，铁畜主人因家中老人生病，急需现金，进而打算将羊群整群出售掉。额尔登其木格回忆到当时羊价颇高，每只羔羊可达到 700—900 元的水平，收入颇为可观。加之经过三年的放养驯化，这群铁畜已完美地适应了自家牧场和养殖习惯。因此，她便在 2011 年申请贷款买下了这群羊。

据其所述，当时共花费 17.5 万元购入了 147 只生产母畜。为了购置这群母畜，她首先通过以牧区女性创业为名，以三户联名的方式向农村信用社无息贷款了 8 万元，还款周期为两年。此外又在嘎查内部熟人处借贷了 6.5 万元，利息为 2 分。依据 2011 年的羊价行情，额尔登其木格认为只要不出意外，这 147 只母畜带来的收入便可轻松偿还这笔债务。

然而世事难料，2012 年初她家畜群遭遇了灭顶之灾，在初春 3 月，先后损失了 100 多只母畜，羔羊更是全数死亡、血本无归。除此之外，原本预产期的四头母牛也悉数死亡。突遭横祸的额尔登其木格万念俱灰，只记得羊群一夜之间连片倒下，壮硕的母牛日渐衰弱、口吐白沫不治而亡。

祸不单行，从 2013 年开始羊价开始回落，在 2016 年更是跌回了 300 元每只。在此背景下，额尔登其木格一家损失惨重，为了偿还信用社无息贷款，只能再次诉诸民间借贷。2013 年额某经熟人介绍结识了常年向外放贷的梁某，并向其借贷了 5 万元。根据额某所述，借款当即梁某扣下了 2 万元用于下一年度的利息。连续几年低迷的羊价使

第五章 "发羊财":围栏中的生计转型与谋生之道

额某无力按时偿还欠款,最终在 2017 年遭到了梁某起诉。法院判决额某应向梁某还款共计 8.9 万元,额某连同其丈夫均被判定为失信人员,银行卡与工资全部被冻结①。

笔者最后一次见到额尔登其木格是在 G 苏木牵头的牧区民间借贷问题摸底排查大会上。会后在与额某闲聊的过程中,她向笔者简单说了今后的打算。她反映到 2018 年之后羊价又开始回暖,2019 年更是达到了均价 800—1000 元每只的水平。这一转变使其困顿的生活终于看到了一丝希望。羊价的提高也促使外包羊群和草场租金进一步上涨。因此她决定将羊群包给亲戚,自己则与老公一道外出当羊倌,并将草场短期性的租赁出去。如此一来便可以最快速地获得周转现金偿还债务。在临走之前,额某向笔者说到此次羔羊价格的上涨据说是因为国家为了 2022 年冬奥会储备鲜肉,一时半会儿不会下跌,因此她觉得可以稳定地增加畜群数量。虽然不知这一消息出自何方,可靠性如何,但价格增幅这一事实似乎短暂地缓解了额某的焦虑。

通过她的案例,不难看出随着羊价的起起落落,草原上的牧民们在"发羊财"的热潮中走走停停,既体验着起伏时的满足和喜悦,也感受到了跌落时的不甘与痛苦。草场承包制的调整不仅改变了牧民草场利用方式,而且对畜群结构的调整同样产生了深刻的影响。随着 1997 年草场承包到户,畜群放牧范围从公社集体牧场转变成了个体承包牧场。而且经过二十多年的演化,牧户家庭内部也进一步分家分地,承包牧场遭到了更进一步的划分。年轻牧户们从父辈那里分得属于自身的子草场,重新围封草场进行建设,复制一遍草场初承包时的经历。草场承包制的复刻机制也使得草牧场更加碎片化,促使牧民们不得不放弃再生产成本较大且需要大片草场的大畜,转向了精细化的小畜养殖。

如果说游牧社会的牧民遵循着"畜群本位、为畜移动"的生存策略,那么围栏社会的牧民则采取了"畜群本位、为畜增草"的生计策略。要想提升生计水平就需要扩大畜群规模,不过有限的承包牧场无法支撑这一需求,从而出现了增补草料和租赁牧场的需要。与此同时,单一化的畜群结

---

① 额某在嘎查妇联工作,一年可得 13200 元的工资。

构又往往不利于应对多变的市场波动。这一系列的连锁反应客观上造就了当前牧户"赚得起、赔不起"的特征。而这种特征在"十年九旱"高度不确定的草原地区不仅会造成诸如上述各案例所呈现的个体困顿,同样也会引发集体性的借贷危机。为了进一步详述这一过程,接下来将以 G 苏木一牧业村草场承包后的发展脉络为依据,揭示其中的具体机制。

第三节 围栏经济的发展瓶颈及其制度根源

在草场承包责任制背景下,个体牧户需要建设围栏、租用牧场、购买草料,以此维持畜群生计。加之畜牧业生产收支具有季节性特点,因而牧户常年欠缺足够的储蓄进行再生产投入,使得牧民生计极易陷入借贷危机之中。

一 C 嘎查的借贷危机

C 嘎查于 1984 年分畜到户。根据嘎查老牧民益达木老人的回忆,当时是以"小畜一人 62 只,大畜两人 5 头(匹)"的标准划分[①]。分到畜群的牧民有喜有忧,拥有私有财产当然是件开心的事情,但是失衡的畜群结构让很多牧民很难料理刚刚分到的家畜。依照牧民的生活习惯,不同种类的家畜规模有相应比例的组合要求和各自得以为生的畜群规模。根据王晓毅等人对锡林郭勒盟苏尼特右旗家畜结构的研究发现,不同家畜维持生存所需的"群"亦不同,"马以每群 200 匹、牛以每群 100 头、骆驼以每群 50—60 峰、山羊和绵羊以每群 500—600 只为宜"[②]。

在公社时期,C 嘎查都是以一定规模的畜群结构进行劳动分工。但在草场承包制背景中,嘎查内的牧民都分到了平等的五畜。但是每个家庭分到的数量都不足以维持家畜所需的规模,从而不仅难以发挥畜群规模性搭配产生的生态效益和抗风险能力,而且往往很难确保不同家畜的生存需求。面对这种困境,牧民们只能将收益期长、养殖成本高的大畜出售掉,

---

① 益达木老人,2019 年 8 月 14 日访谈,老人家中。
② 王晓毅、张倩、荀丽丽:《气候变化与社会适应:基于内蒙古草原牧区的研究》,社会科学文献出版社 2014 年版,第 181 页。

同时投入大量资金进行基础建设以便提升小畜存活率①。这些基建主要包括打井、棚圈建设两大块。集体时期嘎查有统一的水源地和棚圈，但是分草场之后，水源地可能只被分到几户牧民所属的牧场，而集体棚圈会归村集体所有，个人无法使用。因此，许多牧民都需要重新打井获取水源，同时建设自家棚圈，维持畜群生计。也正是这笔基建投资，大幅提高了牧民生产成本。如果基建所需的费用可以从出售大畜所得的收入抵消的话，那么接下来的草场建设费用往往需要牧民额外的支出。在牧区，草场建设费用主要体现为围封牧场所需的投入。

步入 90 年代，C 嘎查逐步测量集体草场，并根据人口情况制定了草场划分标准：每人 1500 亩草场。至此，在无法移动游牧的背景下，牧民们只能加强承包牧场的基础建设，以此确保畜群的维续。为了有效地保护承包权益，围封草场更是成为当时牧户的首要任务。对此必然性，益达木老人解释道：

> 一是你可以保护自己的草场；二是出于邻里的压力；三是围起来也能省力，可以减少自己的劳力。这样别人家的牲畜也不能到你这儿来吃草了。
>
> （益达木，2020 年 6 月 15 日访谈，C 嘎查老人家中）

虽然围封草场具有上述合理性，但是围封费用却是一项巨额的投入。例如：上述益达木老人家共计 10500 亩草场，为了划区轮牧合理利用草场，老人将整体草场切分为 7 片"子草场"，共投入了 10 万元的围封费用②。

---

① 本书中大畜是指牛、马和骆驼，小畜指山羊和绵羊。在蒙语中以身体的大小来进行如此分类。

② 划区轮牧指牧民将自身分到的草场分成若干子草场的经营方式。划区轮牧体现着传统的移动组合的特征。不过以前的以四季划分的子草场，范围更加宽广，所以不会轻易出现单位面积畜载量超标的问题，现今的划区轮牧，往往会出现这种问题。不过划区轮牧有一定的社会必然性，笔者认为这种方式并不仅仅是牧民习惯使然，而且具有很强的时代必要性。首先，分草场之后，单位牧民牧场有限，因此要想提高收益，只能采取两种方式：一是大力建设基础设施，采取集约化饲养模式；二是寻租牧场，以扩大草场规模的方式，扩展畜群。但是这两种方式都需要巨额的资金投入，21 世纪初的牧民无法普遍轻易实现。所以，只能将自己分到的草场分成若干子区，以保留利用的方式，在草料购买和草场保护之间达到平衡。

围栏社会的兴起

除了基建投入外，当代牧区另一项重要的生产成本便是草料费用。在草场承包制背景下，移动放牧被围栏放牧取代，因此牧民们需要在漫长的冬季采取舍饲圈养的方式。一般而言，至少需要从12月份喂养到来年产羔之后的4月底，即5个月的时间。除此之外，当地草畜平衡区还需要在每年春季4月5日至5月20日实行季节性休牧禁牧措施。这期间只能采取舍饲圈养的方式，严禁将家畜放养到草场上，如此一来便需要6个月的草料喂养期。如果按益达木老人的情况来看，"一只羊每天最少需要4斤的牧草"[1]，六个月便是360公斤的草料。就2019年来说，当地牧草平均价格在0.8—1元/千克之间，每只羊便最少需要288元的牧草投入。2019年当地羔羊价格较为理想，每只均价达到了900元的水平。可即便如此，牧草支出也占到了非常大的比例。这还是没有算入幼畜所需牧草费用时的理想情况，实际标准远超这一比例。

通过上述梳理我们可以发现承包制背景下的畜牧业是一种高成本的投入型生计方式。在此背景下催生了牧区普遍性的借贷问题，展现出了围栏放牧的脆弱性特征[2]。这一生计困境的出现，离不开草场承包制背景下牧民收支特点。C嘎查主要的经济畜种是绵羊。在牧区，牧民往往是2—3月份完成家畜产仔任务、3—7月哺育幼畜、8—10月出售幼畜，至少需要5个月的抚育期投资。由上可知当前的牧民生计收入具有季节性波动的特征，家庭大额收入集中在了夏秋两季。然而此时也是牧民一年中支出最为集中的时期。在过冬之前不仅要购置大量的草料，而且有时甚至需要租赁牧场或偿还上一年的现金贷款。因此一年之中牧民们普遍缺少现金储备。此时如遇到旱灾或雪灾，将会出现严重的生计困境与借贷需求。2000年秋季C嘎查便遭遇了持续性的灾害冲击。起初是秋季的蝗灾，导致嘎查草场赤野万里，大范围提升了牧民的草料投入。此后2000年冬季又是接连遭

---

[1] 益达木老人，2019年8月14日访谈，C嘎查牧户家中。

[2] Adger提出了社会脆弱性的概念，用以分析风险的结果［W. N. Adger, "Social Vulnerability to Climate Change and Extremes in Coastal Vietnam", *World Development* 27 (2), 1999; W. N. Adger and P. M. Kelly, "Social Vulnerability to Climate Change and the Architecture of Entitlements", *Mitigation and Adaptation Strategies for Global Change* 49 (3), 1999］王晓毅等人在分析气候与灾害应对问题时也使用了相应的概念作为解释基础［Xiaoyi Wang and Qian Zhang, "Climate Variability, Change of Land Use and Vulnerability in Pastoral Society: A Case from Inner Mongolia", *Nomadic People* 16 (1), 2012；王晓毅、张倩、荀丽丽：《气候变化与社会适应：基于内蒙古草原牧区的研究》，社会科学文献出版社2014年版，第106页］。本书的脆弱性参考了以上分析成果。

第五章 "发羊财"：围栏中的生计转型与谋生之道

受了暴雪灾害，使嘎查牧民陷入了普遍性的生计困境之中：

> 2000年秋天出现了全盟地区的蝗灾，但万万没想到2000年的冬天又出现了著名的"红风暴"大雪灾，这一下又是在山区，羊群都被大雪压死了，大部分牧民损失惨重，几乎除了狗之外，没剩下别的家畜。
>
> （胡日，2019年7月25日访谈，C嘎查牧户家中）

草场承包到户之后，集体草场具有了承包主体，因此依靠移动转场来规避灾害的方式无从开展。此时只能依靠纵向的承包牧场开发，以完善基建设施来提升自身的抗风险能力。不过对于1997年才承包草场的牧户而言，2000年初尚未满足建设养畜与独立抗灾的基建条件。因此不难想象牧民面对巨大灾害时的脆弱性。这种脆弱性主要以两种致命的结果影响牧民生活：一是大范围的家畜损失，二是牧场短期内的无法利用。此时为了维持生计牧民们只能采取购置草料或租赁牧场的生计策略。然而这些策略都需要大量现金的支撑。这也是C嘎查出现大量借贷现象的诱因。其中，地方银行主要向牧民提供一些低利率的惠农贷款。但草原社会的灾害往往是频繁且多样的，既有十年九旱的艰辛，也有春夏早旱、夏秋虫患、冬春雪灾的多重打击。因而牧民欠下的银行贷款很难按时结清，进而会产生高昂的罚息复利。

下面可从牧民阿巴特尔2015—2018年间的借贷经历更好地理解C嘎查牧民生计困境形成的机制：

> 我们嘎查是一人1500亩，当时分草场时候有些地方都没给孩子分，我们这儿都是分了的。我们家一共6000亩草场。现在草畜平衡要求差不多是20亩能养一只羊，所以我们家草场允许范围内是300只左右。但是300只不够花呀，老人生病啊、孩子上学啊、买草料啥的都得花钱，所以就得多养点。现在我手里的羊群大概是400多只，明年春天接完羔子咋也得有600—700只。你看你不租草场行嘛！现在我跟你算一笔账，当时我们这儿最便宜的是一亩50块。这还是好哥们儿或者亲戚之间的。要不是这层关系，还得更高。按我们家的情况来算就得租个2000亩的牧场。这么一来一年就得是10万。而且你不能只租一年呀，最少也是三五年，这么一来就是30万—50万元。租草场都是要先

付半款的，所以一次性就得掏 20 多万元。反过来我们再看收入，也就是羔子。前几年（2015—2018 年）的羔子差不多平均 400—500 块，300 只羔子也就是 15 万元，再东拼西凑将将够 20 万的租金。但是你还有别的投入呀，又得继续贷款借钱，那你说怎么不借钱呢！

（阿巴特尔，2019 年 8 月 15 日访谈，C 嘎查牧户家中）

阿巴特尔的情形是当前 C 嘎查普通牧户的一个缩影。从中不难发现，牧民生计转型具有深刻的制度根源。在草场承包经营的背景下，移动游牧逐渐发展成了围栏定牧。相较于以移动游牧规避自然风险，围栏定牧强调基础建设、草料储备乃至租赁牧场，因而需要大量的资金与劳动投入。

二　资源依赖型发展模式及其潜在的风险

通过草场承包制背景下牧民生计方式的梳理，不难发现当前的畜牧业生产已然从"移动游牧、靠天养畜"转变成了"围栏放牧、建设养畜"。草场承包到户将集体草场划分给牧户，从而将游牧民彻底转变为了固定承包牧场的牧场主。从本章的不同案例中，可以发现在当前的围栏放牧过程中，牧户需要建设围栏、完善基建、购置草料、租赁草场，以此满足个体化经营所需的抗风险需求。

概言之，从集体游牧民、公社社员到个体化牧场主的身份转变，促使牧民需要更加独立地完成"生产—销售—再生产"的整个过程。在此过程中需要牧户更合理地利用承包牧场，妥善调整畜群结构，以此在有限的牧场上达到最高的经济回报。这使得基层牧区微观畜牧业迈向了资源依赖型的发展模式，这里的"资源"不仅包括草料、额外草场乃至人力物力，还包括政策、项目和资本。简言之资源依赖型的发展模式更为强调当前畜牧业发展中的政府、市场与牧民三者间的关系。

事实上，学界对内蒙古牧民生计方式的转变及其社会后果具有一定的分析。其中王晓毅、张倩、荀丽丽在一系列田野调查和案例分析的基础上，将承包责任制背景下的牧民生产模式概括为了"密集型资源开发体制"[①]。密集型资源开发体制是国家主导下的畜牧业现代化路径。在他们看

[①] 王晓毅、张倩、荀丽丽：《气候变化与社会适应：基于内蒙古草原牧区的研究》，社会科学文献出版社 2014 年版，第 172 页。

来在国家主导的"现代化"进程中，草原畜牧业的内部结构发生了根本性的改变。作为草原畜牧业核心自然资源的水源、草场和牲畜，都在"现代畜牧业"的框架下被重新规划和配置。除此之外，资源的密集型开发同样离不开草原在全国层面的发展意义。正是大力开采煤炭等地下资源的开发过程，造成了草地资源的退化、地下水位的下降等生态问题。而生态问题的恶化又反过来加剧了牧民生计，催生了社区解体、贫困化等问题。

"密集型资源开发体制"强调的是斯科特意义上国家视角下的现代化历程对于地方社会的影响。这一思路为理解牧民生计变迁提供了重要的理论基础。不过相较于自上而下的现代化改革，本书想要探讨制度变迁中不同主体的互构过程，而这也是"资源依赖型发展模式"不同于"密集型开发体制"的侧重点。主体之间的互构当然具有国家主导下的现代化改造特征。在草原牧区，这种现代化改造不仅囊括"水、草、畜"，还涉及组织创新、放牧管理、基建建设、灾害防治和畜种改良等环节。

不过牧区畜牧业的发展同样离不开制度落实过程中的牧民以及社区的主动参与和形塑过程。随着草场承包到户，牧区逐渐成为个体化的围栏放牧状态。在此背景下，牧民们需要相对充沛的再生产资源以此满足日常生计的开展，这种需求客观上也促使他们更倾向于依赖政府项目和国家扶持。在当前牧民的日常生活中，有一项重要的技能便是"拉项目"。

在起初，这种能力仅局限于以村主任为核心的村落能人集团中，不过目前如何跳过村级权力网络直接从镇里、县里拉到项目成为不同牧户的"核心竞争力"。之所以出现此类现象，离不开村落人际关系和人口流动。一些以往在牧区就职或原属于本社区的人口，通过流动的方式扎根县市，但其人际网络不会就此脱离牧区熟人社会，此时便会出现一些变通的手段。

变通手段的出现从侧面反映了牧民对于惠农项目、各类资源的迫切需求。事实上，为了满足牧民日益上涨的建设需求，国家投入了大批项目工程。除了2000年初开始实行的风沙源治理项目包含的围栏、棚圈和打井工程外，还有各类农业开发为名的项目工程。表5-6便是2010—2018年G苏木接收到的各类农业开发项目明细。通过项目建设内容的梳理，不难发现"围栏放牧、建设养畜"背景下的项目下乡主要以棚圈、水井、机组与其他生产基建的投入为主。除此之外，还会提供围封草场所需的围栏，以此保障畜牧业的发展。

表 5-6　2010—2018 年农业综合开发 G 苏木项目区及建设内容明细

年度	项目区	项目建设内容
2010	C 嘎查	水泥管井 15 眼（共 15 户）、风力提水设备及储水罐 15 套（15 户）、储草棚 3500 平方米（100 平方米共 35 户）、标准化棚圈 2000 平方米（80 平方米、100 平方米、200 平方米共 21 户）、划区轮牧 7 万亩（共 11 户）21.9 万平方米、农机具 4 台套
2013	W 嘎查	标准化棚圈 80 平方米（62 户）共 4960 平方米，钢管井 3 眼 3 户，水泥管井 36 眼 36 户，发电机组和水泵 13 套，储水罐 112 个 104 户，机电井房 18 个，饮水槽 224 个 113 户，引进优良种羊 100 只，农机具 54 台，羊毛剪 10 把，药浴池 2 座（设备 1 台），饲料槽 1420 个（119 户），围封草场 2 万亩（5 户），风力提水机 6 台 6 户
2013	H 嘎查	标准化棚圈 80 平方米（57 户）共 4560 平方米，钢管井 8 眼 8 户，水泥管井 17 眼 17 户，发电机组和水泵 6 套 6 户，储水罐 53 个 53 户，饮水槽 106 个 54 户，引进优良种羊 100 只，农机具 4 台，药浴池 3 座（设备 1 台），围栏 8 万亩（14 户），饲料槽 200 个（21 户），风力提水机 4 台 4 户
2014	A 嘎查	水泥管井 15 眼（共 15 户）、风力提水设备及储水罐 15 套（15 户）、储草棚 3500 平方米（100 平方米共 35 户）、标准化棚圈 2000 平方米（80 平方米、100 平方米、200 平方米共 21 户）、划区轮牧 7 万亩（共 11 户）、农机具 4 台套
2015	T 嘎查	划区轮牧 3.5 万亩（11 户），改良草场 0.5 万亩，购良种 0.5 万公斤，新打机电井 10 眼，配套水泵和井房，标准化棚圈 100 平方米（30 户）共 3000 平方米，购置有机肥生产线 1 条，饲料槽 1000 个（100 户）
2017	W 嘎查	D 苏木实施新打机电井 1 眼，建设标准化棚圈 2800 平方米，储草棚和机械库 800 平方米，购置监控设备 8 套
2018	W 嘎查	购置良种 0.13 万公斤，划区轮牧 2.5 万亩，围栏延长 8 万米，人工种草 0.05 万亩。科技推广措施：实施退化草地补播治理与节水放牧型草地改良技术示范项目 1000 亩

数据来源：旗县农业开发办公室。

与此同时，农业开发也会致力于饲草料地的建设与开发。在围封定牧集约化发展的语境下，如何通过人力的方式改变草地资源，开发出适宜冬季储备的草料也是重要的议题。因此各类项目资金也会以专项饲料地的建设为主要目标，扶持适宜开展种植青贮与青谷的集体与个体。截至2020年，G苏木灌溉饲草料地共有8处，分布在5个嘎查村，总计6800亩（见表5-7）。

表5-7　　　节水灌溉项目截至2020年G苏木项目区概况

序号	嘎查	受益人	面积（亩）	作物	喷灌机（台）	灌溉井（眼）
1	T嘎查	集体	800	青贮、青谷	6	4
2	T嘎查	个体	1000	青贮、青谷	8	4
3	A嘎查	个体	1000	青贮、青谷	8	4
4	C嘎查	集体	1000	青贮、青谷	8	4
5	C嘎查	个体	800	青贮、青谷	8	3
6	W嘎查	集体	500	青贮、青谷	6	4
7	W嘎查	个体	1000	青贮、青谷	8	4
8	H嘎查	集体	700	青贮、青谷	6	4

数据来源：G苏木政府。

由此可见，在围栏放牧、建设养畜的畜牧业中，自上而下的项目扶持已成为基层牧区社会主要的资源依赖。虽然自1997年草场承包制实施以来已有20多年的时间，但一些家庭内部还会出现因子女分家而二次划分所属承包牧场的情形，新划分出的家庭也会重新经历承包初期的建设过程。因此就草场方面的基建依旧是一些牧户的急需品。由此可见，国家项目已是围栏社会中最主要的社会资源，"人人都在跑项目"成为围栏社会的常态。

当前牧户的生产生活是一种资源依赖型的发展模式。在有限的牧场中提升生计，需要资源的持续投入，这些资源不仅来源于牧户自身的"勤俭节约"，更需要依靠中央政府和地方政权的不断投入。这种依赖性是现有草场制度背景下围栏放牧造就的牧民生计特征。因而，相较于国家单向的项目下乡和资源投入，牧民和牧区也在现有草场制度背景下不断地向国家和政府"汲取"资源，以此满足自身的再生产成本。人地紧张中的牧民需要外部资源的不断刺激，他们清晰地知晓项目对于自身生计的现实意义，甚至清楚如何利用项目、如何讨要乃至套用项目。国家则力图在草原生态和牧民生计之间达成平衡，进而提倡集约化的、建设性的畜牧业增长方向,为此持续投入了大量的资本与项目。这种双向的需求客观上导致围栏定牧步入了资源依赖型的发展路径。

这种发展模式在国家持续投入项目与资金的背景下,可以加强牧民的集约化建设能力,进而提高牧区整体的生计水平。就2020年统计数据来看,当前牧民生计水平已有了普遍性的提升。以W嘎查为例,根据当地牧民的经验可将当地牧民生计水准划分为四个档:其中家畜数量小于150头(只)的牧户一般被视为贫困户;介于150—400头(只)之间的可视为温饱户;介于400—1000头(只)之间的是小康户;1000头(只)以上的则是富裕户。现如今,W嘎查75%以上的牧户皆满足了温饱水平,富裕和小康水平则占到了总体牧户的42%。

不过这种发展路径同样具有潜在的风险。集约化的畜牧业需要持续不断的资源投入,那么当外部资源逐渐减少时,牧民是否有能力独立承担这种增长模式?通过上文C嘎查发展历程的回溯,我们可以发现资源依赖型的发展模式并不能长效化地维持牧民的生计水平。季节性的收支特征裹挟着频繁的自然灾害,导致牧民无法支撑围栏放牧中的生产投入,从而易于陷入借贷旋涡。而且有限牧场中看似合理的单一化"发羊财"路径,也会在市场波动中饱受挫折。其结果是围栏社会中的牧民生计形成了"赚得起、赔不起"的特征。

另外持续的资源投入,最终都是以增补草料和租赁草场的方式返回到了牧民再生产之中。可见,建设养畜即便可以减少牧民的过度放牧,但是草料数额与牧场租赁规模的持续增长,是否对整体草原生态有一定的压力?当外部资源逐步减少时,牧民独立开发将成为主要的资源投资手段。而不确定的草原生态和频繁的灾害或许会再次重现C嘎查的生计与生态危机。这就导致在当前承包制背景下,牧区发展有一道难以绕过的难关:碎片化的草场可以激发牧户的生产积极性,但长期的资源依赖型增长模式却难以在有限的草场上达到可持续的发展。资源投入也会将生态成本转嫁到牧民生计之上形成进一步发展的瓶颈与桎梏。

第四节　小结:围栏定牧放大草场的生财效应

草场制度变迁促使牧区人地关系出现了明显的变化。在草场承包制背

第五章 "发羊财"：围栏中的生计转型与谋生之道

景下，集体草场上的移动放牧逐渐消失，取而代之的是定居化的围栏畜牧。游牧时代乃至公社时期的"人—草"之间的关联，体现为基于特定成员权基础上的领有与占有关系，对于普通游牧民和公社社员而言，并无排他性的草场占有状态。人对草场的利用主要以畜群的习性为基础，采取"人随畜走、畜随草定"的动态策略。不过在围栏社会中，牧区社会集体草场已被分包至每一位具备成员资格的牧民个体，承包牧场成为牧民仅有的放牧范围。此时，"人—草"之间的关系更多地表现为承包权意义上的个体占有关系。"畜—草"之间的联系已不再是空间意义上的移动配对，代之以舍饲圈养、饲料投送的方式达成了定居意义上的人工配对。

可见，随着人地关系的转变，牧民生计从移动放牧变成了在固定围栏中定居性放牧经营的围栏定牧[①]。围栏定牧使草牧场成为寸土寸金的稀有资源，在有限草场上为了获取更为可观的收益，"发羊财"便成为当下牧区的生财之道。牧区畜牧业生产也步入了兼具集约化和资源依赖型的发展道路。

不过人地关系的转变同时也意味着人对土地草场的作用方式发生了变化。在围栏中常年固定化的放牧利用，会改变草原生态面貌，诱发草场退化问题。在此背景下国家开始了一系列自上而下的草原生态治理政策。草场治理的核心特征便是通过限制牧民草场使用权利来达到牧区"减人减畜、生态减负"的治理目标，以此缓解草场退化与沙化问题。可将其理解为草场承包制的政策补充与辅助性制度设计。至此，草场承包责任制及其背景下的草原生态治理措施，客观上为相关主体塑造出了一套有关草场经营、使用、管理和治理的制度体系。这套制度体系将会进一步改变牧区人地关系以及相关主体之间的互动模式。

[①] 当然这只是"围栏定牧"的第一层含义，除了定居性围栏放牧的意义外，围栏定牧也具有草场生态治理的意涵。在当前草场承包制背景下，为了给草场减负约束牧民的过度放牧行为，国家自上而下实行了严格的草畜平衡政策。所谓草畜平衡，便是通过测量特定区域载畜量，以此为标准核定单位牧场内的放牧数量，用以监督牧户放牧行为的治理政策，可视为草场承包制制度的一种补充规定。在此背景下，牧民不仅需要在固定围栏内放牧养殖，还需要以固定的载畜量确"定"放牧数量，进而形成了围栏"定"牧模式。在第六章相关部分将会进一步详述上述内容。

第六章　限地权：围栏中的生态变迁与草场治理

　　格日勒朝克图是当地一普通牧户。当谈到禁牧、休牧、草场治理等议题时他的反应比较激烈，他说道："其实我觉得草畜平衡规定的多少亩能养一只羊就是没用的标准，前两年雨水不好，5月份禁牧6月结束草场还是不够用，还得喂草料，但今年雨水好，我家这些牲畜（300只羊、50头牛）在这3000亩根本吃不完，所以还是得看年景和雨水，研究'草场'根本没啥用，还不如多研究研究怎么能在牧区增加降雨。"① 他家所处的草场是草畜平衡区，除了严格遵守草畜平衡标准之外，还需要在每年春季4月5日至5月20日实行季节性休牧禁牧措施②。这期间只能采取舍饲圈养的方式，严禁将家畜放养到草场上。不过在实际过程中，牧民们为了节省成本也会顶风作案私下放牧。因此每到春季，草原上便会上演越轨牧民与监管人员之间的猫鼠大战。格日勒朝克图曾多次遭到监管人员的处罚，因此才有了上述"义理之辩"。格日勒朝克图所处的草畜平衡区一亩地享有3元的生态补助，以此激励牧民遵守草畜平衡的规定。但据格日勒所述，他家一年的补助被扣了1/3，草场监管人员向其表明，如果经过核查后没有超过草畜平衡的养殖规定才能发放剩下的奖补。听格日勒所述，前些年也会遇到监管人员以"奖补"说事，数落他们"拿着生态奖补还不好好遵守草畜平衡规定"。格日勒坦言那奖补一年全部发放也不到两万，自

---

① 格日勒朝克图，2020年7月30日访谈，在其家中。
② 草场承包制背景下，为了有效治理草原生态，将不同的草地依据退化程度划分为了草畜平衡区、常年禁牧区等不同的生态治理区域。依据对牧民生计的干预力度进行不同额度的生态补偿款。

第六章 限地权：围栏中的生态变迁与草场治理

己卖10个羔子也差不多是那个钱，因此每每听到此类话语，都会使他十分火大。

当笔者第一次来到格日勒朝克图家中时，带笔者的中介人芒来并没有详细介绍笔者的来历，只是简单说了句"来调查草场的，想到你家了解了解情况"。虽然笔者表明了自己是研究人员，来做论文田野调查。但格日勒显然并没有理解其中的具体意义，将笔者误认为了在政府实习的大学生。见此"险情"，笔者再次澄清了自己的来意和身份，因为觉得如果再聊下去，虽能得到牧民最真实的想法，但也有极大的概率发生不欢而散的情形，如此一来也将让芒来陷入两难的处境。在其看来生态奖补的那些钱根本没法换取牧民的草场放牧权利，现在一亩地才3元的补贴，即便是上万亩的牧户，也只能得到3万元的补助，但一万亩草场轻轻松松养殖400只羊，一年光卖羔羊也能带来数十万元的收入。因此在格日勒看来要想彻底让牧民放弃放牧的念想，便需要提高补助标准，至少得达到一亩地30元的标准才行。

直至离开前，格日勒也一直强调着"研究草场没用"，劝笔者趁早改行研究气候和降雨，这样研究的东西才能"有点用"。笔者怀着忐忑的心情离开了格日勒家，在返程的路上，芒来吐槽格日勒脾气真是差，竟然全程都没给我们倒茶①。

在后续的研学旅途中，笔者慢慢发现了也有一些牧民会通过"请客、送礼"等变通方式与监管人员达成共谋，以此换取自由的放牧权利。不过无论是何种互动模式，都无疑展现了草场承包制背景下草原生态监管与牧民放牧权利之间的复杂博弈过程。那么这种自上而下的草场治理政策在承包制背景下又会对牧区人地关系和主体关系产生何种影响？草场承包制促成的人地关系的转变又与草原退化存在着怎样的具体联系？为此，本章将通过具体案例的实证分析一一解答上述疑问。

---

① 在蒙古民族日常待客礼俗中，倒茶是一项最基本且极其重要的待客之道。不倒茶或不续茶，都传达着"不欢迎"的信息。因此也产生了"既没茶水，也没好脸色"的蒙古族谚语。

第一节　草场制度变革与草场退化

草场承包制的实施使牧区人地关系发生了明显的变化,"围封草场、各自经营"成为牧民生计的普遍状态。而且制度调整对人地关系的形塑作用并不只限于生计层面,也会通过生计方式的改变对草原环境产生深刻的影响。

一　人际排他、代际排他与草场退化

草原生态退化一直是学界对于草场制度变迁及其社会生态效应的重点研究议题。现有研究表明当前草原退化问题与草场承包制背景下的放牧方式具有密切的联系[1]。学者们将注意力放在了"草场制度—放牧安排—牲畜分布—草场退化"的链条上,着重从畜群单元的激增和放牧范围的缩小这一矛盾中揭示了草场退化的制度根源。草场承包制度促使家庭成为草场利用的基本单位,从而将以往在公共牧场上随季节移动迁徙的家畜常年集中在了家庭承包牧场之内,至此改变了牲畜的分布状态。承包牧场的范围限制了家畜的移动距离,家畜常年禁锢在围栏牧场中,客观上造成了分布型过牧问题[2]。

可见制度与生态之间的纽带是社会行动者,在这里行动者更多地强调家庭和牧民。从牲畜的分布强调制度与生态的关联或许可以更为直观地探索草场承包制背景下草原退化的原貌。不过制度对行动者的影响并不仅限于畜群管理上,同样也会改变行动者的其他层面,例如牧民的草场认知。牧民对草场的认知和态度的变化将会影响他们在日常生活中的行为选择。这些选择也将反过来重新作用到草原生态之上。

具体而言,制度变革使得牧民对于草场的分类和认知产生了明显的变化。涂尔干和莫斯在原始部落社会分类体系的研究中,指出了自然分类的

---

[1]　达林太、阿拉腾巴格那:《草原荒漠化的反思》,《贵州财经学院学报》2005年第3期;张倩、李文军:《分布型过牧:一个被忽视的内蒙古草原退化的原因》,《干旱区资源与环境》2008年第12期;韩念勇、刘书润、恩和、额尔敦布和:《对话尘暴》,中国科学技术出版社2018年版。

[2]　张倩、李文军:《分布型过牧:一个被忽视的内蒙古草原退化的原因》,《干旱区资源与环境》2008年第12期。

第六章 限地权：围栏中的生态变迁与草场治理

社会基础。正如他们所述，原始社会中的社会成员对于特定方位、动植物的分类以及赋予它们的意义，都具有深刻的社会意涵①。不同的社会与群体对于相同的自然事物赋予了不同的价值意义。这与特定人群所具备的制度结构和文化传统密不可分。在传统游牧社会中，普通牧民虽然依赖领主的草场生活，但是对于他们而言草场并非属于家庭的私有财产，而是反映着封建分级占有且强调特定时期依靠成员资格灵活进入和使用的生活场所②。在大多数游牧社会中，牧场通常为一个扩大化了的氏族集团所使用，而动物则是其私有财产③。不过在20多年的承包使用之后，对于承包户而言，承包牧场逐渐呈现出了"家庭财产"的性质④。

当草原从具有公共属性的集体草场转变成具备个体属性的家庭财产时，便会对横向的人际关系和纵向的代际关系产生意料之外的影响。而这两个向度的关系变革也会重新回馈到草原生态体系之中，其负面效应则体现为草场的退化与沙化问题。

横向人际关系的变革主要体现为承包到户之后的牧区邻里之间相对隔阂与牧民的孤立状态。在传统游牧时代，草场的公共所有为牧民间的互惠合作提供了制度保障。为了应对草原生态的多样性和异质性，牧民们需要根据水草和气候条件采取移动放牧的方式规避自然与社会风险。这种移动放牧的前提是草场的公共所有制度。移动游牧需要牧民们相互联合组成大小不一的阿寅勒组织，以此满足移动放牧过程中的保畜需求⑤。即便是人民公社时期，草场依然是公共所有且共同利用的，因而基层牧区的移动放牧，以及组成移动放牧的小规模合作互惠传统依然存在。

---

① ［法］爱弥尔·涂尔干、马塞尔·莫斯：《原始分类》，汲喆译，渠东校，上海人民出版社2000年版。
② 有关游牧社会草场制度与草场意义的内容请参见第四章的相关内容。
③ ［美］巴菲尔德：《危险的边疆——游牧帝国与中国》，袁剑译，江苏人民出版社2011年版，第29页。
④ 这里需要澄清的是，本书无意将草场承包制背景下的人地关系视为私有制，而是意图强调相较于游牧公共所有制背景下的草场意义，经过长期的承包经营，牧民对草场的认知和观念已发生明显的改变。在实践层面，将草场视为了等同于牲畜的个人财产。这一点在家庭内部纵向财产传递过程中具有明显的体现，详见后文分析。
⑤ 阿寅勒是游牧社会中的游牧组织，由几户牧民相互配合构成，达到生计联合和共同游牧的目的。详情请参见第四章的内容。

围栏社会的兴起

就 G 苏木而言，直到 1984 年牲畜承包到户之前，仍然坚持着两季的移动放牧。从秋季的 9 月底 10 月初，位于北部的三个牧业生产队都会开始陆续迁徙。迁徙的距离往往会依据每年的雨雪和沿途的草场情况而定。一般情况下往往会迁徙到位于公社南部的山区牧场过冬，依靠山阳坡抵御冬季的严寒和积雪，直至春季草场返青时再逐步往北迁回。如遇到特殊的雪灾迁徙的距离甚至会更远，1977 年的特大雪灾，一些生产队甚至迁徙到了中蒙边境地区。除了季节性的迁徙之外，日常的放牧安排上也会采取小范围的移动放牧，被当地牧民称为"走奥特尔"。走奥特尔都是几家相互配合共同游牧。其中一些年长的牧户会提前几天出发勘探下一步的游牧地点。而其余几家则以三角形或四方形的方式将畜群围在中间扎营放牧。如此安排既能最大程度上节省劳动力，也能防范四周的狼患。日常放养家畜时，根据牧民个体特点会划分出羊倌、马倌、牛倌等协作分工形式。如此形成小型的合作牧团。

不过随着草场承包到户，这种移动放牧以及与其配套的互惠机制失去了制度基础。如果说游牧时代的草场是依据成员、身份等无形的"围栏"作为牧民进出的屏障的话，在承包制落实后则更为注重以有形的围栏确保自身草场的排他性利用。草场不再是牧民自由放牧的社区资源，转而成为"有主"的牧场。在条块分明的围栏社会，牧民们只能常年使用同一片草场，客观上加重了草场的压力。当面临生计困境时也只能通过对承包牧场的纵向开发维持畜群规模，从而易于产生草场退化与沙化问题。对此，一些牧民具有切身的体会：

> 就是跟牲畜蹄子有关，现在都是各家草场放各家的羊，一直就用那片草场，春夏秋冬都在那儿，这么一来家畜就只能在围栏里面来回转，也没了放牧的圈，早上从哪儿出去的，晚上就从哪儿回来，加上每天骑着摩托车放牧，你看我家牧点周边都是摩托车和羊群印子，草场就扛不住了呀！特别是关种公羊的那个小网子，就那么 30 多只种羊，都耗光了，围栏边上还能看到沙子哈的。
>
> （老黑，2019 年 10 月 20 日访谈，十间房牧户家中）

通过老黑的口述，我们可以发现围栏放牧可能会引起牲畜过度踩踏形成

第六章 限地权：围栏中的生态变迁与草场治理

的牧草退化问题。在实际生计安排中，牧民们为了迎合市场需求，需要控制家畜繁殖时间，因此会将种公羊和生产母畜分开放养。此外，在春季产仔后长期的哺乳期内母畜会出现掉膘的情形，因此牧民们为了让母畜尽快恢复膘情也会在适当时节将幼畜和母畜分开养殖。如此一来承包草场会被进一步划分为不同的子草场。这种划分承包牧场的行为客观上加重了单位草场的使用强度。与此同时，通过老黑的口述亦能看出，特定时节家畜啃食路线的相同，加之牧民车载工具的碾压，也会形成集片性的牧道，催生了承包牧场内部退化的问题。此外，围栏放牧也不利于邻里间的监督和约束。

例如，在G苏木H嘎查中便有这么一对相邻的牧户。其中青格乐家的草场面积相对较少，加之连年过度利用导致了草场的退化，甚至一些边缘区域出现了局部沙化的问题。与其相邻的则是牧场大户巴乙拉。因其草场面积较大进而可以采取季节性的划区轮牧，所以草场禀赋相对较好。不过近年来巴乙拉发现自家牧场中与青格乐草场接壤的部分同样出现了沙化现象。沙窝子的出现不仅使其草场受到了退化损失，而且也引起了围栏松动的问题。伴随着相邻草场的沙化，相应三脚架出现了明显的松动，这就导致一些家畜可以轻松地钻出或跨过围栏。因此近年来两家因家畜越界问题也时常引起不必要的工作量和纷争。对此，巴乙拉无奈道："围栏挡得住牲畜，但挡不住沙子呀。"可见在当前各自为"阵"的草场利用背景下分布型过牧显然出现了扩散效应。

除了从横向人际关系重塑人对草场的作用外，当集体草场转变为承包牧场时，同样会对纵向代际关系产生较为明显的影响，尤其在分家实践中表现得尤为突出。在蒙古族传统中，除了幼子外，其余子嗣成家后都会离开原生家庭分家生活。父母会根据实际情况将自身的财产分给各个子嗣。其中幼子会得到父母的蒙古包和主要财产，以此赡养年迈的父母。在传统游牧时代，除去一些金银物件外游牧民家庭财产的主要构成便是家畜，因此分家也就意味着分家畜。不过随着草场发包到户，并在承包期限不断延长的背景下，在牧民日常实践中承包草场同样具备了家庭财产的属性。因此，当下的牧区分家实践强调既分家畜更分草场。

| 围栏社会的兴起

表6-1　　　　　　　1997年G苏木草场承包到户情况

	H嘎查	W嘎查	T嘎查	A嘎查	B嘎查	C嘎查
户均草场（万亩）	0.7	0.49	0.48	0.44	0.4	0.76

数据来源：苏木政府。

家庭是构成社会的基本单位，分家便是家庭的发展与演化过程。这一过程势必伴随财产、声望、权力等因素的划分与传承。而当作为家庭财产的承包草场被进一步继承和划分时，对草原生态将会造成较为明显的影响。从表6-1可以看到，1997年G苏木落实草场承包到户时，六个畜牧业嘎查户均草场面积平均值为5450亩。而到2005年时，各嘎查户数都出现了不同程度的增长，当2019年时一些嘎查的户数更是得到了明显的增加（见表6-2）。其中W嘎查1997—2005年的增长更多地源于该村将另一农业队合并所致，因而不具备太大的统计意义。而B嘎查因整村生态移民搬迁，故而才会出现户数不增反降的情况。除上述两个嘎查之外，其余嘎查村户数的增长则主要源于原生家庭的独立分化。

表6-2　　　　　G苏木六个畜牧业嘎查各时期户数人口分布

年度	H嘎查 户数	H嘎查 人口	W嘎查 户数	W嘎查 人口	T嘎查 户数	T嘎查 人口	A嘎查 户数	A嘎查 人口	B嘎查 户数	B嘎查 人口	C嘎查 户数	C嘎查 人口
1997	82	378	105	519	67	311	74	388	55	244	81	387
2005	126	421	216	1025	96	439	91	321	66	222	88	377
2019	147	440	261	955	110	410	124	530	20	56	112	394

数据来源：苏木政府。

如果说1997年落实承包责任制时，集体草场出现了第一次划分的话，那么随着后承包时代年轻子嗣的分家实践促成了承包牧场的二次划分。这种草场划分也不会在当地林草部门登记，在熟人社会的实践场域得到了迅速普及。

明嘎老人家便是如此，在1997年划分草场时除了老人之外其7个子女也符合承包资格，因此他们家共获得了12000亩的草场。2001年大女儿外嫁到长春市,二女儿和三女儿同样外嫁到了其他苏木。她们三人将草场都留给了父亲和弟弟打理。其余子嗣则都留在了本地生活。其中四女儿在2004年因丈夫家草场面积受限,便将娘家自身名下的承包牧场分隔了出来独自利用。其五妹则嫁到了嘎查内的大户,因此并没有立即划分承包草场。而老六则在成家后将自身草场低价租给了最小的弟弟。2008年,在外漂泊多年的大姐重新回到牧区从事起了畜牧业,因此便将自身名下的草场划分了出来。并在2011年以相对低廉的价格租用了二妹的草场。据其回忆,当时的价格为每亩2元,此后逐年增加直至目前仍在租赁使用,但价格也只有10元/亩,远低于当地动辄十几元甚至二十元的租金。2019年明嘎老人的三女儿因孩子上大学为由,也提出了划分草场的请求。在其影响下,其五妹也随即提出了同样的要求。就此家庭内部引起了一系列划分草场的风波,最终明嘎家承包初期的12000亩牧场被切割为大小不一的五份草场。笔者是以帮工的身份结识的明嘎老人。笔者在C嘎查一般是住在芒来家中。一日清晨喝完早茶后①,芒来告诉笔者要去帮明嘎老人拉网围栏,笔者想目睹围栏的修建过程便提出了一同前往。在修建围

---

① 蒙古族牧民的早餐一般由手把肉、果条(一种炸制的条状型面食)、各类奶制品以及黑茶或奶茶组成,因此在内蒙古吃早餐也被称作喝早茶。这种饮食习惯离不开畜牧业生计方式。在草场公共利用畜牧业仍以游牧移动为主要特征的时期,牧人一般会在天亮之前就需要起床将畜群赶至合适的牧场,以此保证家畜长期的啃食时间,达到合理育肥的目标。在草场承包制施行之前,各户之间并无当前这般明确的围栏界限,因此牧民需要全天性地跟随畜群,以防畜群走失或突遇狼患、盗贼等情况,只有在太阳落山之后才能随羊群一同回家。这就导致牧民全天只有两顿正餐,即早茶和晚饭,因此在早茶期间就需要摄入足够的热量以保证全天的热量,中午则以简单的干粮和肉干来充饥。富含蛋白质和脂肪的奶制品和肉类理所应当地变成了最佳的早餐选择。这种饮食习惯一直延续至今,造就了丰富多彩的蒙式早餐。实际上,在牧民日常生活中喝茶占据了极其重要的位置,或等同于吃饭,甚至超越了吃饭。牧区妇女在每日清晨起床后的第一件工作便是烧火熬奶茶。先将砖茶捣碎装入事先准备好的纱布袋中,待得水开后放入茶包熬煮清茶,此后便是依据个人口号调整清茶浓度,以此确定熬煮时长,最后便是捞出清茶包放入适当食盐再加入鲜奶二次熬煮。如此一来才能做出飘香四溢的蒙氏咸口奶茶。每日熬煮的奶茶都可以满足全家人一天的饮用需求,在牧区牧民们都以茶代水很少会喝开水。在日常礼俗中,如客人到访却不见主人倒茶便是表达着"不欢迎"的信息。从而诞生了诸如"既没茶,也没好脸色"的蒙古族谚语。即便喝茶也有种类的差异和相应的尊贵排序。日常饮食一般只是清茶和奶茶,如遇到寿宴、婚礼等场合则更加推崇奶茶。这与蒙古族崇尚奶食,崇尚白色圣洁的文化传统具有密切的联系。另外,是否可以熬出令公公家满意的奶茶也是测试一位新娘的重要标准。即便当下一些生活在城市里的蒙古族也会早起熬茶吃早点,对于一些老人而言早餐可以没有其他食物,但绝对不可以没有奶茶。可见"茶"已不仅仅是简单的食物,更是重要的文化符号,融入了蒙古族牧民日常生活的方方面面。

栏的过程中这才从明嘎老人口中了解到了上述草场二次划分的经历。而此次修建的围栏正是要把边缘的两片草场围封起来划分给老三和老五。老人认为划分草场还是需要自己亲自着手，如让其子女来操办，定然会出现划分草场不均或牧草条件差异巨大等问题，进而引起家庭内部的纷争。老人想着趁自己还健在，提前给子女指出各自的"活路"，避免划分草场引起家庭的破碎。

当一个大家庭分成3—5个小家庭，就要重新围封这3—5片子草场，与此同时还需要相应的配套设施和基建储备。可见，分家之后的独立小家庭将重新复刻承包初期大家庭的发展路径。家庭的分化使得整体上的定居点增多，牲畜的移动范围进一步缩小，导致草场更加碎片化，加剧了单位牧场的放牧压力。

分家的合法性一方面来源于传统继承制，另一方面则源于草场制度塑造的成员权益。G苏木发包草场的时间是1997年，不过当时依据的成员标准是1983年的村籍人口。只要是1983年之前出生的孩子，都有草场承包权资格。当这些孩子在2000年之后陆续成家立业时，一方面按照传统习俗需要分家分地，另一方面按照成员资格他们也有权将自身名下的草场划分出去。虽然一些老牧民清楚二次划分草场的危害，但因子女具有自身合法承包草场的权利，也无法阻止分家分地的进展。在C嘎查原初承包草场的81户中，笔者随机走访了30户牧民，其中有19户的草场均已完成了家庭内部的二次划分。

从中不难发现，草场制度调整改变了牧民草场认知。代际间的草场划分源于草场制度确立的地权观念，同样反过来也在强化这种意识。通过分家实践，草场制度确立的牧场排他性使用观念，已从横向的人际排他发展到了纵向的代际排他。随着草场制度的调整，"草场"本身的价值和含义发生了较为明显的变化。在以个人为核心的资源配置结构中，草场已然突破家庭的壁垒，成为牧民寻求个体自由生活的基础。而这一过程不仅改变了熟人社会的互助纽带，同时也改变了家庭内部再分配方式和人际关系。在"一家变两户"的普遍趋势中，草场的碎片化伴随着畜群单位和规模的增加，势必加剧草原生态压力。可见草场制度变迁的意料之外的后果，通过人地关系和人际关系的双重维度深刻地形塑着草原生态环境。

二　草场流转的出现及其社会生态效应

制度既约束行为又产生行为。在草场承包制背景下，牧户实际占用的草场面积根据家庭成员人数大小不一，加之家畜承包数量亦是如此，自然会产生承包牧场差异带来的发展差距。在此情况之下，无论是大户抑或小户都为了生计发展，需要更多的草牧场，此时非正式的租赁行为便会悄然产生。

G苏木最早的私下草场租赁行为发生在2000年前后，其中一起租赁期限更是长达20年之久。租出方因长期外出务工，便将草场租给了邻居牧户，当时的租金也只有5毛每亩，共6000亩草场。直到现在这两家还保持着租赁关系，租金已从当前的5角上涨到了5元，这在当地动辄十几元的租赁市场上已算是非常优惠的价格。在近20年之久的长期利用下，租入一方早已将租赁草场视为了属于自身的牧场。

> 据当事人巴图孟克介绍，邻居家的草场被划定为了禁牧区，因此早在2002年便将草场私下租赁给了他。这也是为何租赁费用如此低廉的原因。因此他们之间的租赁事实严格意义上是违背禁牧区管理条例的行为。所以每当草原监管人员到访时，巴图孟克都会将家畜迅速赶到自家牧场和棚圈之中。当然长期的租赁使用也引来了周边牧户的嫉妒和不满，随即催生了私下"举报"事件。为了应付这些问题，巴图孟克不得不每年都要"走动走动关系"，打通监管人员的门路。

随着相关政策的完善，草场租赁行为得以制度化，并在资源优化配置与生态保护的双重语境下得到了迅速普及。不过也有学者在实证案例的基础上提出了草场流转产生的负面生态影响[1]。从已有研究中不难发现草场流转与草原生态之间的关系是复杂且多样的。研究者们多以案例或定量的方式考察了草场流转与草原生态之间的关联，并对流转形式与草场压力之

---

[1] 余露、汪兰溪：《探索牧区草场流转发展之路——以宁夏盐池牧区为例》，《农业经济问题》2011年第4期；赖玉珮、李文军：《草场流转对干旱半干旱地区草原生态和牧民生计影响研究——以呼伦贝尔市新巴尔虎右旗M嘎查为例》，《资源科学》2012年第6期；苏柳方、仇焕广、唐建军：《草场流转的转入地悲剧——来自876个草场地块的微观证据》，《中国农村经济》2021年第3期。

间的关系进行了一定的探讨。在现有研究中,学者们发现了流转方社会来源(本地居民或外来租户)、流转时长(长期或短期)、流转用途(躲避灾害或扩展生计)是左右草场流转生态效益的主要影响因素。不过当前的分析主要围绕着常规型的草场租赁流转行为展开,相对缺少对于特定区域长时段的考察。因而相较而言,忽视了因草场治理政策产生的制度型流转行为。为此,本节将主要以 G 苏木 2000 年开始的流转现象为初始点,通过特定案例点的长时段分析,揭露承包制背景下不同类型的流转形式及其社会生态效应。

在 G 苏木,草场流转的出现离不开草场承包制的实施,草场资源禀赋与发包面积的现实差异促成了牧民私下自发型的草场流转。不过在 2000 年前后,此类草场租赁流转主要发生在富户与贫户之间,数量较少。在笔者走访的 C 嘎查 30 户牧民中,只有 3 户是在 2000 年前后租入了草场。对于草场流转兴起背景,老苏木长明珠尔老人解释道:

> 最早租草场的情况 2000 年前后就开始了。就是分完草场之后就开始了。就是 1997 年开始分草场之后人们的经营方式开始了大范围的变化,左右邻居也开始分你我了,从那时候开始就慢慢有了私底下的租草场啥的。因为分了草场之后就不能随便用草场了呀,每个人都有各自的经营范围,如果想增加收入这时候草场就成必需的了,在这种情况下慢慢就出现了从亲属啊或者从家畜少的家庭租草场的现象。
>
> (明珠尔,2020 年 7 月 29 日访谈,C 嘎查老人家中)

2006 年之后,草场租赁流转开始流行,步入 2010 年更是盛行了起来。在走访的 30 户中,最初流转的时间主要集中在 2005—2010 年间的共有 9 户。这期间草场流转的主要原因有以下三种:一是草场面积较少,通过租赁来扩展畜群规模(4 户);二是孩子成家后草场不够用需要额外租赁草场(3 户);三是邻居因生态移民搬迁到了奶牛村,进而将其草场租入利用(2 户)。当然在实际的考量中,三种原因处于综合状态,这里只是为了分析的便利,将其分为三类。

首先,我们来看第三种类型的草场流转。此类草场流转的出现离不开草场治理政策的落实。随着 2000 年初草场退化的加剧,国家实行了"围封禁牧、易地扶贫"的生态移民政策。就 G 苏木而言,辖区内的 B 嘎查被整体划分到了移民搬迁范围内，除此之外其他草畜平衡区的嘎查村也有一定数量的指标牧户需要搬迁至临近市区的奶牛村开展养殖业。虽然生态移民政策的初衷是围封草场、退牧还草，但这些从草畜平衡区迁出的牧民并没有严格遵从围封草场的规定，而是将草场租给了亲友或邻里。因此客观上，即便人迁出了但是草场并没有停止利用。可见，此类草场租赁流转的出现离不开草场制度的推进以及草原治理政策的落实，是牧民应对草场治理政策的变通策略，反映着制度落实过程中牧民主体性的表述，因此可将其界定为制度派生型的草场流转。

例如，C嘎查的宝力德便是2006年搬到奶牛村的贫困户。当时整个苏木范围内除了B嘎查整村以及W嘎查部分地区外，其他放牧场均为草畜平衡区。所谓草畜平衡可简单理解为根据当地草场载畜量标准与牧户签订定额畜群养殖标准，以此约束牧民过度放牧的治理政策。相较于禁牧区，草畜平衡区无须常年禁牧，也无须迁移牧区人口，是一种相对缓和的草原生态治理措施。

在2004年G苏木所属旗县地区开展了禁牧区生态移民工作，并且为了达到地区性脱贫目标，在其他草畜平衡区也推行了贫困户转移安置的任务。宝力德便是在此背景下迁移到奶牛村的草畜平衡区C嘎查牧民。他家只有两人份3000亩左右的草场，考虑到移民后无人打理草场，便长期租赁给了邻居，至今已有十几年的光景。据其所述每三年都会重新达成口头或简单的文字协议，用于动态调整租赁费用。从最初的几元每亩，到目前的12元/亩，租赁费用涨幅明显。

宝力德认为即便是不外租，也无法利用牧场，且在自己无法亲临监督的情况下也会遭到周边牧户的偷偷放牧利用，届时将会真正成为任人宰割的"公共牧场"。虽然草场均已围封，不过围栏只能阻止家畜的侵害，无法阻挡人为的蓄意破坏和偷牧行为。出于这些现实的考量，此处草场也就私下被长期租赁给了邻居。

如此一来既能得到额外租金，还能确保草场有人打理，不至于落到随意滥用的地步。在牧户看来，如此租赁也会使租入方考虑长期的利用，因此并不会轻易出现短期租赁中的过度利用问题，可达到"以租代管"的目标。

相较于上述制度派生型的草场流转，其余两种原因促成的草场流转则更为常见。其中第一种类型，即通过寻租其他牧场扩大畜群的行为最为普遍：

  上文提到的独丽雅便是其中的典型代表。独丽雅家在1997年共分得3000亩放牧草场。有限的草场不足以满足扩大畜群的需求。因此2011年初她便租入了4000多亩的草场一直沿用至今。如今她家的羊群已从2000年初的几百只增加到了上千只的水平。

此类模式是牧民出于经济理性而采取的最优策略。根据牧户反映2005—2012年间的租赁价格一般是每亩地3—5元，租赁时限一般为3年。因此，如按C嘎查每人平均1500亩牧场计算的话，每期的租赁费用约在13500—22500元之间。1500亩草场按当时官方规定的草畜平衡要求，可以放养75只羊单位。那么如果不租赁草场，仅靠自身草场和草料购置来喂养这75只羊的成本又是多少呢？根据当地牧户反映，羊群每年至少需要5个月的舍饲圈养，每只羊一天至少需要4斤的牧草，因而5个月便需要600斤的牧草[①]。如果按照2005年的价格计算，1吨牧草是500元，可得每斤牧草价格为0.25元。因此每只羊一年至少需要150元的投入，那么75只羊也就最少需要11250元的投入，三年便是33750元，远高于同期租赁费用的上限22500元。可见，草场流转是承包制背景下牧民应对畜草矛盾的一种高效策略，是牧民主体利用现有规则重塑生产生活的重要手段。

此后随着家庭的分化，"分家又分地"使得承包牧场被进一步切割，增加了第二种类型的草场流转现象。如果说2005年之前早期流转市场中的主力是富裕牧户的话，那么随着分家分地现象的普及，在2010年前后大批中小牧户也加入了流转大军中。其结果便是租赁价格一路飙升。就C嘎查而言，草场租金从2005年前后的每亩3—5元增长到了2020年每亩14—20元的水平。

如今，分家产生的流转已是牧区草场流转的主要形式，其中不只有男性家庭成员分家后的草场租赁行为，而且随着女性权属意识的增强，也不

[①] 益达木老人，2019年8月14日访谈，牧户家中。

第六章 限地权：围栏中的生态变迁与草场治理

乏一些外嫁女将草场租赁给娘家人或村内其他牧户的情形。在笔者走访的C嘎查30户具有租赁行为的牧户中，有14户皆属于上述情况。外嫁女性的草场要么流转到了村里或邻村牧户手中，要么以相对低价租给了家人，其中第二种情况占据多数（14户中有9户）。如果是独生女的话，则会采用赘婿的方式吸引家庭子嗣较多、面临二次划分后草场不足的牧区男性。在当地此类赘婿一般被称为"Huqunie Hurgen"（即"劳力女婿"）。

  例如，牧民巴音便以"劳力女婿"的方式入赘到了同村的代琴家中。代琴老人只有一个女儿，加上老伴儿共有三人份的草场。而巴音则有三个兄弟姐妹，如果各自划分草场则无法支撑小家庭的维持。因此巴音便将属于自身的草场低价租赁给了自己的兄弟，自己则入赘到代琴家中，继承了三人份的草场。

  可见，在草场承包制背景下家庭结构和两性关系均出现了较为明显的变化。当承包制突破家庭的壁垒，以资源均分的方式将草场划分给每个家庭成员个体时，年龄、性别、权力的差异都是被忽略的。资源配置结构的重新确立，彻底改变了家庭中的纵向父子与横向两性之间的关系结构。当子嗣成长到一定阶段，"分家分地"便成了个体的权利表述。而草场流转则是强化且再生产这种转型的主体行为。这也再一次表明，致力于草场权属和使用方式的制度设计不只会影响"草原"本身，同样也会对牧户人际交往、家庭关系和婚姻形式产生深刻的作用。

  通过C嘎查草场流转的纵向发展历程，可以发现随着牧场流转现象的普及，流转的形式同样发生了新的变化。在早期，草场流转一般为整片草场以年为单位的长期租赁使用。流转契约往往是牧户之间的口头协议或非正式的合同。流转双方均为嘎查本地或相邻嘎查的牧户。在此模式下，流入方往往会碍于熟人关系和道德约束，并不会采取极端化的开发利用。不过随着流转价格的提高，在当前牧区社会不乏外来户的租赁行为。此类流转方式缺乏乡规民约的约束，且主要以经济利益为驱动，因而往往会产生超载过牧、过度开发的问题，进而会造成草场的迅速退化。

  例如，C嘎查牧户青格勒图2013年便因债务问题将3000亩草场以每亩3元的低价6年的期限租给了债主。债主为了追逐经济回报，在原本只能养殖 200 只羊的草场，硬是放养了 500 只羊，造成了草场的迅速退化。

此类因借贷产生租赁行为的情况，极易产生草场的极端商品化利用。而且此类行为往往出现在牧民个人生活之中，因此也会成为监管的漏洞，在加大草牧场生态压力的同时也阻碍了有效治理过程。值得一提的是，当前牧区集体也开始设置了一些流转准入门槛，例如 C 嘎查为了杜绝外地人口租赁草场，将租赁合同最终的批准权归到了嘎查牧民大会。只有嘎查两委和牧民大会通过了租赁合同，才会准许外地人口租赁本嘎查的草场。不过根据笔者调查发现，在实际生活中因外地人出价高且一次性结清等租赁优势，牧民们也会私下将草场租给外来户。就 C 嘎查而言，在随机走访的 30 户租赁牧户中，便有 4 起外来人口租赁嘎查牧场的案例。对此其他牧民和村两委也只能睁一只眼闭一只眼，毕竟是牧户的"家事"，不好强制终止。

根据当地牧民反映，往外租出草场的多以长期流转为主，且要求一次性付清全款或半数为条件。出现这种情况的原因多为家庭突遭变故急需现金周转。例如，C 嘎查内便有一户这种案例：

> 往外给的都是金额大的，比如长期的，五六年的一次性结清的。大家都是牧民都没有这个钱啊，所以才会给外来户。这种情况多是出租草场的有突发的情况急需用钱。他家就是出了车祸，急需用钱，所以就高价长期租给了别的嘎查的牧民。他家是兄弟三个，父母早年去世了，所以就没啥底子，出现突发情况就这样了。他哥以前有 100 多只山羊，但是有一年冬天雪灾大部分都损失了。他爸也是被他人杀的，不过不是故意杀人，当时他们家在山里住。然后到湖里拉盐，当时拖拉机坏了，他爸喝醉了爬下去修，结果不小心被另一个人压在垫子下面窒息而亡了。他家是 5 个人的草场，他爸和几个兄弟。我们嘎查年轻一代成亲的基本是分家用的（指草场）。没成家的话就分牲畜，什么大儿子的多少只啊、二儿子多少只这种。成家前草场都是一起用。没草场的一般是用爸妈的草场。
>
> （普日布，2020 年 7 月 30 日，牧户车上）

除了外来牧户这一类的租入方之外，更有一些商业资本会大面积租赁牧区草场以此发展打草行业。例如，G苏木B嘎查的禁牧区草场便被外来打草场商高价租赁了出去。2019年B嘎查便有40多户牧民将草场长期租给了打草场商。之所以如此是因为长期且一次性结清租金的要求劝退了大部分当地普通牧户。而外来打草商更具资金优势，出价更好且可以一次性结清租金，从而契合了外租牧民"急需用钱"的生计需求。2019年，B嘎查一些牧草条件尚可的草场租金已达到每年每亩20元[①]。

可见在草场承包制背景下，草牧场已然成为社区内外资本竞相争夺的"特殊商品"。草场商品化流转也会催生一些生态问题。当牧户个体面临前所未有的变故时，外租草场也成为他们维持生计，逆转颓势的最终手段。此时具备资本和价格优势的外来主体也将掌握租赁市场的主动权。不过随着草场流转从熟人社会迈入更广阔的外部世界，流转行为受到的乡规民约和道德约束日趋式微，从而出现了商品化、短期化、利益化的趋势。正如牧户青格勒图反映的一般，在此背景下流入地的保护意识往往会让位于经济理性，易于引发超载过牧、过度开发等影响草场生态的问题。为了应对草场退化问题，国家自上而下实施了一系列针对草原治理和草场修复的监管政策与生态治理措施。草原监管和生态治理可视为草场承包制的衍生政策或者辅助性制度设计。这一系列制度设计同样促成了牧区的转型与牧民生计的变迁过程。

第二节　草原生态治理与牧民生计变迁

有学者将我国环境保护与治理概括为政府主导的环境保护[②]，或者"政府动员型环境政策"[③]，以此强调环境治理中的政府干预特点。草原治理过程同样具备上述特征。无论是在对草场退化的归因还是后续配套治理政策的出台和实施，都彰显了国家在环境治理中的主导作用。不过治理的

[①] 牧民阿拉塔，2019年10月15日访谈，B嘎查牧户家中。
[②] 洪大用：《社会变迁与环境问题——当代中国环境问题的社会学阐释》，首都师范大学出版社2001年版，第250—252页。
[③] 荀丽丽、包智明：《政府动员型环境政策及其地方实践——关于内蒙古S旗生态移民的社会学分析》，《中国社会科学》2007年第5期。

过程并不会以制定到实施而结束，还会衍生出社会后果，而这些后果的产生离不开地方政府、基层社会、市场主体和牧民群体等多元社会行动者（social actors）的参与和作用。本节将首先结合案例点的情况梳理我国草原生态治理的主要内容，以此为后文的具体案例和故事提供演绎的舞台。在此基础上以实践的角度梳理具体的治理过程，揭示草场治理中的人地关系与主体关系。

一　草场承包制背景下的两种生态治理模式

G 苏木地处内蒙古中部草原牧区，不同于南部的农牧结合区，此处主要以畜牧业为主要生计手段，是内蒙古典型纯牧业乡镇。因此，在草场承包制背景下，此处也成为国家各项草原生态治理的主要试点区。无论是常态化的草畜平衡、休牧还是禁牧围封和生态移民工程，在当地均有执行区和试点区。因而可从 G 苏木生态治理历程的分析，考察当前内蒙古牧区草场承包制背景下的生态治理模式及其社会生态效应。

除了各类生态治理工程之外，针对牧民放牧行为与生计实践的生态治理体系可总结为两种模式：常态化草场治理与动员式草场治理。常态化的草场治理主要以草畜平衡为主要内容，并在后续的发展中补充了草原生态保护奖励补偿机制以及配套的休牧手段。动员式的治理路径则以草场围封禁牧为主，并辅以牧区人口迁移等治理措施。常态化治理模式一般具备辐射面积广、实施时限长、参与受众多的特征。动员式治理模式则以草场退化、沙化问题较为突出且牧民生计水平相对贫困的地区为试点。而且相对于常态化治理模式，在动员式草场治理过程中，地方政府往往更具备强制力。不过无论是常态化治理还是动员式治理，都将草场退化归因为了牧民的"过度放牧"行为，因而力图通过干预和改变牧民放牧行为和草场利用方式来达成牧区人地和谐状态，以此起到"减人减畜、生态平衡"的治理作用。接下来笔者将逐一分析两种治理路径的实施过程及其社会生态效应。

首先，草畜平衡是我国草原生态治理中的常态化治理手段。所谓的草畜平衡在前文已有简要的解释，便是依据特定草场类型及其单位产草量确定载畜数量的措施。实际上草畜平衡并非现代化草场治理的独创，游牧民的季节性移动正是以时空上的迁移保持整体草原草畜平衡的主要手段。不过当游牧方式遇到持续性灾害冲击时，牲畜的锐减虽然起到了草畜平衡的作用，但同时也会对牧民生计产生重大打击。因此兼顾牧民生计提升与草畜平衡便成为新中国草场治理的主要目标。为此，学界开始了载畜量的计算，并制定出了针对盟或旗为单位的理想牲畜数量。不过随着草场承包经营的调整，畜牧业得到了进一步的发展。仅锡林郭勒盟而言，牲畜总数便从 1979 年的 627 万头（只）增长到了 1995 年的 1326 万头（只），整整翻了一番①。

基于此，2000 年以来，草畜平衡条例进一步完善，逐步落实到了每一牧户身上。此外，为了鼓励牧民减少牲畜，达到以草定畜的目标，从 2011 年开始国家启动了以五年为一期的草原生态保护补助奖励机制（下文简称生态奖补）。并成立了从市县到乡镇的垂直科层体系，以此达成监管与奖罚一体的草场治理目标。可以说，草畜平衡是当前草原治理中的基础机制，在此基础上根据草场退化的不同程度进而采取季节性休牧手段。季节性休牧往往选择在春季执行，通过特定时限的休牧政策保护嫩芽迅速成长。G 苏木所属旗县全境范围内的季节性休牧期为 4 月 5 日至 5 月 20 日，在此期间以舍饲圈养的方式替代牧场放养，一律禁止将家畜放养到牧场上。就 G 苏木而言，从 2016 年开始的新一轮生态奖补中，草畜平衡区因休牧每年向牧民发放每亩 3 元的生态补偿，统一发放至牧户的一卡通中。截至 2019 年全苏木共有 226.25 万亩草畜平衡区，占到了苏木总面积的 80% 以上②。可见草畜平衡及其配套的休牧治理，已成为该地区草原生态治理的常态化手段。

与此相对的，在 G 苏木境内也不乏围封禁牧的区域，除了整村禁牧的 B 嘎查，还有 W 嘎查的一部分草场采取了全年禁牧的治理措施。这些区域往往草场退化较为严重，不宜长久放牧，因而草畜平衡很难达成治理目标，便代之以动员式的围封禁牧与生态移民策略。

如果说草畜平衡是通过干预牧民放牧行为来达成畜草均衡目标的话，围封禁牧则是试图通过限制牧民草场利用来达到上述治理效果。前者虽然制定了明确的载畜量，但并没有彻底限制牧民放牧权利。而禁牧则正如其字面含义，是对牧民生计方式的彻底转换，是以强制性和动员性为主要特征的生态治理模式。例如，G 苏木所属的旗县规定，围封禁牧区禁止放养

---

① 齐伯益主编：《锡林郭勒盟畜牧志》（第一篇），内蒙古人民出版社 2002 年版，第 334 页。
② 数据来源：上述数据材料均来自苏木政府。

牲畜，代之以舍饲圈养奶牛、肉牛和肉羊。对于违规进入禁牧区或在禁牧区放养的牧户予以行政处罚。

围封禁牧试图限制牧民的草场放牧权利，以此改变牧民的生产习惯，达到减人减畜的治理目标。在禁牧区替代性的生计方式是舍饲圈养。在经过近15年的发展，锡林郭勒盟在该条例的基础上，于2019年制定了《锡林郭勒盟禁牧和草畜平衡监督管理办法》（以下简称《办法》）①，并在其中补充了一条生计手段——打草。该《办法》规定，"禁牧区草原达到打草场利用标准的，可作为打草场使用"。顾名思义，打草便是将草场上的牧草收割后制成草料出售的生计方式。在内蒙古牧区，草场一般分为放牧场和打草场，放牧场用于家畜的日常放牧进食，而打草场一般集中围封，并在秋季统一切割制成干草，或用于自家饲养或向外出售。随着囊括草畜平衡、禁牧休牧等草场治理的推进，舍饲圈养成为政府大力推行的集约化畜牧业的改造方向。在此背景下，打草日渐成熟已成为内蒙古牧区一项重要的产业。因此一些牧户或外地商人会通过租赁大批草场，以此发展打草场用于商业出售，其中禁牧区便是主要的打草场来源地。在此背景下，B嘎查禁牧区的草场便成为牧民和外地商贩用于打草的主要牧场。

综上所述，围封禁牧不仅作用于草地生态系统，而且试图改变"牧民"这一角色身份，突出表现为从"放牧牧民"到"圈养牧户"的改造。与禁牧政策配套制定的法规条令，强制性地将牧民放牧生计转换成了舍饲圈养模式。因此我们可以发现相较于草畜平衡区，禁牧区的牧民不再依赖源于父辈的放牧经验，而是更为重视草料购置、良种配置、基建筹备等集约化知识。这对代际之间的权力结构和家庭成员关系也有一定的影响。在当前畜牧业，尤其是禁牧区的舍饲圈养中，传统地方性知识日趋式微，而集约化、现代化、资本化的技术权威以及市场精英成为牧户青睐的对象。可以说旨在改善草原生态的围封禁牧，从时间和空间的角度重塑了牧区"人—草—畜"结构，客观上也在重塑牧区人际关系。

反观治理模式，无论是常态化的治理路径，抑或是动员式的围封禁牧方式，其中治理的主体主要以政府及其派生机构组成，而被治理客体与其说是"草场"或"草原"，更多的是牧民群体。当然在实践场域中，无论是治理主体还是客体内部均存在着更为复杂且多样的社会行动者。例如作

---

① 来源：http://www.xlgl.gov.cn/xmxxgk/lyj/xxgkml/201703/t20170313_1721174.html。

第六章　限地权：围栏中的生态变迁与草场治理

为治理主体的政府，不仅存在纵向的各级政权，还具有横向的同级科层部门。这些社会行动者在草场治理实践中，往往会发展出各不相同的主体逻辑和行为策略。另外，作为被治理者的牧区和牧民同样也是分化且多样的，不仅存在财富层面的贫富差异，而且还有权力、声望，乃至生计模式的不同产生的社会分化。这些社会行动者往往对草场治理政策具有不同的反应和态度。多元主体博弈不仅为草场治理的效益增加了不确定性，而且在制度与主体的互动中往往会产生意想不到的社会后果。这一点在草场治理的具体落实过程中体现得尤为明显。

二　生态移民村的形成：一场动员式的草场治理过程

结合上文所述，草场退化问题并未因草场承包到户的落实而彻底根除，在此背景下两种治理模式应运而生，形成了北疆草原生态治理体系。其中，动员式的治理方式强调牧民的角色改造以及牧区草场的彻底围封管理。动员式生态治理不仅针对"草原"，同样也是对"牧民"这一群体的治理过程，生态移民则是后者最为直接的体现。

根据《盟委、行署2002年围封转移战略任务》（内部学习材料）显示，2002年G苏木所属盟市决定进一步落实围封禁牧的计划，初步确定移民搬迁2500户，就地禁牧3000户，季节性休牧4000户、划区轮牧1500户，围封草场4000万亩。落实到G苏木分为两步走规划：第一步在全苏木境内确定禁牧区人口以及各嘎查贫困人口；第二步在此基础上整合移民人口，采取整村搬迁或分点迁移实现易地扶贫和生态移民有机结合。就此，G苏木的B嘎查整村、W嘎查部分地区以及其他几个牧业村草畜平衡区的贫困人口便成为首批生态移民。

从中不难发现，对于地方政府而言，生态移民工程更为潜在或者说更为贴合地方利益的目标是"易地扶贫"。而对于国家来说，北疆草原生态退化将影响华北乃至首都地区的生态条件，草原生态的优化与治理成为重要任务。不过对于地方政府而言，移民搬迁不仅是生态工程，同时也需要安置移民、保障畜牧业发展。可见在治理措施的地方性落实过程中，移民工程与扶贫致富紧密地联系在了一起。这一点在G苏木的移民工程中得到了充分的体现。

2002年，G苏木便开始了生态移民的前期工作，主要包括移民的确定和政策动员。除了整村搬迁的B嘎查，其他五个嘎查均有为数不等的生态移民名额。其中 W 嘎查的移民人数最多，这些牧民均为公社时期迁入当地的外来移民及其后裔。这些外来户在人民公社时期组成了农业队进而形成了相对集中的居民点。在 1997 年落实草场承包制之初，农业队只分了人均 400 亩的草场，远低于当地牧民平均每人近 1000 亩的承包标准。这种差异化的制度设计，造成了移民户农业队地区人地关系更为紧张。这也导致此处草场退化问题尤为突出，极易成为灾害重创的对象。在 2000 年夏季，在席卷整个苏木范围的蝗灾和旱灾的影响下，移民户生计陷入了更为困顿的局面。

因此如何将这一地区治理好也成了摆在村干部、苏木政府乃至旗县面前的主要难题。而生态移民工程恰好提供了这一契机。在政府的宣传中，新成立的生态移民村将依托旗县郊区的乳业集团，开展奶牛养殖业。奶牛养殖业对于当时禁牧区牧民而言，可谓是一条生计出路。因而在人员确定上，G 苏木政府首先将禁牧区的 B 嘎查整村以及 W 嘎查农业队移民户确定了下来。并在此基础上，效仿上述做法在非禁牧草畜平衡区 4 个嘎查村开始了贫困户的筛选工作，以求一次性地解决地区贫困问题与发展桎梏。

最终，新的移民村奶牛村于 2004 年建成，其中首批移民除了 B 嘎查整村牧户以及 W 嘎查 100 户农业队居民之外，还有来自其他 4 个牧业村的 55 户贫困牧民。这些贫困牧民大致可分为三类人群：第一类是因 2000 年蝗灾致贫的牧户；第二类是年轻牧户；第三类是家庭成员众多且草场面积相对有限的人多地少户。第一类牧户上文已有介绍，在此就不再赘述。第二类和第三类牧户其实也可以视为同一类型，两种类型的牧户都是因为人地紧张才选择了生态移民奶牛养殖。不过第二类牧户多为成家不久的年轻牧户，因其人口学特征的差异，往往会在后续的移民生活中采取不同的策略，为此笔者才将其单独列为一类。这三类牧民对待移民村的态度各不相同，其中第一类和第三类牧民将生态移民和奶牛养殖当作了脱离贫困、灾后重生的契机，这两种牧户也是留守在奶牛村最久的人群，甚至一些牧民选择了扎根移民村。而第二类牧户则将奶牛养殖当作了放牧的副业或"发财"的另一种手段，因而当奶牛养殖业遇到瓶颈时最早搬出了移民村。

从中可以看出移民的确定与移民村的建立虽然离不开生态治理目标，但在地区发展和"扶贫攻坚"的语境下，这项生态工程早已被纳入了地方政府脱贫攻坚的整体规划当中。除了将非禁牧区的贫困人口和青年劳动力划入到移民工程之外，地方政府的发展逻辑还体现在移民村的建设层面。

为了满足"移出去、留得住、能致富"的目标,当地政府在迁移之初制定了一套详细的集约化养殖业蓝图。移民村不仅需要满足现代化奶牛养殖的需求,而且还要解决人居环境的问题。为此,移民村每户包括40平方米的住房,以及1500平方米的院落。住房旁连接约有100平方米的棚圈用于养殖奶牛,在院落一角是用于储存饲料的"青贮窖"。除了这些,为了满足集约化养殖业,移民村每户通电且院落中都有一口手压水井。院落购置方面,每户都有财政专项补贴的10000元,此外还需牧户自筹5000元。至于奶牛购置方面,根据牧民口述当初政策宣传的是购买国外的奶牛品种,每头约为18000元,其中财政补贴10000元,牧户自筹8000元[①]。此外由政府筹资,个人承包建立了两个奶站,由此统一收购奶户的鲜奶,再转售给相邻的乳业集团。一套"散户产奶—奶站收奶—出售奶业"的生产链条就此诞生。

从人员的选择到生产环节的设计与落实,移民村不仅是国家生态治理的项目工程,更是地区寻求发展的契机。围封禁牧是国家出于整体发展战略目标确定的生态治理模式,不过这一模式要想在基层社会顺利开展,同样需要解决围封区牧民的生计问题。因而生态的治理在基层社会更多地表现为生计再安置与牧民再改造工程。在这一过程中虽然治理目标并未改变,但其侧重点显然具有了多样化和地方化的特点。其中不仅掺杂着地方政府追求现代化、集约化农业的发展需求,同样也有禁牧区牧民脱离灾害冲击、谋求发展出路的愿景。对于非禁牧区的移民群体而言,移民村显然成为另一片"草场"。除此之外,同样不能忽视商业主体的参与和影响。在移民工程中,除了金融机构的参与之外,还有两类直接参与其中的商业主体:私人奶站和乳业集团。二者在移民村的日常运转中扮演着重要的角色。那么这些主体在移民村日常生活中又是如何互动博弈的?这种博弈对移民村的后续发展又有何种影响?

三 多重博弈下的移民村实践与"奶牛梦"的破碎

生态移民是场社会事件,既是对生态的治理,亦是对基层社会的改造过程。通过对事件过程的梳理,可以清晰地把握多元主体的相互博弈与互动过程。就G苏木生态移民村的发展轨迹而言,存在着明显的阶段性特

---

① 移民户旭日,2019年10月17日访谈,生态移民村移民家中。

征。在不同的阶段,多元主体受到的政策约束各不相同,从而发展出了不同的主体逻辑和策略行为。

第一阶段,奶牛村开始了以"散户+奶站+乳业集团"的生计模式。在其中旗县政府作为移民工程的总策划者,不仅为奶户提供了贴息贷款10000元用于购置奶牛,还向奶站提供了各类优惠政策。奶站则需要同奶户签订排他性的契约,保证奶源收购的独断地位,并向奶户提供统一的饲料和干草。这些饲料均由乳业集团评估选择,以此保障奶源的质量。因此如有奶户从其他渠道购置饲料喂养奶牛,也将会丧失在奶站售奶的资格。反过来奶站也要在合同期内,不能刻意打压鲜奶收购价格。在整条产业链中乳业集团具备评估奶质、确定收购方式的权力,每日的奶源均需通过质检部门的检测,如有微生物超标等情况,将会拒收当日的奶源,此时奶站也会相应地扣除奶户的奶钱。可见,在整个生产链条中,无论是奶价的定夺,抑或是饲料的价格,还是奶质的评定方面,奶户均处于相对弱势的位置。

这种弱势的处境从移民初期便深刻地影响着奶户的生计情况。根据奶户反映,地方政府在2004年搬迁之初曾向其承诺,只要搬迁到移民村当年便可以领到预产期的奶牛,从而可以迅速扩大畜群规模。但实际收到的却是些小牛犊,不仅没能兑现当初的承诺,而且还额外造成了几年的饲料投入。据奶户反映,当时平均一头牛犊一天需要60斤的草料,当时草料一包100斤共80元,因此一头牛犊每日便需要近50元的投入。只有喂养饲料的奶牛才能催肥产奶,因此奶户们也只能硬着头皮买料养牛。而且奶价在当时也并不乐观,每公斤1.5元的收购价格常常引来奶户的感叹。"牛奶都没有矿泉水贵"是奶户对当时养殖业的直观总结[①]。

不过作为弱者的奶户也有自己的应对之道。因奶站规定不能购置其他来源的饲料,为了维持生计节省成本奶户们开始了放牧行为。实际上,奶牛村为了实现集约化的养殖,从设计之初便没有预留放牧草场,如果违规放牧将会受到罚款处罚。不过单纯地依靠饲料喂养,对于初入移民村的奶户而言却是一项高额的投入。正是在此背景下奶户们逐渐发展出了"偷放""夜放"的策略行为。所谓"夜放"是指在傍晚将牛群偷偷放到奶牛村周边其他嘎查村的公共牧场,天亮前再返回来的策略。根据奶户反映,

---

① 数据来源:移民户旭日,2019年10月17日访谈,生态移民村移民户家中。

随着后续奶站倒闭奶源收购渠道受限之后，此类"夜放""偷放"行为成为普遍现象。

奶站倒闭是牛村发展历程中的重要节点。2008年三聚氰胺事件引起了一系列连锁反应，对于奶源的检测评估一时间成为各大乳业集团的重中之重。在此背景下乳业集团开始了专业化、统一性的奶牛养殖与奶源采购模式，放弃了奶牛村一类散户提供的奶源。这种市场冲击是当地政府与奶户未曾预料到的，散户奶源的收购比例日趋下降的事实直接导致大量奶户失去了生计来源。这也引起了相关主体不同的反应，促成了奶牛村的进一步解体趋势。

受到波及最明显的便是奶户和奶站，随着散户市场的萎缩，奶价也逐渐下跌，奶户们逐渐发现即便每天供奶也无法达到预期的收益，甚至出现了倒贴的现象。根据奶户回忆，奶价从2010年初的每公斤2.8元迅速回落到了2元左右，然而草料费用却从2004年的每百斤80元上涨到了110元。另一方面，因散户奶源被削减的缘故大量鲜奶囤积在奶站无法出售，导致奶站只能拖欠散户的奶钱，激化了二者间的矛盾冲突。因之前拖欠的奶款加上当时囤积的奶量之多，如要一次性偿还百余奶户的奶款，将会造成巨大的损失。因此奶站选择了一种极为大胆的策略——欺诈奶户。

根据乳业集团的规定，需要严格控制奶源的质量，如出现微生物超标或抗生素超标的情况，将会拒绝收购散户的奶源。在日常养殖过程中，如要达到品控标准，一是需要确保饲料的安全性，二是保证养殖环境和鲜奶储存运输过程的清洁性。在三聚氰胺事件发生之前，鲜奶被拒收的情况也时有发生，散户们也都习以为常更为谨慎地养殖奶牛。不过随着散户市场的萎缩，奶源质检变得更为严格，出现拒收的情况也更加普遍。在此过程中，乳业集团成为鉴定奶质的权威系统，奶站则成为传达这一权威判定的执行者和中介人，从而将奶质问题推到了奶户的养殖条件和习惯上。

因此针对日益频繁的奶质问题，一些奶户也开始质疑起了奶站的解释，认为自身的养殖条件虽不及乳业集团，但也是严格按照指定方式饲养的，应不至于每每达不到质检标准。

例如，便有一位奶户聘请律师查验了乳业的质检报告。其中显示自家奶源不达标的主要原因是"微生物超标"，而超标的原因有两个：一是奶站的收奶罐没有清洗干净，二是鲜奶中添加了大量的水。至此

围栏社会的兴起

通过进一步介入调查，确实了第二种原因，即奶站在鲜奶中加水伪造了质检问题，从而为欠款塑造合法性依据。随后，奶站选择与该户私了，并赔付了该户4个月的奶钱，在此基础上额外补偿了5万元。

经此一役奶站声名一落千丈，加之散户市场的持续萎缩，奶站最终苦于经营，在2014年初倒闭关门。奶站老板携款出逃，其拖欠的大部分奶款至今都仍未还清。因此一些奶户扬言，如果奶站老板再回来，定然"卸其一条腿"：

  三聚氰胺那时候，赶过去挤奶，奶站就说你抗了，我说你再检查看看，人就说抗了，把一罐奶子都倒了，一罐奶子我赔了1万6。最后一来气，我把牛全卖了，然后跟奶站打官司，请来律师把调验单拿过来一看，律师说能打赢。全奶牛村就我打了这个官司。奶牛村多少户的奶牛，都说是有抗奶，律师拿调验单一看，从12月份到3月份的都拿过来了，全是微生物超标，为啥超标，人说就是加水。在奶子里面加水，然后跟你说有抗奶①，这些奶户怎么知道这些，奶站一分钱都不给你。你收了人的奶子，说抗了不给钱！我跟那老板说，我敢回奶牛村，你不敢回奶牛村，回去奶户不弄死你才怪！所以我前脚回来，他后脚就把那么贵的别墅卖掉跑了。

  （乔大爷，2019年10月18日访谈，生态移民村棚圈边）

  随着奶站的倒闭，散户们只能另寻出路，加快了奶牛村的解体过程。不同类型的牧户采取的策略行为不尽相同，其中相对年轻的移民户主要选择了返乡放牧。朝克图便是奶站倒闭后迁回牧区重操畜牧业的牧民之一。朝克图于2005年从A嘎查迁移至奶牛村，在原本嘎查中共有三人份总计2880亩的承包草场。随着草畜平衡政策的推进，朝克图家按规定只能养130只羊单位。然而对于一个七口之家的牧户而言，难以支撑日常运转。在此背景下来到了生态移民村另谋生计。随着奶业的衰落，朝克图逐渐萌生了回去的打算：

---

① 抗奶，当地奶户方言，即表示不达标的奶。

第六章 限地权：围栏中的生态变迁与草场治理

当时来的时候宣传说是啥啥都方便，一开始有个合同，说是来了就不能回去，要拆掉原来的房屋，不过也没有拆。草场就租给那边的牧民了，租期还没到呢，就先等等了。一开始租了两年，后来我这个大女儿要上大学，就加了三年的租期。到期之后打算搬回去了。

（朝克图，2019年10月19日访谈，移民户家中）

这些牧户在奶牛村成立之初便是怀着试试水的态度加入了移民行列。因此在奶牛养殖上并没有投入太多，甚至一些牧户连项目的房屋都没有购买，而是在院落中支起蒙古包居住了下来。根据老牧民的回忆，一些年轻牧户因无法忍受奶牛养殖业的辛劳，在2010年前后便早早离开了奶牛村。据其所述，奶户们往往凌晨三四点钟便前往奶站供奶，一年四季皆是如此。可想而知在内蒙古草原零下30摄氏度的冬日清晨早起产奶时的艰辛与痛苦。此外，如果想要增加收益，便要采取"偷放""夜放"等具体的策略。这些辛劳便会劝退一部分另有出路的人群。这些年轻牧户多来自非禁牧区，搬迁原因主要是当初家庭内部人均牧场有限，不足以支撑分家独立生活才不得已步入奶牛养殖业。不过在2004—2014年的十年之中，父子间的草场传递逐步实现，客观上也为这部分年轻奶户返乡畜牧提供了可行性条件。

可见，此类奶户的返乡行为除了年龄、耐劳程度、家庭和投入产出比等因素的推动之外，还有一个前提条件便是草场治理制度。此类奶户多为非禁牧区的牧民，因此客观上也是"回得去"的人群。相比之下，还有一部分来自B嘎查以及W嘎查常年禁牧区"回不去"的奶户。这些奶户在2014年奶站倒闭后，则留在奶牛村中发展出了多样化的生计策略。其中一部分奶户便以股份制合作的方式成立了奶牛养殖小区。此类小区从设备基建到奶牛养殖均采取了集中式的管理方式，并且严格遵循了乳业集团的质检标准，因而得到了向其提供奶源的资格。

事实上，在乳业集团仍收购散户奶源、奶站倒闭之前便有一家奶牛小区。当时一些不满足于现状的奶户迅速捕捉到这一商机，进而开启了"以牛入股、购牛致富"的投资形式。具体而言是指奶户将自身奶牛送入私人经营的集约化养殖小区进行统一养殖，并在名义上将奶牛归为小区老板的私人财产，以此从后者获得出售奶源的资格以及购置其他奶牛的低息贷款。对于小区老板而言，每头奶牛都有政府专项补贴的500元，因此奶牛

· 157 ·

数量越多自身收益越可观。此外与奶站相同，送至小区的奶牛均需投喂该小区独家提供的饲料和草料，如若不然将会失去进入小区的资格。因此，小区方面也能通过向奶户收取饲料费的方式赚取差价。对于奶户而言，入社可带来两点好处。一是当时乳业集团只收购养殖小区集体养殖牛群的奶源，因此可通过入社重新获得出售奶源的资格。二是入社后的奶户可从小区老板处获得相对低廉的专项贷款，用于购置更多的奶牛。贷款及其利息则用入股牛群的奶钱来抵消。如此循环小区既能赚到政府提供的补偿款和饲料差价，并通过提供低息贷款的方式激励奶户购置更多的奶牛，以此获得更多的补偿款和差额收益。而奶户也能迅速扩展养殖规模并以倒卖奶牛的方式获取收益。

从上可知"以牛入股"的小区经营已不再是奶牛村建设之初的"散户＋奶站＋乳业集团"产业模式，反而逐渐转变成了以"追求头数"为目标的养殖业。奶户们曾坦言，依靠出售鲜奶"更笨挣不到钱"，因此才会将奶牛当作肉牛做起了"以量取胜"的买卖。对于进入小区的奶户而言，出售鲜奶已不再是其主要的收入来源，扩展牛群规模再次倒卖奶牛成为核心生计手段。不过这一生计方式是以乳业集团仍收购散户奶源为前提条件。只有这样，市场上才会出现相对可观的奶牛需求，以此保证价格优势。而当乳业不再收购散户奶源、奶站就此倒闭之后，散户市场便会遇到寒潮，奶牛价格迅速跌落，"以牛入股、购牛致富"的方式将会遭到沉重的打击。

在 2014 年奶站倒闭之后，奶牛村的奶户们联名向旗县政府和奶牛办公室提交了谋生诉求。在此背景下当地政府筹办了另一家奶牛小区，以期解决散户奶源的出售问题。不过在散户市场整体遇冷的情形下，新建的小区并没有持续多久便以失败告终。正如一位入社奶户所述，小区经营本质上是一种特定时期转瞬即逝的投资手段，并非一条长久的谋生出路：

> 你看这里面挣钱的根本不是靠奶子的，都是进小区时候，人家老板想让自己的牛多一点，就给奶户借钱买牛，在社区牛群慢慢起来了，奶子也不误。再到奶站啥的要关了，再把牛卖出去，这不就挣钱了。后来入股的奶户其实也想这样，没承想自己把牛赶进去了，小区的奶也不行了，牛价也下来了。担保的人没好好给你养，不到几个月原本八九千元的牛，瘦成了二三千元，你说赔不赔。我们家的牛就是这么落下来的，从小区拉回来喂了一冬天，花了 20 多万元，要不然

第六章 限地权：围栏中的生态变迁与草场治理

废牛根本没人要。

（刘老二，2019年10月18日访谈，移民户家中）

不过从"以牛入股、购牛致富"的历程不难看出，奶户虽处于相对弱势的地位，但也不乏谋生的策略手段。虽然生态移民工程的初衷是发展集约化、生态优先的养殖业，但对于奶户而言"如何致富、如何摆脱现有困境"才是其生活的重心。因此在后续奶牛村的发展中，以奶业为核心的养殖业逐渐变成了以头数增长为特点的养殖业。然而这种增长也是昙花一现，随着2015年政府筹建的小区衰落，奶牛村发展逐渐步入了尾声。

在此背景下，禁牧区的奶户通过持续上访，得到了再安置方案。而且在奶牛村解体、奶户生计困顿的压力下，地方政府也不得不放宽禁牧约束，通过了在禁牧区草场打草经营的权利，以此缓解奶户的生计难题。如今奶牛村只剩下十几户年迈的牧民，他们将自身的草场要么转租给了打草商，要么交给了子嗣打理，自己则留在奶牛村畜养着少量牛群为生。不过此时的牛群已不再是奶牛，而是本地品种与奶牛杂交后的"二串子"。这类牛群继承了奶牛奶量多产的前提下，保留了本地牛抗寒抗旱的特点，较为适合当前的养殖条件。

至此，经历了近20年的改造和变迁，奶牛村已然解体，绝大部分移民已放弃了奶牛养殖流动到了牧区和旗县。从中不难发现，在生态治理移民搬迁的工程中，不同的主体采取了不同的策略，进而在持续的互动中造就了奶牛村的演变历程。最终，追求现代化和集约化目标的牧民改造计划，也并没有成功塑造新型牧民角色。正如当前的"二串子"奶牛一般，牧民们在"返乡"和"留守"的拉扯中演化出了一套属于自身的话语术和生存之道。

从政策效果而言，G苏木生态移民工程显然没有实现"移得出、稳得住"的目标。移民不仅在奶牛村周边开始了"偷放、夜放"的策略行为，而且并没有彻底放弃禁牧区的生计。奶牛村解体后移民安置始终未能达到牧民合理预期，因此禁牧区的牧民要么将草场租赁给了打草商，要么私下回去自行经营。可见，生态移民更多是人口的迁移，而非生计的迁移，即"移人不移地"。移民与草场的生计联系并未因移民工程而彻底切断。无论是迁徙初期的购置棚圈、奶牛、饲料等投资，还是奶业衰微后外租草场、重返牧区等策略行为，都一再表明了移民户生计收入的一部分甚至绝大部分仍然来自牧区草场的利用与开发。

第三节　草原生态治理困境及其制度根源

基于上述分析，不难发现生态移民工程在具体落实过程中会面临诸多难题和困境。那么对作为迁出地的禁牧区和草畜平衡区的实际治理过程又会遇到哪些挑战？为此本节将延续上文的探讨，进一步分析草原生态治理中的现实困境及其制度根源。

一　迁出地的治理困境：以 B 嘎查与 H 嘎查为例

有学者指出长期的围封禁牧并不完全有利于草地资源的健康发展，在实际的禁牧区也会出现因长期未利用而产生的"欠牧型退化"[1]，在内蒙古长期禁牧的草场内便出现了植被老化、鼠害等问题[2]。G 苏木的禁牧区 B 嘎查同样深受鼠害侵扰，据牧民们反映近年来老鼠多到"骑马的时候都会经常陷进鼠洞里"（见照片9）。据当地盟市林草局相关数据：2015年该地区鼠害发生面积660.4万亩，2018年受灾面积已达到1145万亩[3]。鼠害的泛滥不仅不利于草原生态系统，而且还会引发鼠疫事件（如：2019年11月内蒙古锡林郭勒盟突发的鼠疫情况）。鼠疫的出现虽是局部的偶然性问题，且疫情也迅速得到了有效控制。但鼠疫的出现客观上反映出了当前牧区鼠灾的严重程度。而鼠灾的发生与围栏的密集和泛滥具有一定的关联。

无论是草场承包制背景下的围栏定牧，还是草场生态治理中的围封禁牧，都以围栏封锁的方式隔绝了天然草场。而围栏的普及与密集化，在一定程度上影响着天然草原原有的生态系统。据牧民反映，自从草场围栏越来越密集之后，草原上的野生动物无法迁徙，造成了诸如狐狸等动物的锐

---

[1] 张倩：《草原管理"难缠问题"研究：环境社会学的视角》，中国社会科学出版社2019年版，第103页。

[2] 韩念勇：《草原的逻辑 续（上）——草原生态与牧民生计调研报告》，民族出版社2017年版，第132页。

[3] 当地林业和草原局提供。

第六章 限地权：围栏中的生态变迁与草场治理

减。而狐狸正是草原鼠类的天敌。因此在他们看来鼠害的暴发可能与其天敌的减少有着一定的关联。围栏的过度建设可能会打破草原食物链的平衡，造成特定物种激增和泛滥的难题。这一点不仅表现为草原鼠害问题，还体现为野兔等动物的泛滥现象。从牧民日常生活的点滴中，可以看出这些特定物种激增带来的现实困扰：

> 正如第五章提到的乌兰氏一家，为了防止日益增多的野兔侵扰便在草料堆底部加设了更为密集的细网（见照片5）。在承包制背景下，集体草场已被承包到户，因此在冬季牧民们无法采取移动转场的方式解决人地紧张的问题。这就诞生了秋冬储备干草，以舍饲圈养的方式抵御寒冬的生计方式。牧民们购置的干草一般都是成捆的方草堆（见照片3）。牧民们在秋季一般会购置大量的草料以备冬季和春季的使用。有时突遇春夏旱灾时将会需要更多的草料。因此如亲临牧区，便会发现每户家庭屋舍不远处便有一堆堆整齐垒放在一起的草料，或放置在储草棚中，或在棚圈旁边以围栏围住防止家畜随意食用。在冬季冰雪覆盖草场后，投放草料也会成为日常畜牧业的主要工作[①]。不过近年来随着野兔和老鼠等食草动物的激增，牧民们发现不仅需要防止牛、羊等"家贼"的啃食，还要提防这些野生动物的侵扰。这才有了乌兰氏用细网二次加固储草点围栏的情形。

鼠害问题也为当地相关部门的草场治理加重了负担。根据苏木干事反映，每年都会从旗县农牧局得到大量用于消杀的鼠药，并将其适量分发给牧户。照片10便是牧民在鼠洞处放置的鼠药。根据牧民反映此前的鼠药药力过猛，有时会出现家畜误食进而耗损的情况。因此牧民们对投掷鼠药怀有一定的抵触感。不过根据县乡主管人员介绍，当前分发的鼠

---

① 在日常舍饲喂养中，对于每日的牧草量各户都有自己的标准，并在上下午固定的时间段将干草投放给家畜，并不会任由家畜随意啃食牧草。如此才能确保草料的长期有效利用。每包捆草为30—70斤，一般情况下牧户家中的储草棚都在羊圈、牛圈旁边。如此一来牧民们只需用草叉将捆草隔墙扔进畜圈即可。此后便解开捆草均匀分摊在羊圈空地上让家畜灵活有序地食用。投放干草是件重体力劳动，笔者在芒来家中的主要任务之一也是在牛圈中投放草料。起初缺乏经验不擅使用草叉，只能徒手扔捆草，结果弄得一身草刺，经常会被纤细干枯的草刺扎破手指。芒来家的幼童还曾取笑笔者是书呆子，并叫笔者尽快拔出草刺不然会顺着血管流到肉里面。为了拔出手中的利刺，笔者也逐渐掌握了用针挑刺的技术。

· 161 ·

药已经是改良过的新式药物,不会对家畜造成严重的危害。但出于安全考量,乡镇干事也不会向牧民一次性分发过量的鼠药。总体而言,鼠害治理仍处于县乡专业人员在特定时间段集中泼洒鼠药的状态。尤其在春季休牧期家畜都是舍饲圈养,因而此时也正是相关部门大范围投掷鼠药的时期[①]。

在具体的操作过程中,一般会采取车载投掷的形式,这种方式也会遭到一些牧民的抵触和反对。牧民们认为春季正是草场返青的重要节点,嫩芽处在最为薄弱的时期,而撒药车又是大型农用车,因此纵横在牧场上便会碾压绿芽,不利于草场的返青恢复。从中不难看出,围栏社会生态治理成本之大,而这种高额的交易成本无疑也为长期有效的治理提出了挑战。

除此之外,以"转移牧区人口、减少牲畜数量"为内容的草原生态治理措施在实践过程中也会面临另一种挑战——迁出地的管理问题。禁牧围封的宗旨是将牧民与草原之间的联系消除掉,并以生计改造的方式减少人对草场的作用。不过在当前牧区社会中,对草原生态的作用力并非仅仅来自牧民。草场承包制度的实施,以及后续草场流转的制度化,使得草场的商业价值得到了迅速提升。这种制度改革确实有利于激发市场配置资源的优势,不过与此同时也无法避免其他社会行动者的进入。在此背景下,基层牧区不再仅仅是牧民的生活场所。工商业资本源源不断地进入草原牧区,以外地租户、打草商、矿产商的姿态使用着草场资源。这些主体的行动有时不会受制于草原生态治理措施,进而持续性地作用于草原生态不利于禁牧迁出地的治理。

例如,在整村围封禁牧的 B 嘎查,移民工程虽然迁走了原住民,却并没有阻止资本的进入。随着当地政府允许牧民在禁牧区打草利用后,迁出的原住民将草场租赁给了打草商。这些打草商提供的租赁费用较高,而且会一次性结清租金,从而可以较为轻易地获得草场租赁权。根据实地调研可知,随着移民村的衰落,B 嘎查一部分牧民回到了牧区经营着打草场。就 2019 年的情形而言,B 嘎查常住人口共 89 户,其中自行经营承包牧场的不到寥寥 40 户,其余 40 多户牧民均已

---

① G 苏木草畜平衡区的季节性休牧期为 4 月 5 日至 5 月 20 日。

第六章 限地权：围栏中的生态变迁与草场治理

将草场长期租赁了出去①。笔者曾遇到过一位因草场征用和禁牧区放牧问题长期与当地政府抗争的牧民。他向笔者讲道：

"现在我们嘎查实际在牧区经营的也就10来户，就这些可怜的几户，隔几天就被草监的恐吓，说是禁牧区养羊了。我们这边禁牧补贴在2010—2015年是一亩6块，后来2015—2020年是一亩9块，我们家一人825亩草场，共7425块钱②。一年就这些，怎么可能靠这些生活！如果说你一亩20、50块才能让我们彻底禁牧吧！年轻人还能打工，像我们这样的谁要啊！所以根本禁牧不了。你不能光来骂我们，说我们拿着补助还偷偷放牧，我就说你一个月挣几千，我一年就7000元，我俩换着来试试，能行的话我也不放牧了。我一年也就你一个月的工资，咋够呢，你先算好账再来骂我！万一我得了病呢？所以说现在也不能随便地压我们牧民，都是公民，就是工作不一样。我跟苏木长也说了，我赶着10只羊也比你那个补助强吧。就这样被我骂跑了。前两天听说还在南边跑着呢，说是不能看到羊，让我们把羊包出去，不然就要扣掉禁牧补贴。现在我们这几户就跟以前'游牧'似的，春天就带着羊到各地，冬天又悄悄地回来，生怕被人发现。其他大部分都把草场卖出去了，10年期的租出去了③。现在我们嘎查大部分草场都被集团④的收购了，好点的草场都20块一亩，长租的话会便宜点，短租的贵一点，每年都不一样。那些打草商现在还看草的种类。除了打草商还有一些是隔壁镇的债主，以前都是放高利贷的，你借了还不了就把草场长期给债主了。放贷的还取笑我们呢，说是国家那么扶持你们还能借钱。现在的年轻牧民也变得懒了，都喜欢往市里跑。怕累，其实自己能回来经营的话，肯定比租出去赚得多，但现在的年轻人就想着租出去方便，钱也能挣得不少，还能在市里耍。"

(阿拉塔，2019年10月15日访谈，B嘎查牧户家中)

---

① 所谓自己经营牧场的40户，由于禁牧政策的影响，也只能通过打草的方式加以利用。实际上在当下，留在B嘎查牧区生活的牧民不到20户。这20户中一些还在放养着一定的畜群，并时而与监管人员发生摩擦冲突。
② 禁牧补贴每五年会调整一次标准。
③ 意指长期租赁出去。
④ 一家牧草加工集团。

围栏社会的兴起

正如阿拉塔所述，禁牧区的牧民虽然明知不可以放牧，但出于生计压力也只能顶风作案，采取高成本的"游牧生活"。春季一般是季节性休牧、禁牧等措施主要开展的时期，也是家畜繁殖的集中时期，因此自然成为年后草原监管加紧部署的重点时期。此时禁牧区的牧民便会以整群外包的方式维持生计。具体而言便是将畜群托管给非禁牧区的牧户，在其草场上放牧养殖，并支付相应的酬金。其中大小畜的费用差异甚大，据阿拉塔所言一对羊（母羊加羔子）每月的包租费用约40—50元，一头牛则每月达到了200元的水平。他家共有200只羊，无力养牛。因此一个月便需要近10000元的支出。冬季则考虑到大雪封山、草场监管受限，因此再偷偷回到自家禁牧草场度过严冬节省成本。据其所述，前些年一直是如此循环，一年只有五个月的时间在自家禁牧草场上。可见，围封禁牧之后对于草场的利用和开发并没有停止，而且完全停止打草许可又会加剧移民的生计困境。就此结果而言，围封禁牧显然陷入了迁出地治理的两难困境。

除此之外，迁出地的治理难题还体现在治理成本过高导致的监管缺失方面。具体而言，在禁牧区B嘎查时常发生违规盗挖草药的现象，一定程度上影响着禁牧区草地的恢复。为了防范此类现象，相关部门已有治理专员被派遣到了临近B嘎查的奶牛村。然而仅凭少数管理人员便想要监管整个嘎查22万亩草原显然是件极其困难的任务。这就导致盗挖草药现象时有发生无法根除，甚至有时会演变成留守牧民与外地盗药者之间的激烈冲突。

例如，在2018年，时任B嘎查嘎查达（村长）的特哥为了维护嘎查利益，与盗药者产生了肢体冲突，并被盗药者反咬一口以"率先动手"为由告上了法庭。在笔者询问为何不第一时间报警时，特哥解释道当时已向森林警察报案，但森林警察到达现场还需要一段时间，因此就想拖住盗药分子，从而演变成了后续的肢体冲突。特哥称自己只是为了不让他们跑掉便用皮包抽了一下领头的，结果就被他们抓住了把柄。

从中不难看出，要想在迁出地进行有效的生态监督与治理，便需要大

第六章　限地权：围栏中的生态变迁与草场治理

量的人力物力，但如此一来将会造成高额的监督成本。可见在草场日趋商品化、市场化的今天，草原已然不再是封闭的边陲地区，早已充斥着各类社会行动者与市场资本。这就导致草原的生态治理，并不仅仅是迁出牧民或减少牲畜那么简单。反而或许当牧民在场时，会更加积极主动地保护自身的生活场所。因此在草原生态治理过程中，需要更为谨慎地考量现有草场制度下的人地关系以及主体关系，以此为基础进行综合有效的草场共建共治。

相较于禁牧区，其他草畜平衡区可被视为"半迁出地"。此类嘎查村虽没有全面的迁移人口，但这些地区作为草畜平衡和休牧政策的常态化实施区域，其潜在的政策目标便是"控制牲畜数量，改变牧民放牧行为"，以此解决草原生态问题。因此从治理目标和治理措施的角度而言，仍然试图减少或切断牧民与草场的联系。在此意义上与禁牧移民区具备着相同的问题化逻辑和治理假设，从而可将草畜平衡区视为"半迁出地"。而这些半迁出地同样存在着治理难题。

在G苏木草畜平衡区H嘎查境内有一处矿石厂，该厂通过高额费用征用了富含矿石的牧户草场。据说当时一些牧户因此一夜暴富，便在旗县购置楼房搬了出去。不过对于其他牧户而言，矿石厂的出现并不是件好事。牧民们认为开山挖矿侵犯了山水共主和龙王爷、破坏了草原上的风水，从而造成了地下水位下降、草场退化等问题。

> 例如，采石厂附近的一处牧场属于米德格老人，其牧场上有一处水利局开凿的水井用于家畜的饮水。据老人所述，自从2005年采石厂在其邻近的山包处打了两口深水井抽取地下水之后，自家水井的水位便逐年下降现已无法满足家畜的饮水需求。

此外，随着矿石的运输，矿产附近的草场上布满了纵横交错的车辙印。由于矿车本身车载过重，加之日复一日地运输行驶，两道车辙印越陷越深，从而会形成一条中间凸起两边深陷不利于行驶的泥土路。在此情况下，矿车司机们为了便捷和时效就会在原先的土路旁重新碾压出新的道路。长此以往便会形成数条矿车道，造成扩展式的草场退化现象。笔者曾亲自丈量过这种密集的矿道分布，其宽度在10米左右，而其边缘深度约有10厘米，而中间区域因反复碾压更是有20厘米之深（见照片11）。可见无论是从灵验认同,还是实际生活体验而言,采石行为深刻地影响着当地生态与牧民生活。

综上所述,无论是草畜平衡类的常态化治理措施,还是动员式治理方式,都无法彻底约束其他主体与市场资本对草场的开发行为。将草场退化归为牧民的放牧行为,势必落入过度简化的陷阱,无法达到迁出地的有效治理。除此之外,即便是作为治理主体的国家及其派出机构、被治理的牧区和牧民以及参与治理的地方政府,在生态治理中也具备不同的主体逻辑,从而为生态治理增添了诸多不确定性。实际上无论是常态化治理路径,抑或动员式的围封禁牧方式,在其中治理的主体主要以政府及其派生机构组成,而被治理客体与其说是"草场"或"草原",更多的是牧民群体。当然在实践场域中,无论是治理主体还是客体都是更为复杂且分化的社会行动者。例如作为治理主体的政府,不仅存在纵向的各级政权,而且还存在着横向的同级科层部门。这些社会行动者在草场治理实践中,往往会出现各不相同的主体逻辑和行为策略。另外,作为被治理者的牧区和牧民同样也是分化且多样的,不仅存在财富层面的贫富差异,而且还有基于权力、声望乃至生计模式的不同而产生的分化。这些社会行动者往往对草场治理制度具有不同的反应和态度。这种分化结果有时不仅不利于治理目标的达成,而且在制度与主体的互动中往往会产生意想不到的社会后果。

二 草原生态治理中的制度身份与主体博弈

通过 G 苏木草场治理及其动员模式的梳理,不难看出草原生态治理已成为内蒙古牧区基础性的草场规范体系,直接决定着相关主体就草场利用、经营方面的权利边界。之所以将其称为草场制度,主要是出于以下几点考量。首先,致力于生态恢复的草场治理政策和法规已从 2000 年甚至更早的时期开始实施至今,已然成为形塑牧区人地关系的重要维度。其次,草原生态治理体系不仅决定着牧民的草场经营方式,同时也影响着其他草场用途,从打草到草原开发,都将受到相关制度体系的约束。最后,围绕着草地资源的不同主体,在长期的生态治理过程中已被赋予了不同的制度角色身份,并且在长期的实践过程中成功内化了这种角色身份,并基于此开展了持续的拉扯与博弈。

制度会赋予不同的主体不同的身份角色,草原治理规范体系同样也会

第六章 限地权：围栏中的生态变迁与草场治理

赋予不同主体不同的角色。在奶牛村的案例中，本书曾就相关主体的角色定位做过一定的分析。事实上，这种制度角色的划分与界定贯穿于整个草原生态治理过程之中。制度角色将不同主体置于不同的位置上，形成了特定的角色场域，以此规范着草场的使用、规划、管理、治理等内容。不过正如理性选择视角所示，主体并非一种完全被动的存在。主体也会反过来利用和重塑身份角色。因此对于不同主体而言，这些角色既是规范，也是达成特定目标的条件。那么在草原生态治理规范体系中又有哪些主体及其对应的角色？它们之间又是如何互动博弈的？这种博弈结果会产生哪些意想不到的社会结果？这种结果又对草原生态治理效果产生何种影响？对这一系列问题的解答也将有助于我们理解草场治理体系的现实困境，以及造成这些困境的制度根源和具体机制。

首先，在整个治理体系中国家是生态治理的主体。在管理牧民行为、减少草原人口和牲畜数量的一系列治理过程中，国家不仅充当着制度设计、制度监管者的角色，而且还是利益的协调者。无论是常态化的草畜平衡还是动员型的生态移民工程，都出自国家的整体规划。除了制度设计者之外，由中央政府相关部门纵向派出的机构组织同样成为制度落实与日常运行的主要监管主体。随着 1984 年《内蒙古自治区草原管理条例》实施以来，内蒙古全区各盟市、旗县和苏木自上而下相继成立了草原监理所。在日常生活中，牧民们将草原监理所的干部称为"草监"或"抓羊的"。在休牧时节或禁牧区，牧民们一旦遇到开着皮卡车身着警务服装的监管人员，便会一传十、十传百地相互"报信"，尽快地将羊群赶到棚圈中以免行政处罚。在手机和微信还没普及的时代，一些牧民甚至会骑着摩托车不远数十里到邻居家告知监管人员的动向。

除了制度的制定者与监管者之外，国家还是利益的协调者。一方面，草原生态治理是一项通过限制牧民草场使用权为特征的生计改造工程。无论是草畜平衡，抑或禁牧移民都或多或少地干涉到了牧民生计方式，都是以减少牧民放牧数量和改造放牧方式为核心宗旨的治理制度。这就需要国家为生计改造提供替代性计划和利益补偿，就此诞生了针对不同地区治理状态的生态补偿和安置措施。现阶段，在内蒙古畜牧业地区依据生态保护区的差异，牧民可以领到不同额度的生态补偿款。最为常见的便是草畜平衡区和禁牧围封区的生态奖补。除此之外，草原牧区还有一些特殊功能区，例如林业自然保护区和天然湿地保护区。这类特殊功能区同样严格执行禁牧围封和生态移民的措施，因而补偿额度会相对更高，大致在每亩30元的标准。

不过囿于国家和牧民二者间话语权的不对称性，生态补偿标准很难完全满足生计转型中的牧民日常开支。根据牧户反映，生态补偿款应按照每年的草料费用、牲畜价格进行动态评估，长期不变的补偿标准往往无法跟上逐年上涨的物价标准。除此之外，牧民们觉得生态补偿的发放时间也应该从秋季改为春季更为适宜。因为畜牧业是一项季节性收支变动较为明显的行业，在现有生产条件下牧民一年中绝大多数收入往往来源于秋季的家畜出售，相比其他时节此时的牧户较为殷实。不过此后便需要筹备过冬的草料，或者偿还上一年的贷款。随之而来的春季又是家畜产仔的集中期，同时也是草原青黄不接的脆弱期。加之季节性休牧政策规定只能采取舍饲圈养方式，无形中又加重了牧户的生产投入①。这一系列客观因素使得春季成为牧民最为艰辛且薄弱的时期。如遇旱情则需要购置更多的草料进行保畜工作。因此牧民们觉得与其在相对殷实的时期发放补偿款，还不如在春季一次性发完。如此一来不仅可以达到雪中送炭的效果，而且也能激励自身更好地遵守休牧政策。对此一位老牧民说道：

> 从2017年初开始是3块钱一亩地（草畜平衡区标准），但是今年的补助扣了1块钱，说是如果经过核查之后发现没有遵守草畜平衡规定的话就不给剩下的钱。我觉得从草场补贴这个性质来说，国家是为了让牧民手里有钱，提高基建和草料储备的能力，减少草场压力、提高生态环境的经费，是为了这个目的给的钱。但又因生态的原因扣下了钱，所以我们都很困惑。这是个特别的问题。现在的牧民已经变成给东西就开心，处罚就交钱的痴呆状态，根本不知道解读政策维权啥的，我现在也老了，也不太能走动，不然肯定到政府那儿问问情况。是，你可以罚，但不能扣住另外的补助来抵押啊，按理说那补助也是

---

① G苏木所属旗县全境范围内草畜平衡区的季节性休牧期为4月5日至5月20日，在此期间以舍饲圈养的方式代替牧场放养，禁止牧户将家畜放养到牧场上。

为了解决牧民生活问题的国家资金。

（益达木，2019年8月14日访谈，C嘎查老人家中）

从牧民口述中不难发现，生态补偿的发放方式实际上并没有完全达到支撑牧民生计转型的目标，反而在生态监理的推进中成为特定的奖惩机制。这也反映了制度的制定、监督和利益协调三种角色于一身的国家也会受到角色冲突的问题。作为制度的制定和监督者，国家有必要保障生态治理目标的严格执行，但与此同时作为利益的协调补偿主体，国家也有义务为当地牧民提供可持续的生计补偿和安置措施。当奶牛养殖类的安置措施受阻，生计补偿压力进一步增加时，在生态保障的前提下达成财政压力与生计补偿的平衡将会成为国家草场治理的重要难题。

除了国家之外，地方政府同样也是草原生态治理中不可或缺的社会行动者。地方政府在生态治理中往往扮演着制度实施者与监管者的角色。自上而下生态治理制度的实施离不开地方政府的参与。事实上，制度目标往往也是各级政府需要重点完成的政绩目标。不过地方政府同样也是种"多维一刻"的社会行动者：地方政府不仅需要落实生态治理制度，同时也要兼顾地区的发展和社会稳定，在不同时期还有其他的指标任务和侧重点，而这些任务目标有时会出现彼此矛盾的状况。因而在落实和执行生态治理政策时，地方政府不会受制于单一制度带来的激励与惩罚机制，而是在多种任务需求和制度环境中采取实际的应对方式。这也为生态治理制度的落实及其后续的发展增加了不确定性。通过上文的案例和分析，不难看出部门逻辑、地区发展和社会稳定是地方政府持续追求的主要目标。在生态治理制度的落实过程中，往往会出现这些目标与生态治理之间的矛盾状态。

例如，在2002年停征牧业税之后，对违反生态政策的罚款就成为基层相关部门一项重要的收入来源[1]。"草原监管"一时成为相关部门增加额外收入的重要手段，甚至一些管理人员将禁牧区的放牧权利当作"特殊商品"出售给了牧户。具体而言，管理人员会根据牧户牲畜数量和监管标

---

[1] 王晓毅：《环境压力下的草原社区：内蒙古六个嘎查村的调查》，社会科学文献出版社2009年版，第21页。

围栏社会的兴起

准，向牧民征收一定标准的罚款，进而准许牧民自由放牧。"罚款"有时以扣押家畜的形式出现，因此牧民们也会将其称为"上缴羊"。

W嘎查的老黑便是深谙此道的好手。在2005年他家所在的区域也被划定为了常年禁牧区，需要围封草场全年禁止放牧行为，只能采取舍饲圈养的方式。当时他家中已有200只左右的羊群，十几头本地品种的肉牛。如果严格按照育肥舍饲的标准，将会产生高昂的饲草料成本。老黑曾给我算过一笔账，一只羊每天至少需要4、5斤的干草，2019年当地一吨草料约为1000元，一斤牧草便是0.5元。因此每只羊一天的牧草费用至少是2元，200只则是400元，一年便需要近15万元的草料费用。这在羊价尚可的年景还能有所收成。如以2019年的情况来说，他们家羔羊价格平均约为900元[1]，那么200只羔羊可有近18万元的收入。但从中去除草料费用，便只剩3万元，远无法满足一家三口的日常花销。即便加上禁牧补贴，也无法彻底扭转生计难题[2]。在此背景下，老黑只能继续在禁牧草场上放养家畜，适当减少草料支出。

不过如此一来便会成为监管的重点照顾对象。根据老黑描述，早年间时常会遭到草监人员的处罚，甚至也有家畜被扣罚的情形。只要看到皮卡车便会迅速将羊群关在羊圈中躲避处罚。不过当地监管人员早已对老黑等钉子户的行为心知肚明，因而时常采取针对性强的突击检查，使其防不胜防。此番拉扯不仅使得双方关系极具恶化，还会耽误畜群的正常进食和喂养，不利于畜群的保值增收。

为此老黑通过熟人关系，成功结识了草监人员，并通过私下走动获得了默许。老黑告诉笔者近年来草监人员换了一批，因此需要重新打点关系。笔者在老黑家中逗留期间，还曾遇到监管人员到访。他们

---

[1] 虽上文已有说明，为读者便于理解，这里就当前牧区畜牧业经济与牧民收支特点进行再次说明。当前牧民主要的收入来源是贩卖家畜，其中尤以秋季集中贩卖羔羊为主。牧民生产周期体现为春季家畜繁育、夏秋哺育出售、冬季备草过冬。秋季也会出售一些年老体衰无法进行再产仔的家畜，以此保证畜群的质量和繁殖效率。从2018年开始当地羊羔价格回暖，均价约在每只900—1000元之间，有些饲料投入多的牧户羔羊均价更是可以达到每只1200—1400元的水平。

[2] W嘎查禁牧区生态补偿标准为一人一年6000元。老黑家符合资格家庭成员只有老黑一人。

第六章　限地权：围栏中的生态变迁与草场治理

象征性地嘱咐了几点后，打算开车离去。此时老黑将早已准备好的大羯羊放置在了皮卡车后面①，并亲自骑着摩托车将他们带到了附近集镇上的饭店。老黑只是将他们领到饭店并为其订好了简单的肉饼和主食，自己并没有留下来用餐，这也是二者在长期互动中养成的一种默契。回来后，老黑说到在他们到访前便收到了来访的电话通知，其间还被对方告知时常会收到周边牧户的举报。听其所述是周边牧户在告发老黑在禁牧区放羊，因此监管人员也让老黑注意一下。老黑认为这也是对方的一种"善意提醒"，因此便提前准备了一只成年大羯羊。在其看来，用一两只羊换取相对自由的草场使用权利是件非常合理的买卖。

随着皮卡车扬长而去，送完羊的老黑心里也踏实了不少。在其看来这种方式不仅省去了躲避监管的麻烦，而且在长期的交往过程中也能与监管人员建立一定的社会联系，从而可以为日常生计积累重要的社会资本。对于牧民而言，相比于每年上缴的罚款和人情费用，常年禁牧舍饲圈养所需的养殖成本更为庞大。从而在部门增收、地区稳定、生计发展等目标的驱使下，地方管理者与牧民群体逐渐形成了上述"猫鼠共谋"的均衡关系。

从中不难看出，制度的实施过程往往受制于场域中不同行动者的持续作用，进而会产生意料之外的社会结果。这一结果不同于制度设计的初衷，甚至有时有悖于此。制度的社会结果并非制度单一向度的作用结果，而是在与主体的相互抵牾与拉扯中产生的社会影响，一种实践过程中的"非确定性和不可预料性"和"意料之外的后果"②。作为制度实施者的地方政府不仅需要完成国家制定的生态治理任务，还需要确保自身日常运作的开展，同时也要保障牧民生计的维持与基层社会的稳定。这些目标在边区基层社会治理中尤为重要，因此在实际推行生态治理任务时，促使地方政府不得不在实践层面发展出不同的变通方式。例如，当奶牛养殖业日趋衰落之时，地方政府为了解决奶户生计难题、暂缓干群矛盾，也

---

① 所谓羯羊便是去势的公羊，以肉质肥美、紧凑、体型肥硕著称，是送礼的不二之选。
② [英]安东尼·吉登斯：《社会的构成：结构化理论纲要》，李康、李猛译，生活·读书·新知三联书店1998年版，第74—75页。

· 171 ·

开了返乡放牧和禁牧区打草经营的口子。这也再次证明了地方政府在实施生态治理时的"多维一刻"特征。

最后是作为被治理者的制度角色——牧民群体。当前的牧民群体也是分化且多样的，不同种类的牧民对草原生态治理具有不同的态度和回应方式。在以往的研究中，对于牧民的分类往往会以贫富差异做出二元划分。通过财富收入进行划分确实有助于快速掌握牧区的分化状态。不过除了财富之外，权力也是重要的分化指标。在当前基层牧区，存在着一些集权力与声望于一身的村落能人。这些能人的权力声望来自庞大的亲属网络与社会支持，进而可以常年占据诸如村长等实权地位。因此在当前牧区除了贫富差异外，还有权力差异导致的牧民分化现象。在G苏木的六个牧业嘎查中，均存在此类权力集团。他们或继续从事着村干部，或"退居二线"幕后影响着村落事务。

牧区能人在草原生态治理中扮演着基层政府的协助者角色，具备一定的能动性和主体性。而且此类人群往往具备社区外的丰富人脉关系，因此即便是身处禁牧区也能将生态治理导致的生计损失降到最低程度。此外，这些牧户具备庞大的家族亲属，因此户均草场面积十分可观，从而对一些草场治理制度具有不同的态度。

比如在禁牧围封过程中，因其草场面积足够庞大，所得的补助也会相应更多，加之可以通过打草的方式加以利用，或者租赁给外来打草商，所以相比草场面积小的普通牧户，这些能人更容易接纳治理安排。除此之外，因掌握着政治资源，牧区能人也能更为轻易地获得各类生态开发与"扶贫攻坚"的基建项目。曾有牧户向笔者说到，自家这五年只分到了一处棚圈和两口机井的项目，但老嘎查长的家除了狗窝之外都是项目的工程，连铁丝网都是电控的，宛如一处城堡一般。这其中不免有些夸张的成分，不过职务身份客观上确为能人牧户提供了便利条件。

例如，当G苏木生态移民工程启动时，为每个嘎查村确定了一定数量贫困人口的转移任务。除了B嘎查和W嘎查禁牧区之外，当草畜平衡区的嘎查村完成了人口迁移之后，便会出现诸多移民户留下的承包草场，而这也成为未搬迁的其他牧户彼此争夺的重要资源。其中村落能人自然可以通过权力地位和财富积累向移民户提供更为可观的租赁费用。而且一些移民户主观上也想与这些能人建立一定的社会联系。因而，在租赁市场上这些村落能人更具主动性，能够获取大量的租赁草场。就 C 嘎查而言，搬迁至奶牛村的有 17 户，其中 3 户近 1 万亩的草场便被时任嘎查长长期租赁使用。大范围的租赁草场也成为老嘎查长迅速致富的重要原因。当时的租赁价格远不及当前动辄每亩十几元乃至二十几元的程度。以 2004 年 C 嘎查为例，当时的草场租赁费用普遍在每亩 4 元左右。因此相较于草料费用，租赁草场不仅价格低廉而且更具可持续性。通过相对低廉的价格尽可能地租赁其他牧户的草场进而垄断土地资源也成为内蒙古牧区一种迅速致富的手段。

可见相较于一般牧户，村庄能人可通过自身优势采取策略行为，以此缓解草场治理过程对自身生计带来的冲击。不过从草场治理的整体过程而言，牧民显然处于较为弱势和被动的处境。无论是能人的投机行为，抑或是被迁出奶户的集体抗争，还是其他牧户的上缴羊策略，都不失为一种弱者的抗争艺术和手段。正是因为在正式的制度制定与落实过程中处于被"禁声"的状态，因此只能采取非正式的抗争方式维护自身的利益。事实上，牧民们并非不理解生态治理的重要性。在长期的生态治理过程中，不乏来自地方社会的理解与反思：

> 禁牧这个政策，其实也不能说完全没有效果，也有些效果。草场本身就是需要劳逸结合，该用的时候要好好地利用，该让草场复苏的时候就应该让草场得到充分的休息。所以本着这种思路来讲，春天的禁牧可以让草场更好地复苏。但按照我几十年的放牧经验来讲，其实草场复苏的时间 20 天就够了，这样一来牧草就有"韧劲"了。但是一禁牧就接近两个月，这俩月正好也是天热的时候，把羊圈在棚圈里喂草料，根本吃不进去。这样一来，一是不利于母羊产仔后的恢复，对牧民一年的收入来说是致命的打击，毕竟现在的牧民就指望着羔羊的收入来维持；二是长时间的草料喂养，变相地增加了牧民的花销，加重了生活负担；三是长期的禁牧对一些草场小、草料不足的牧户来说是种被逼到悬崖的事情。所以他们不得不破坏制度，比如禁牧时候晚上放牧啥的都是不得已的方式。这么一来容易被草监的抓住，就容易产生矛盾。其实你看现在有条件的牧户，春天的时候都是自愿先喂

养两周左右的时间，再放到草场上，这是为了让草场更有韧劲，15 天左右就够了。其实草这种东西不是一直放着不用就能长得好，最好的方式是等长到一定程度用掉一点，再让它长才能长得更好。其实人们都是为了生活才破坏规则的，但是一旦破坏了规则就得挨罚，但是这么一来就很奇怪了。禁牧这个政策到底是为了改善环境的还是提高牧民生活水平的？跟以前集体的情况不一样，以前干得好能有奖励，干得不好才有处罚，现在是根本没有奖励了，都是处罚，所以人们都不愿意啊，干得好干得坏都是那个样子，就想着钻空子，也加重了生活压力。

（益达木，2019 年 8 月 14 日访谈，C 嘎查老人家中）

国家、地方政府与牧民群体在生态治理的过程中扮演着各不相同的角色，为了各自利益的表达演绎着丰富多彩的互动博弈。与此同时，不同的主体也会依据自身的利益和能力，重新改造制度约束进而改善自身的处境。因此与其将草原治理描述为国家与社会框架中的双向改造过程，不如从制度与生活的角度来理解制度变迁下的不同主体策略及其产生的社会后果。从不同主体的互动过程可以发现，单一化的生态改造工程产生了治理资源浪费等问题。这就需要我们重新反思草场承包制背景下的草原治理逻辑。

三 生态治理困境：在场空间的缺席治理

草场治理制度并不仅仅单指某一个法规文本，或某一项生态治理工程，而是围绕草地治理和草场权利安排的一系列规则体系。这套规则体系会为不同的社会行动者确定有关草场占有、使用和经营方面的权利边界，客观上为他们限定出了一套行为选择集。不过制度归根结底是由这些主体去实施和落实的，因此虽然会受到制度的约束，但社会行动者也会通过自身资源在制度场域中采取不同的策略行为。制度与主体的互动过程，客观上塑造出了制度的落实特征以及变迁过程。这一历程让我们看到了制度的落实充满了地方性建构特征，是种在场的实施过程。所谓在场的实施是指不同地区的资源特质、人文地理条件、主体关系结构、文化传统都将是制度得以扎根落实的现实土壤。这些因素都将直接影响制度设计的初衷和目标，同样也会产生一些意料之外的社会后果。

第六章 限地权：围栏中的生态变迁与草场治理

这些社会后果为草原生态治理增加了诸多不确定性，使得当前的生态治理陷入了"在场空间的缺席治理"的陷阱之中①。无论是常态化的治理，还是动员式的治理，国家的在场是以派出相关监管机构的方式得以实现。不过在当前的条块关系中此类派出机构需要地方政府的全力支持，甚至在基层治理过程中，需要在乡镇政府的密切配合下才能实现日常的运作。不过作为被治理者的草原牧区和牧民却是时刻在场的社会行动者。这里的"在场"不仅是指亲临参与，还是指生计、关系、生活的在场。牧民不仅仅是过度放牧的"元凶"，同时也是依靠草原维持生计，并在此基础上维系出特定的生计网络和社会支持的行动者。正因如此，牧民们才得以在生态治理过程中发挥出一定的能动性，为自身生计维持采取策略行为。进一步而言，牧民也是与草场联系最为密切的人群，草场对其而言不仅是生产资料，还是赖以为生的生活基础。如今的牧民对待草场的态度，犹如农民眼中的土地一般，在无法采取移动游牧的时代"努力维护好自身承包草场"不仅关系到生计安全，也是在日益变动的社会转型中寻求身份确定性与文化归属感的重要保障。

然而在草原生态治理体系中，却将牧民的在场性简化为了"过度放牧者"，从而开启了限制牧民草场使用权——"限地权"为主要特征的治理过程。对于牧民草原使用权的限制不仅体现在通过休牧、禁牧等方式限制草场利用等方面，还表现为通过自上而下的社会动员方式彻底转移畜牧业人口。对牧民在场性的简化显然源于对地方社会"文化真空"的假设。这种"文化真空"的假设并非凭空产生，早已有迹可循。在草场承包责任制实施之初，学者们便认为北疆草原退化的根本原因正是没有明晰产权，从而使草原成为向任何人开放的"公地"，至此出现了资源掠夺性使用②。

---

① 这里的"在场"和"缺场"两个概念来源于吉登斯对于现代性的思考（［英］安东尼·吉登斯：《现代性的后果》，田禾译，译林出版社 2011 年版（2014 年重印），第 18 页）。此外也受到了相关研究的启发（详情请参见刘少杰：《网络化的缺场空间与社会学研究方法的调整》，《中国社会科学评价》2015 年第 1 期；刘少杰：《中国网络社会的集体表象与空间区隔》，《江苏行政学院学报》2018 年第 1 期）。就本书而言，这对概念除了主体互动的跨时空交互特征外，同样强调在草场利用、管理、治理等权利表述中不同主体之间的关系状态。

② 张殿发、张祥华：《中国北方草原雪灾的致灾机制探讨》，《自然灾害学报》2002 年第 2 期；刘艳、齐升、方天堃：《明晰草原产权关系，促进畜牧业可持续发展》，《农业经济》2005 年第 9 期。

· 175 ·

■ 围栏社会的兴起

其中所谓的"公地"来源于哈丁的"公地悲剧"模型①。不过正如奥斯特罗姆所述，此类模型在解释集体行动时隐含着以下两种假设：一是个体间的沟通困难，或者无法沟通；二是个体处于囚犯的角色，没有改变规则的能力②。个体间无法达成有效的沟通，且不具备改变规则的能力，其背后便是对于地方社会文化真空的判断。实际上，正如第四章草原社会草场制度变迁历程所示，诸如草场等公共资源，都有其一套基于传统的利用规则和管理体系。所谓的"公地"在现实中很难满足其模型所需的前提条件，更多地体现为一种理论设想。不过在自上而下的制度调整过程中，极易忽略地方社会的复杂性和在场性，从而会形成一些过于单一化的治理措施。政府一元治理模式也是生态环境监管碎片化的主要表现③。

当前的草原生态治理方式正是因为将在场的牧民简化为"待改造"的对象，从而忽视了地方社会富有成效的环境治理资源。此外，由于对地方社会结构、人际关系、人地关系的简单化、真空化判断，进而形成了一刀切式的生态改造工程。这些社会工程极易脱离地方社会实际，不仅造成了治理资源的浪费，而且也对基层社会治理提出了不小的挑战。草原作为一种公共属性极强的土地资源类型，其治理过程显然需要地方社会的广泛参与。

草原具有两种显著的特征：脆弱性和非均衡性。脆弱性表现为较为薄弱的水草资源，而非均衡性主要是指不同草场类型的生态地理条件都各不相同，从而造就了差异巨大的草地生态样貌。这也是为何传统蒙古游牧民采取五畜组合畜养、季节性移动放牧的主要原因。可见，草原并非一马平川的草地，草原生态的脆弱性和非均衡性需要动态地进行检测和治理。而要想达到整体草原因地适宜的治理，就需要大量的人力和物力投入，将会是监督成本极高的制度体系。而且在委托代理型的治理模式中，往往会滋生出"猫鼠共谋"的问题。因此在有效治理的前提下，达到最优的投入产出比，就需要激励地方社会的参与和支持。

不过在当下草场治理模式中，只有生态奖补这一种激励措施。然而

---

① G. Hardin, "The Tragedy of the Commons", *Science* 162, 1968.
② [美]埃莉诺·奥斯特罗姆：《公共事物的治理之道：集体行动制度的演进》，余逊达、陈旭东译，上海三联书店2000年版，第10—19页。
③ 方卫华、李瑞：《生态环境监管碎片化困境及整体性治理》，《甘肃社会科学》2018年第5期。

为了更好地规训牧民遵守草畜平衡要求，生态奖补更注重惩罚机制，并没有达到有效的激励效果。从而不仅无法激发牧民的参与热情，反而在围绕奖补的干群矛盾中诱发了牧民的抵触情绪。加之奖补这一措施，如要达到足以支撑牧民生计转型的额度，将会持续加重国家财政压力。但当前的补偿额度又不足以支撑禁牧、休牧政策所要求的集约化牧业转型。这也是为何一些休牧禁牧区的牧民不惜反向输送"上交款""上缴羊"来换取放牧行为的原因所在。因此在后续的草场生态治理过程中，除了奖补一类的资金激励之外，还需要"赋能激励"，让牧民参与到治理过程中。

在笔者看来，造成当前"在场空间的缺席治理"的一个重要原因便是不同主体之间的谈判能力的差异问题。制度制定者、监督者和实施者都集中在了国家和地方政府的手中，牧民群体只是制度的被动接受者。这就导致制度的制定和落实过程极易造成二元分隔的局面，进而会催生出诸如"退牛返牧""偷放夜放""缴羊放牧"等基层社会的逃避和抗争行为。

为了克服这种二元对立格局，草场资源的社区治理以及自组织的培育是有必要的。不过对于北疆草原社会而言，要想达到整体性的社区治理便需要重新评估各地资源类型以及人口、技术和社会结构等因素。社区治理得以维系的一条重要的前提便是地方社会的自我约束力，即如何让社区成员自觉地遵守社区规范，在逐利动机和社区利益之间达到平衡。因此草原治理中的自组织培育，需要从社会约束力和社区建构的层面整体规划，切忌步入一刀切式的简单化设计。不过就其探索的路径和选择方向而言，治理共同体的打造无疑有益于治理主体之间的权力均衡。这种均衡将有助于弱势的地方社会更具话语权和谈判能力，进而可以使在场的牧民变成在场的治理主体，使缺场的治理转为在场的治理。当然，具体的实施路径需要在跨地区综合分析的基础上进一步探索。

第四节 小结：围栏定牧强化了草场权利边界

至此，通过 G 苏木草场生态变迁及其治理过程的梳理，不难发现草场承包制引起的人地关系的变革对牧区生态的实际影响。随着草场承包制的推进，使得牧民生计逐渐从移动放牧转为了围栏放牧，并在草畜平衡、以草定畜的生态治理语境下，进一步发展为了"围栏定牧"模式。不过随着牧区分家分地引起的放牧单位的增多，加之移动放牧的消失，承包草场的退化问题成为牧区发展的主要桎梏。

为了应对围栏定牧中的草场退化问题，国家加强了自上而下的草原生态治理措施。这其中无论是常态化的治理措施，还是动员式的治理工程，都对相关主体赋予了不同的角色地位。这些角色将草场的治理和使用相互分隔开，为不同的主体赋予了不同的草场权利边界。诸如国家及其派出机构掌握着草场的治理权，而牧民则只有许可权限内的草场使用权。这就导致草原生态治理措施往往在实践过程中阻力重重，不仅不利于治理目标的达成，也会产生治理成本过高、监督缺失等问题，这才有了治理过程中猫鼠共谋、私下偷牧、变向租赁等现象。

通过上述过程的分析，我们可以发现草场承包责任制以及作为辅助性制度设计的草原生态治理政策和方法，客观上形成了一套规定草牧场所有、使用、治理和管理的草场制度环境。在此制度环境中围绕着草场经营和使用，不同主体具备不同的制度角色和权利边界，进而会促成彼此关系的不同变革。当然，制度环境中的主体同样并非一种完全被动的受众，他们也会根据自身社会资本和主体意愿采取能动策略，以此对制度规范加以利用。这一点在地方监管者与牧民之间达成的共谋中得到了直观的体现。可见，制度的落实和运行充满了地方社会的建构特征。因此在实践过程中，上述制度环境促成的角色分隔在话语权和社会资本不对等的情形下，极易促成彼此之间的隔阂状态和竞争关系，从而诱发围绕草场权益的博弈与纠纷。

此类纠纷围绕着"谁能分得草场？为何不能利用草场？何时才能收回失地？"等实际的问题，展现着承包制背景下各类"寻地热"。这些生动的纠纷案例不仅反映着承包制背景下不同主体之间的关系状态，而且也会成为影响制度落实的重要因素，进而改变牧民生计与草原生态面貌。

第七章　寻地热：围栏中的关系转型与草场纠纷

特哥是 B 嘎查的传奇嘎查达（村长），他的传奇在于他闲不住且敢于承担。前不久刚从拘留所出来的特哥，最近又以民间借贷问题引起了苏木乃至旗县政府的高度关注。之所以被拘留，是因为与外来盗药者械斗的事情。B 嘎查是当地常年禁牧区，其居民在 2004—2005 年间被整村迁移到了旗县郊区的奶牛村养殖奶牛。除了少量留守的钉子户，绝大部分牧户都被迁移到了奶牛村。在此背景下嘎查草场一时间便成了无主之地，从而引起了盗挖野生草药的热潮。这也造成了特哥等当地牧民与外来盗药分子之间的矛盾冲突。因拘留事件，特哥也被免去了嘎查达的身份。但当地牧民私下依然极其佩服特哥的事迹，认为这是牧民保护自身草场的英勇行为，因此依旧听从特哥的号召。此次，特哥想起了长期困扰嘎查牧户的另一个问题——民间借贷和草场占用。特哥向笔者解释到当下牧区有一种草场流转方式可归纳为"靠贷占地"，便是债主通过放贷的方式占用牧户的草场。此类草场流转往往发生在牧民与债主私下交易之中，因此也成为监管漏洞。有些债主放贷的目的便是占用牧民草场，因此会有意无意地拉长还款时间，或以草场使用来抵消债务的方式达到占用牧场的目标①。

一些债主甚至会采取欺骗的方式占用牧民的草场，例如篡改借条。特哥曾给一位牧户做担保人，当初该牧户只借了 2 万元的本金，然而在被法庭起诉时却发现借款本金已被债主多加了个零改成了 20

---

① 根据欠款本金、利息以及复利来确定草场使用期限，以此抵偿债款。

万元①。在催债过程中，牧户的草场被债主以还款名义占用了3年。最后牧户还被告上了法庭。作为担保人的特哥也因此受到牵连，目前用于发放生态补偿款的一卡通也被法院勒令冻结。

从中不难发现，当牧民出现现金短缺的问题时，便会诉诸快捷、高效的民间借贷。然而当他们无法偿还借款时，债主便会要求牧民"以地还款"，这就衍生了诸多"靠贷占地"的案例。草场承包经营为牧民自由利用草牧场提供了制度条件，草场经营权流转也成为当前牧区的普遍现象。在羊价上涨的条件下草场租赁价格也在相应提高，目前已接近每亩20元的大关。因此当家庭内部出现急需周转资金的情况时，草场便成为牧民手中极易变现的特殊商品。草场流转突破了牧区熟人边界，可自由地接纳来自社区外的资本与社会行动者。可见，草场制度的演变不仅会改变牧民之间的互动方式，同时也会促成新主体的融入过程。伴随着承包责任制背景下草场流转措施与征用方法的实施，草原牧区迎来了诸如打草商、租赁商、矿产商等来自社区外的资本与社会行动者。不过这一过程也会伴随着资本逐利的动机，引起牧民与外来群体之间的矛盾纠纷。这些生动的纠纷案例，为了解草场承包制背景下牧区人地关系与相关主体关系提供了重要的素材。为此，本章将从承包制背景下草场纠纷的分析，揭示制度变迁中的主体关系与互动模式的演变结果及其对牧民生计与草原生态的实际影响。

第一节　草场制度变迁与牧区转型性民间纠纷

草场制度既包含牧场的所有与使用、规划和管理、征收和权利变更，同时也包含制度落实以及地方传统规范体系。这一套规范体系的形塑离不开国家这一主体统筹设计，同时在制度落实过程中也会受到地方政府和村集体乃至牧民的适应和反馈。因此，随着上述规范体系的调整，相关主体的关系也会产生不同程度的改变。

---

① 详细情况将在本章正文中进一步梳理。

第七章　寻地热：围栏中的关系转型与草场纠纷

一　围栏社会主体关系的转变

就牧区社会而言，这些关系的变化呈现出了如下典型性特征。

首先，牧区社会的个体性增强。草场承包经营的实施确立了以牧民个体为单位的草场利用方式，使牧户个体和家庭在畜牧业生产中具备了更为充分的自主权。加之承包期限的不断延长，承包草场对于牧民和牧户而言，不再仅仅是用于放牧的生产资源，在实践领域已逐步发展出了超越经营权的"准私有化"属性。无论是横向的人际关系的维持，还是纵向的代际关系的传递中都确立了草场与个体之间的紧密联系。牧民个体性的增强离不开草场制度的增权赋能过程。随着草场承包责任制的实施与后续完善调整，牧民不仅具备草场的承包经营权，还具有了流转权利。可见相较于人民公社时期的草场制度，当前的制度体系更为注重对牧民的增权赋能。这种赋能过程离不开国家这一主体的权利赋予，牧民对于草场的认知是建立在"国家赋予"这一合法性来源之上的。

制度赋能带来的牧民个体性尤其体现在家庭内部和两性关系层面。在传统游牧时代，草场强调弹性的占有和基于特定地缘和亲属关系上的进入权，并不具备普通牧民与特定草场的排他性私有状态。中华人民共和国成立后草场的利用方式大致沿袭了游牧传统，草场在人民公社的统筹安排下采取了公共使用的方式。因此对于一般牧户而言，草场是以家庭乃至几户为单位共同使用的公共资源，在草场的利用和游牧安排中男性更具有主导性和话语权。不过随着草场承包制的推进，草牧场的代理人从以往的公社集体转为了牧民个体。草场承包权更是主张"耕者有其田"的土地公平，采取了以户籍状态为标准的划分原则。这一原则突破了家庭的壁垒，为每一位家庭成员赋予了公平的承包草场和相应权益。这就使得女性获得了与男性相同的成员权资格。不过这一变迁过程也会引起国家制度规范与传统乡规民约的拉扯与抵牾，从而实践过程中难免会产生诸如外嫁女草场承包权纷争在内的矛盾纠纷。

需要特别说明的是，草场制度赋能带来的牧民个体性的增强并不等于牧区社会的"个体化"①。本书强调的个体性的增强意在表示草场制度变迁中的牧民地权的增强。相较于公社时期，当前的集体对牧民的约束减少，

---

① ［美］阎云翔：《中国社会的个体化》，陆洋等译，上海译文出版社2012年版。

牧民个体独立作出决策的空间更大。此外，个体牧户之间的分散性程度变得更大，家庭成为基层畜牧业中的核心单位，以往家户之间的"阿寅勒"合作形式失去了制度基础。与此同时，个体性的增强也进一步推动了牧区社会的流动性，这也就意味着牧民与外界的互动将会变得更为频繁。不过个体性的增强并不意味着亲属关系和人际网络不再重要。相反在草场商品化属性日益凸显的当前畜牧业社会中，为了获得更多的草场资源，亲属关系和人际网络等传统资源将得到进一步的开发与利用。牧民个体性的增强，将会重新塑造牧区人际关系和社会网络。

其次，草场制度的变迁同样改变了牧民与基层集体之间的关系，使其体现出了模糊性和变动性的特点。在当前的草场制度体系中，基层牧区草场的所有者是嘎查集体，但这一"集体"却是变动性极强的主体。在草场发包等事宜中，集体一般由牧民大会来组成。不过牧民大会也会受到地方权力结构和亲属关系的影响。因此针对不同的问题，牧民大会虽人数没有变化，但是态度可能是截然不同的。对于身处不同地位的牧民而言，集体虽是由牧民大会组成的"牧民集体"，但其公正程度、亲疏远近都不尽相同，充满了模糊性和变动性。这就导致草场权益问题有时会出现"因人而异"的现象。这在后文分析的各类纠纷中均有详细的体现。

草场承包之初，在实践领域最为关键的问题便是"谁能在什么地方分得多少草场"。虽然国家强调以户籍身份为基础的土地公平分配原则，但在制度落实的地方社会，草场的分配往往会受到地方传统和乡规民约的深刻影响。例如外嫁女性等一些特殊群体即便是符合了户籍条件，但有时也无法获得草场承包权。可见在实践领域，"村籍"的划定不仅受到正式制度的约束，同样需要地方社会"集体"的认定。即便是在村民内部，集体赋予的权益也是有差异的。在划分草场之初，承包草场的选址一般依据使用习惯和基建位置来决定，但最终的决定权依旧归集体所有。这就导致具体草场的分发也会受到地方权力集团和社会结构的影响。

再次，在牧民与国家之间的互动中呈现出了隐秘的权利博弈。一方面，牧民的草场权利离不开国家的赋能过程，因此在牧民草场权属观念中存在着对国家的敬畏感。与此同时，国家从草原生态治理与规划发展的整体目标出发，试图以禁牧、休牧或生态移民的方式限制牧民对草场的作用力，以此达到"减人减畜、生态修复"的效果。不过牧民虽处于弱势地位，但在实践过程中也试图获得更为稳定的草场权利。在牧民视野下，草场是其生计的基础，也是自身文化身份的重要依托。因此当遇到生态治理等限权措施时，牧民们也会试图突破草场管理的约束，尽可能地重新掌握草场的实际使用权。这种实际使用权可能是非正式的、不合规定的，但却是在与监管人员的博弈中获取的现实利用权利。由上可知，国家与牧民的关系往往在赋权和限权的制度调整中维持着动态的均衡状态。

当然牧民对"国家"这一主体的态度同样存在着差异化的特点。在其看来，以中央政府为核心的"国家"是赋予其草场自由的神圣存在，而各级政府是这一主体的代理人。而且在牧民朴素的认知中，与其联系最为紧密的乡镇政府和村级权力主体在实践中往往会忽视"国赋地权"的精神，进而会产生侵犯承包户草场权益的行为。因此在一些草场纠纷中，牧民倾向于采取越级上访的方式，试图重申自身与国家之间的地权联系，以此彰显维权的正当性。

最后，牧民与外来市场主体的关系将会更为直接且紧密。伴随着草场承包到户以及流转制度的推行，草场的商品化价值得到了进一步的提升。在人民公社时期，牧民个体并没有特定草场的排他性利用权利，更别提流转权。但随着承包到户的改革，草场经营权长期承包给了牧户，并且为了促进市场在资源配置方面的优化功能，草场流转也得以制度化运转。在此背景下，草场从以往的公共牧场成为能够自由流转的"个体承包牧场"，使其融入更为宏大的市场体系之中。当前的草场不仅是饲养家畜的资源，同时也可作为打草场进行投资；除了提供表层的植被资源外，还可能在其深层蕴含着丰富的矿产资源；除了是牧民生计生产的基础之外，还可以是畜牧业公司的重要选址地。可见草原牧区已不再是春风不度的塞外世界，伴随着草场制度的变迁，草场的流转将带动牧区人际交往的复杂化、脱嵌化发展，牧区社会将会是多元资本彼此博弈的舞台。

伴随着草场制度的变革相关社会行动者的关系也出现了变化，这些变化不仅包括权利关系的改变，而且涉及了利益关系的调整。以产权为核心的制度调试一方面达到了为牧民个体赋权增能的目标，另一方面也将草场的商品价值彻底激发，为外来资本和行动者的进入提供了契机。而草场集体所有制中的"集体"也可能成为模糊性的权力主体，易于产生蚕食牧户地权的问题。而这些隐患和问题在相关行动者的博弈和互动中易于演变成割裂彼此关系的矛盾焦点。为此，在接下来的分析中，将会依据上述不同关系为切入口，依次梳理各自关系中的矛盾纠纷。

二 围栏社会中的纠纷概况

在草原社会中，民间纠纷的出现离不开草场和家畜。民间纠纷的演变也会受到日常生活转型与制度变迁的影响，不仅反映着牧区社会横向人际关系结构，而且亦能揭示纵向代际关系的变迁。那么在牧民个体性日益增强的当前牧区社会，牧民日常纠纷又呈现何种状态？这种状态又与草场制度变迁有何联系？本节将围绕着上述两个问题对围栏社会中的纠纷概况进行整体性梳理以此为后文进一步展开提供基础。

笔者整理到了表7-1所示G苏木司法所登记在册不同阶段的纠纷种类和数量。其中一些数据因司法所办公场所的变动而遗失，虽翻阅了相关档案但也未能寻找到准确的数据。当然牧区社会中的民间纠纷不止这四种，但其他类型的纠纷要么数量极少，要么与这四类关系密切，甚至有些是重复的纠纷案例，却在不同材料中被分为了不同的种类。因此在综合对比的基础上，笔者将相关的纠纷依据事件起因汇入了这四类之中。

例如一些外嫁女的纷争皆以草场承包权争议为症结，因此可以归为"草场纠纷"一类。还有一些家畜越界啃食导致的纠纷，笔者将其汇入了"邻里纠纷"。而继承关系中的财产纠纷则综合到了"财产纠纷"一类之中。此外需要澄清的是，表格中的纠纷数据仅包括牧民主动上报司法所的案件。虽无法逐一察看所有的纠纷案件，但从司法所整理到的纠纷数据也能让我们对当前牧区民间纠纷有一定的了解。

表7-1 G苏木各时期的纠纷概况 单位：起

年度	2007	2012	2016	2019
草场纠纷	18	22	44	33
邻里纠纷	—	6	21	12
债务纠纷	—	8	27	17
财产纠纷	3	5	—	7

数据来源：苏木司法所提供。

从表7-1不难发现，困扰牧民最多的问题便是"草场纠纷"，其中有几类具体的纠纷问题。一是草场承包权的争议问题。例如像外嫁女性在草

第七章 寻地热：围栏中的关系转型与草场纠纷

场承包之初虽是村籍但在承包制实际落实过程中未能分得草场，至此埋下了矛盾纠纷的隐患。二是草场承包界限不准，邻里间相互侵占的问题。此类纠纷更为普遍，因 1997 年划分草场时并没有进行严格的界限标定，只是以人工的方式做了简单的标界，从而在实际的使用过程中往往会出现"多分多占"的问题。一些率先围封草场的大户侵占邻里牧场的情况时有发生。因此随着 2016 年 G 苏木草场确权登记工作的推进，草场界限得到了重新核实，进而引发了一场维护失地的"寻地热"。这也是为何表 7 – 1 中 2016 年"草场纠纷"与"邻里纠纷"如此突出的主要原因。除了以上两种类型的草场纠纷之外，还有一种伴随着债务问题产生的草场纷争。在当前牧区往往伴随着民间债务问题，会诱发出债主侵占牧户承包草场的情形。考虑到此类债务问题已引起了草场实际经营权的更替，因此便将其纳入了"草场纠纷"这一类别。

除了草场纠纷之外，当前内蒙古草原牧区另一种主要的民间纠纷便是邻里问题（见表 7 – 1）。其中尤以牲畜越界引起的矛盾纠纷为主。在草场承包到户之后，虽然每户均以铁丝围栏围封了自家承包牧场，但一些家畜仍然会越过围栏啃食邻里草场。一些牧户反映，有些家畜已经养成了"跨栏进食"的习惯，从而极易引起邻里之间的纠纷摩擦。尤其是牛、马等大畜的跨栏行为，因其体型和重量的缘故往往会采取跳跃的方式越过围栏。从而在围栏社会中出现了诸多令人头疼的"跨栏牛"和"跳跳马"。家畜的跨栏行为除了牧草损失之外，还会造成网围栏的严重耗损。如此一来不仅额外增加了修缮成本，而且围栏耗损还会引起其他家畜轻易出逃遗失的问题。

照片 12 中便是一匹养成"跨栏进食"习惯的蒙古马。主人打算尽快将其卖掉以此减少邻里纷争，便将其独自留在了自家后面的加固围栏中。围栏中的独马一直在围栏边缘跃跃欲试，试图跨过围栏重获自由。至于家畜频繁越界的原因，当地牧民认为除了主人监管失职之外，也离不开草场承包制背景下围栏放牧方式的弊端。一些牧民指出在当前围栏放牧经营中，家畜常年放养在固定的承包草场，其偏爱的牧草早已匮乏因而才会出现越栏进食的现象。牧民们觉得一些大畜的自然习性使其适合大牧场迁徙放养，因而才会频繁地出现越界行为。

例如，当地老人们时常比喻马匹为"Hudee Nutug tai Hungon Yabdaltai Amitan"，翻译过来便是"生于旷野、长于旷野、善于迁徙的动物"。对此，坚持养马的巴雅尔说道：

> 马这种东西从来都不怎么受到过局限，你铁丝网得多高才能困得住这些马？所以就得出人力、出钱修网子。再加上这些马隔三岔五跑到别人家的草场上，事端也就多了，所以渐渐都倾向于养牛羊或者干脆觉得牛也麻烦，就只养羊了。
>
> （巴雅尔，2019年8月17日访谈，H嘎查牧户家中）

可见即便草场通过承包和围栏有了界限，但家畜的生物特性并不会以此为限，从而才会催生出习惯性越界进食的问题，也就有了诸多身怀绝技的"跨栏牛"、"跳跳马"和"钻栏羊"。而这些习惯性越界的家畜也就顺理成章地成为牧户出售处理的重点对象，以此减少日常生活中的邻里纠纷与"麻烦"。

除了草场纠纷和邻里纷争之外，债务纠纷是当前牧区第三类主要的民间纠纷。债务纠纷的发生与草场承包制背景下牧民收支特征具有紧密的联系。围栏定牧中牧民收支具有明显的季节性特点，全年的收入主要集中在秋季贩卖家畜后的所得，不过此时需要购置草料、偿还上一年的欠款，因此在春夏两季牧民会处于资金相对匮乏的状态。如果此时遇到旱灾或疾病等冲击，便会出现因灾因病致贫的情况。此时便会诉诸快捷、高效的民间借贷。当他们无力偿还欠款时，便会出现"以地还款"的情况。甚至一些债主放贷的目的便是"靠贷占地"，以此获得牧民草场发展畜牧业。这一过程中伴随着逐利动机，也会引起双方的矛盾纠纷。可见随着草场承包制的调整，围绕着债务和草场上演了复杂且多变的博弈与对抗。此类纠纷主要涉及草场承包制背景下牧民与外来群体之间的互动过程，因此将在后文适当部分进一步展开梳理。

而第四类的财产纠纷同样具有深刻的制度根源。在草场承包制背景下集体草场已突破家庭壁垒分配到了每一位具备承包资格的家庭成员手中，即便是孩童也有其名下的承包牧场。不过在承包制初期，草场一般是以家庭为单位进行统一经营。但随着子嗣的成长，便会出现分家的需求。此时与个体匹配的承包牧场也成为重要的家庭财产需要进行二次划分。此时"如何划分草场、将哪部分草场分给谁、为何如此"等具体的问题便会接踵而至。因草场资源条件的不同这些问题也会引起家庭内部的纷争。不过相较于上述几类，这一类型的纠纷仍处于相对可控的范围。

通过上述几类民间纠纷的梳理，不难看出草场制度变迁带来的人际关系的变化。正如上节所述，草场制度的调整使得牧民个体性得到了增强，这一点在这些纠纷类型中也有清晰的体现。随着草场制度的变迁，承包草场已成为牧民谋生的根本，各家各户开始了围栏定居的放牧方式。产权的明晰化改革虽然有利于促进牧民生产积极性，也客观上削弱了牧户之间的社区纽带。加之在草场商业价值日益提升的背景下，更易引发牧户彼此之间的摩擦和纷争。因此一些牧民也会感叹现在的人都是"围栏里的大汗"：

> 划分草场之后，每个人都只在乎自己分到的草场，根本不管外面的情况怎么样，不客气地说，每个人在自己草场里面都是个"大汗"，都是一个个"帝国"。这一个个帝国之间，肯定是纷争不断啊，你看不惯我、我看不惯你的，根本没有什么长远的规划。所以我们不得不思考20、30年后，甚至面向更远的未来，我们内蒙古需要什么样的当代牧业？这是我们每个牧民值得思考的，也是必须思考的问题，而不是当自己的"土皇帝"。
>
> （胡日，2019年7月25日访谈，C嘎查牧户家中）

草场制度的调整也会引起草场性质的变化，进而诱发牧民彼此乃至牧民个体与公共集体之间的纠纷矛盾。草场或者草原不只是牧民的生产资源，同时也是社区公共空间，具备着私与公的两种属性。不过随着承包责任制的实施，草场的私有属性得到了彻底激发，而其公共属性却被忽略掉了。因此围绕着私有和公共之间也会产生一些遗留问题。

例如在H嘎查北部有条绕行芨芨草滩的乡间土路。因地势缘故此处每逢雨水频繁的夏秋两季，便会出现多处积水难以通行。此时这一土路便成为此地牧户日常出行的必经之路。不过随着集体草场承包到户，这条小土路所属的牧场也随之被划分到了沿途的牧户之中。为了通行便利，沿途牧户在围封牧场时都留出了出入口。但在日常行驶过程中难免会出现忘记关门导致围栏内家畜越界走失的问题。手机和微信普及之后，嘎查微信群中不时便会有家畜走失的信息。沿途的牧民也会经常强调过往的牧户顺手关闭围栏门，并警告称如持续如此将会

围栏社会的兴起

封闭沿途的围栏。

自从草场承包到户之后，为了达到牧场的排他性利用，围封草场变成了牧区的"共享剧本"。这就导致在当前牧区出行，如没有当地人的引路，将会是极为困难的事情。时常遇到一条看似畅通无阻的乡间土路突然被一道围栏隔断的情况。看似只有几公里的距离，可能需要绕过几道围栏，开关几次围栏门，因而牧民们时常会抱怨牧区行驶的麻烦之处。围栏门一般由钢筋栅栏配以锁链或绳索构成。在早些年间，围栏门都用绳索拴紧以免家畜逃出走失。不过绳索也会遭到家畜啃食，因此难以长期持续使用。之后便逐渐替换成了铁链和锁扣。当前也有一些牧户开始在围栏口安装电动升降门，以此免去下车开关门的麻烦。不过随着草场划分到户，道路的性质也从公共物品逐渐转为个体承包牧场的附属品，因而才会出现上述公与私之间的矛盾纠纷。

在苏木其他地区也有类似的公私纷争：

W嘎查牧民老齐一日在放羊途中发现了一只羔羊尸体。通过背部的油漆印[①]，老齐发现这只羔羊是隔壁阿桑家的家畜。但让他不解的是为何这只死羔羊会在自家的围栏中。老齐仔细地观察了周边的痕迹，并没有发现羊蹄印。背后的围栏上也没有羔羊钻进来导致的松垮状。基于此，老齐判断一定是隔壁阿桑懒得处理羔羊尸体，便将其隔着围栏扔到了自家牧场。加之此处地势低洼，在之前便是焚烧垃圾的地点，因此此类事件时有发生令老齐十分头疼。想到之前只是投掷垃圾现在却是动物尸体，这让老齐十分气恼，随即将羊群赶至饮水处便直奔阿桑家讨要说法。

听到屋外狗吠声，阿桑立马出门迎客，不料却看到气冲冲的老齐朝狗怒骂了一句便直奔而来。阿桑深知老齐脾气差，但心中不解何时得罪了他，便笑脸相迎询问何事。老齐气不打一处来，将死羊羔的事情告知阿桑后，便将手机递给了他让他仔细看看拍摄的图片，是不是自己"冤枉好人"。匆忙接过手机，确认自家羔羊之后，阿桑也是十分尴尬，确实是自己当时赶着进城，没时间处理尸体，所以才会将其

[①] 一般会采取耳标或画漆的方式分辨家畜。

第七章 寻地热：围栏中的关系转型与草场纠纷

暂时扔到了之前的垃圾坑里。当时阿桑想着等过几天回到牧区便立马处理尸体，但未曾想还没等自己处理老齐便得知了此事。事实上，让老齐气愤的原因并非仅仅是此次的羔羊事件，而是不间断的垃圾侵扰问题。

老齐家的牧场旁便是人民公社时期的办公地和苏木镇所在地。其牧场更是囊括了一部分以往用以焚烧处理垃圾的低洼坑地。在草场承包之后，还是会偶尔发生随意投放垃圾的现象。即便老齐将此处的围栏加固加高了两次，但还是很难杜绝此类事件。虽然老齐心中清楚投放垃圾的多是周遭的几户，但苦于没有证据便难以追责。因而此次逮到带油漆印的羔羊，便想借机好好整顿"元凶"之一的阿桑，以此达到杀鸡儆猴的目的。阿桑虽然嘴上不服，但自知此次理亏又被抓到了把柄，也只能在老齐的催促下当天下午便将羔羊拉到了自家牧场。老齐认为阿桑的行为是种有悖于牧民传统精神的"忘了祖宗"的行为。在其看来牧民应该是保持"惜杀惜售"，以虔诚的态度对待生命的人群。以往遇到病死老死的家畜，牧民们都会自行处理，绝对不会麻烦别人更不会随意丢弃。在出售家畜时，一些老牧民也会将家畜的鬃毛剪下来留在家中，以此纪念出售的家畜。老齐认为这些"美好的传统"都被阿桑等人玷污了，因此在其看来他们根本不配享有"牧民"（Malqin Huun）之名。

无论是老齐和阿桑的羔羊纷争，还是之前提到的道路纠纷，都揭示出了一个根本问题：草场承包责任制背景下草原的公共属性与私有属性之间的对冲。随着草场承包到户，除了小部分集体草场之外，绝大多数草场已成为"有主之地"。在承包草场中的牧户也就是这块草场的主人，即牧民所谓的"每个网子里都有个大汗"。"每个大汗"各自为政，独立经营，进一步减少了社区的横向联系，造成了草场公私属性的撕裂，从而催生了上述矛盾纠纷。公与私的撕裂也从侧面反映出了牧民个体性意识的增强以及彼此关系的变化。在草场个体化经营的时代，来自传统阿寅勒组织和社区的支持逐渐减少，家庭的生计更需要个体的独立承担。因此牧民们才会如此重视承包牧场的私有权益。这种排他性的草场意识不仅体现在牧民彼此之间的日常交际之中，而且同样表现在牧民与村集体的互动过程中。这些因素的综合结果便会促成围栏社会中个体与集体之间的权属纷争。此类纠

· 189 ·

纷围绕着承包草场的土地权益形成了牧民个体与集体之间的持续博弈，体现了制度变迁下的牧民对"草场"这一自然资源的认知转变过程。

三　牧民草场认知与维权实践：以阿拉塔的故事为例

在草场集体所有制中，草场的所有者是"牧民集体"，不过在实践领域这一"集体"却是模糊且多变的。这就导致在草场划包、集体草场利用、草场征用情形中极易产生公正危机，进而引发矛盾纠纷。G苏木便出现过一起持续近20年之久的村集体与个人之间的草场纷争。从这场纠纷中不仅能看出集体与个体之间的转型性关系演变，亦能发现牧民草场认知的变化及其产生的影响。

纠纷矛盾要从一封诉求信说起。2018年中央环境保护督察组收到了来自G苏木B嘎查牧民阿拉塔的举报信，信中提到：因嘎查书记私自挖掘沙土并出售给筑路公司，导致自家承包牧场内形成了一处20多亩的沙坑，造成了严重的水土流失与草场破坏。随后督察"回头看"领导小组要求当地旗县相关部门联合G苏木政府尽快核实处理相关问题。

根据相关报告显示，具体取材挖坑处位于B嘎查至苏木政府所在地的水泥路一侧。这条路作为连同苏木政府与旗县的公共硬化路始建于2003年，2008年竣工验收。在施工过程中共取材两次，分别于2003年和2008年。据牧户反映，第一次取材时自家恰好因生态移民被搬迁到了市郊奶牛村，因此当时并不知晓事件经过，是通过其亲属的反馈才得知挖掘的事实。随即前往时任嘎查书记处询问了缘由。时任嘎查书记向牧户解释到此项取材属于国家项目工程，是在征用"国家的土地"，牧户无权干涉。第二次的挖掘发生在2008年，当时水泥路多处存在坑洼塌陷问题，因此需要重新采石修补。当时的嘎查书记找到了奶牛村中的牧户并向其告知了取材需求。因此，在时任嘎查干部看来第二次的挖掘是在牧户知情同意的前提下实施的，并非上访信中所谓的"私自挖掘"。

在2018年牧户上访之后，G苏木联合相关部门进行了实地勘测，并且开始了填坑修补工作。但是阿拉塔却认为应首先赔偿开采造成的损失，并提交了书面补偿条件。其中提出了两种方案：一种是补偿采坑处草场损失10万元，同时回填取料坑并恢复其植被条件；另一种是向其提供100万，用于赔偿损失和自行恢复治理。之后苏木政府和嘎查两委曾多次上门协调，试图降低补偿标准或无偿修复。根据最初的标准，苏木政府确定了1万元的补偿款。对此牧户十分不解，在其看来即便是自己独立经营，这十几年也肯定能获得数万元的收益。而且其间为了治理边缘水土流失和裂开的石壁，自己也曾花钱雇工修理，因此阿拉塔认为1万元的补偿标准实在无法弥补自身的损失。就此矛盾纠纷又一次陷入了僵持状态。

鉴于此，苏木政府逐渐将补偿标准提高到了3万元，但依然没能得到牧户的妥协。其中还有个至关重要的问题困扰着基层政府——便是这笔补偿款该由谁出。根据当时的情况采石作业出自交通局授权的外包企业，其中主要采取协调工作的是时任苏木领导和嘎查书记。因此苏木政府希望相关部门可以"出些力"，并以书面的方式提交给了上级政府。在这种相互推诿中，治理作业始终没能如期开展。不过最终迫于中央督察组的压力，旗县政府划拨了相应的治理经费20万元以及牧户补偿款10万元。

至此，采石坑治理工作终于得以开展，试图从以下两点进行填坑修补：首先，削平边缘陡坡，消除地质灾害；在此基础上填坑覆土，播撒草籽恢复采石坑表土植被。在治理过程中，工作人员发现牧户家的马匹时而会进入采石坑。据此，他们认为家畜的践踏和采食必然不利于草籽的生长，因此决定围封采石坑周围的草场。对此，阿拉塔也十分坦然，在其看来围封了更合适，省得草籽长不出继续推卸责任。然而直到2019年入冬前，相关部门也没有完成围封工作。为了达到更好的治理效果，苏木和嘎查两委十分关注阿拉塔一家的放牧情况和实际动态。

根据牧户追述，有一次相关部门前来填补石坑，但是用于填坑的砂石中掺杂了许多生活垃圾，造成了严重的草场垃圾污染。因此阿拉塔便联系了施工人员，将垃圾和砂石重新装了回去。然而这一幕却恰巧被路过的村干部看到，被其误以为牧户在私自采砂出售，随即便引来了苏木领导的问责。对此阿拉塔十分恼火，在其看来这分明就是苏木政府和村干部因越级上访一事在变相地为难自己。类似的纷争在治理期间时有发生，不仅阻碍了采石坑的治理进程，也加剧了阿拉塔一家与村集体之间的矛盾纷争。

围栏社会的兴起

从上可知，阿拉塔与村集体之间的草场纠纷，兴起于修路取材事件。那么阿拉塔为何没有在第一时间采取维权措施呢？其中的主要原因离不开阿拉塔一家的生计演变历程。首先，在第一次挖坑取材时，阿拉塔一家已被搬迁到了奶牛村，并没有在承包草场上放牧经营，从而为采掘施工提供了便利，没有立即引起阿拉塔的重视。此外，正因这种草场经营的缺场状态，使其还没有对承包牧场形成强烈的权属观念。这一点可从阿拉塔本人的口述中得到充分的佐证：

> 那时候是刚分草场就以为这草场就是给我们放牧用的，都是国家的土地所以人家来挖也就没我们什么事。就觉得这草场就是想让我们放牧就放牧，想禁牧就禁牧，想挖就挖。当时都是这么想的。那时候也没想过这个草场就是自己的，没有"属于自己"这种想法，就以为是"国家发给我们让我们有个地方生活的"。像刚分草场那会儿，这隔壁苏木牧民的羊也会进来（到阿拉塔承包草场），当时也不会赶啊啥的，现在你进来个试试，别说羊群了，就连车都不让你进来怕压着草场。一开始分草场的时候，我们这儿有个老头一直住在这个山包上，虽然分了草场我们也不敢让人老头搬出去，因为那老头已经在这儿住了有些年头了。我们1995年以前是在苏木南边的，1995年搬过来的时候那老头就住在这里。我们就想着这个草场就是给我们用来放牧的，也不属于自己也就不敢把人赶出去。后来分了草场之后，我们想在承包牧场上打草，老头都不让打。当时我们家平房这一块都有他自己的棚圈，还有他自己盖的两间土房，外面都是他的羊。我们2000年去奶牛村的时候，那个老头还在。其实当时我们搬过去的时候，就以为这个草场应该要没收回去呀，就没多想。

（阿拉塔，2019年10月15日访谈，B嘎查牧户家中）

从上述口述内容不难发现，承包初期的阿拉塔对草场的认知仍停留在公社时期"指定牧场"的程度，并没有形成强烈的排他性权属意识[①]。而

[①] 在公社时期一般会由集体为牧户指定放牧的草场，因此牧民们也并不具备排他性占有意识。

且 B 嘎查后续的草场禁牧和生态移民等治理措施进一步强化了这种认知，使其产生了"想给就给、想收就收、想挖就挖"的土地意识。不过随着草场承包期限的延长，加之后续对政策制度的理解，牧民草场权属意识逐渐成型，从而萌生了维权抗争的想法和观念。在2008年第二次挖掘之后，阿拉塔夫妇曾特意找过草原监管的工作人员确证过嘎查书记的解释，是否此类征地确实没有补偿。想要获取补偿的想法已经说明了此时的牧户已经逐渐改变了对于承包牧场的看法，形成了排他性的权属观念。随着权属观念的形成，牧户也开始了主动学习的过程。据其所述，随着电视和手机的普及，自己看到了大量的类似案例和事件，从中认识到了承包草场的价值和意义，并且学到了维权诉求的方式和途径。

从草场权属观念的转变到维权抗争的过程，也让我们看到了当前牧区草场集体所有制中的集体代理人模糊的问题。在阿拉塔看来，承包草场是国家的、是集体的，自己也算是集体的一员，那么为何自身的意见得不到嘎查和苏木政府的认可？而且根据阿拉塔反映，在草场承包制落实之初包含嘎查公共墓地的200亩草场也被划分给了自己。当时这种划分安排并没有征得阿拉塔一家的同意。公共墓地不仅缩小了实际利用面积，而且也会时常遇到祭奠事宜，一定程度上影响着牧户的日常使用。此外，在2016年草场确权登记时阿拉塔发现，1997年划分的实际亩数比预定的标准少了400亩。这些客观事实使得阿拉塔逐渐对"集体"产生了一种排斥性的距离感，进而催生了后续的抗争行为。在其看来，不能总以"集体"的名义打压自己。可见，此时牧民观念中的承包草场已逐渐脱掉了"集体"的外衣，转变成了彰显自身权益和抗争逻辑的重要资产和符号。纠纷矛盾中的"草场"已不再仅仅是生产资源，同时也是牧民与集体博弈的重要象征和文化符号。

综上所述，草场承包到户之后牧民具备了独自经营草场的权利，不过草场的所有者是集体。但集体却是个模糊的主体，这就导致在类似的征地问题上，个体与集体的博弈极易转变成力量角逐。在基层牧区，集体的代理人往往出自大家族，因而也就可以得到庞大的选票和支持。而他们自身的权力提升与合法化结果也会反过来辐射家族成员。这也是为何当面对不同问题和对象时，集体的边界与态度也会随之变化的原因。不过这一点不同于"集体的缺失"，在具体的实践领域集体具有明确的界限。只是这种界限会随着基层人际网络和权力关系而不断地变化。不过这种多变的集体边界有时也会诱发出上述矛盾纠纷。

类似于阿拉塔一家的草场问题，只是草场承包制背景下个体与集体矛盾的一种表现形式，反映了草场制度变迁下牧民与集体代理人围绕草场展开的博弈状态。也体现出了伴随纠纷而逐渐形成并持续强化的牧民草场权利意识。这也是区别游牧民与现代牧场主的重要标志。其中核心的利益冲突主要集中在征地补偿问题上，属于承包后的草场权益纠纷。

相比之下，还有一类纠纷形式则直接围绕着草场承包权和集体成员权展开，贯穿整个草场承包制落实过程，甚至对承包制背景下集体产权制度的进一步调整都有一定的影响。这种问题集中发生在牧区社会中较为弱势的边缘人群身上，其中尤以外嫁女群体为主。这一类矛盾冲突往往比上述个体与集体的纠纷表现得更为激烈，牵扯的主体更多，是一种群体性纠纷。不仅体现了牧民与集体之间的博弈，而且也会牵扯到基层政府的行为逻辑。此外，外嫁女承包权争议亦能展现草场制度变迁对于牧区两性关系的重塑作用。概言之，透过外嫁女草场纠纷的演化过程，可以完整地把握制度变迁中的牧民、集体与政府之间的复杂博弈过程，是理解承包制背景下各主体互动方式的重要切入口。

第二节 集体的重构与牧区两性关系的演变

随着草场承包制度的实施，集体成员的界定成为制度落实过程中极为核心的问题。户籍是确认集体身份和草场承包权的主要依据。不过在基层牧区，对于集体成员权和边界的判定则有一套地方性的规范体系。谁有资格成为集体的一员，谁能获得承包牧场，集体的边界如何界定？在草场产权的明晰化改革过程中始终没能达成一致的认定。即使是同村人，一些群体仍未能获得草场承包权，其中就包括外嫁出去的女性。除了上述原因之外，牧区社会外嫁女纷争同样反映出了草场制度变迁下牧区人际关系的转变过程及其呈现状态。首先，在以往草场承包制度的研究中，虽然强调了产权实践的社会建构逻辑，但在行动者的关注上更集中在了制定或掌控制度实施过程的各级政府、嘎查集体，却忽略了改革场域中居于边缘位置的弱势主体的能动作用。诸如外嫁女这类在村落中相比于男性依旧是弱者的社会行动者，也会通过集体行动采取策略行为，从而影响制度变迁的内容和方向。其次，相较于其他类型的草场纠纷，外嫁女承包权的追诉纷争更能反映草场制度变迁背景下牧区两性关系以及牧民草场意识的转变过程。最后，外嫁女纠纷过程中充分地展现了草场制度变革下的国家、地方政府、村集体与牧民等不同主体的互动过程。为我们理解草场制度对于牧区人际关系和人地关系的形塑作用，提供了非常直观且有效的切入口。为此，本节试图由 G 苏木一场外嫁女草场承包争议动态地讨论变动中的牧区集体成员权建构机制，以此探索承包制背景下国家、地方政府、集体与牧民的互动博弈及其社会意义。

一 从一场外嫁女运动说起
1. 外嫁女草场纠纷的兴起

下面要提到的外嫁女问题发生在 G 苏木 A 嘎查。为落实草场承包制，该村于 1997 年将草场发包到了牧户手中。但是在具体实施过程中，户口仍在该村的外嫁女普遍被排除在分配范围之外。而且其中多数人在嫁入地也未能分得草场。面对两头空的局面，虽然起初并未有什么波澜，但随着权属观念的增强，加之草场经济价值的提升，一些仍以畜牧业为生的外嫁女便开始了维权行动。

随着维权行动的发展，外嫁女们彼此牵线逐渐形成了 20 人的维权集团。这 20 人现居住在 G 苏木下属四个嘎查村以及与 G 苏木临近的其他两个苏木。其中只有两人在嫁入地分得了草场，原因是这两人在嫁入地发包草场之前将户口迁到了该地，其他人的户口在当时留在了 A 嘎查。虽然之后有些外嫁女陆续将户口迁到了嫁入地，但仍未能获得嫁入地的草场承包权。对此，外嫁女们也想得比较清楚，按她们的话来说：" 就是不仅顺序上不允许，而且情理上也讲不通。"[①] 原籍地 A 嘎查违背 " 村籍划分 " 的事实在先，因此当嫁入地以承包草场节点的户籍状态为依据拒绝发包草场时，外嫁女们也很难占理，故而觉得继续向嫁入地索要承包草场是一件 " 顺序不允且情理不通 " 的事情。

所以在向嫁入地申诉失败之后，其余女性逐渐将矛头对准了 A

---
① 外嫁女斯琴格日勒，2019 年 10 月 25 日访谈。

嘎查。其中7人在2008年重新获得了草场承包权。时任嘎查两委给出的解释是:"当时(2008年)只有这7人的户口仍在A嘎查,其他人未能满足这一条件。"对此,剩下的女性持反对意见,她们强调自身户籍状态在1997年施行草场承包制之初都是A嘎查户口,理应获得承包权,以"当前户籍状态为由,拒绝赋予当初草场权利"的做法,不仅违法而且不合情理。为此,2010年初她们向G苏木政府提交了一封诉求信,请求苏木政府出面解决草场问题。掌握相关情况之后,苏木政府督促了A嘎查两委尽快召开牧民大会,迅速解决遗留问题。不过,嘎查两委在草场问题上依旧采取了消极态度。到2016年,随着草场确权登记工作的开展外嫁女维权运动迎来了第一次高潮。

2016年G苏木开展了草场承包经营权确权登记工作,落实到纠纷发生的A嘎查,出现了多起"多分多占"的问题,甚至一些牧户实际使用草场面积多出了近千亩①。得知这一情况的外嫁女普遍认为,本该属于自己的草场被其他人侵占了近20年之久,严重损害了自身权益,因而向苏木政府提交了准备越级上访的诉求信。于是在2018年初,苏木政府向嘎查两委明确提出了迅速解决相关问题的工作要求。不过时任嘎查两委以"换届选举"为由,又一次将草场问题压了下去。时间来到2019年,外嫁女们忍无可忍打算以"软弱涣散基层党组织"为由将嘎查两委诉至自治区巡视组。见此险状,A嘎查两委实难推脱,于是在2019年6月召开了牧民大会,就她们的草场问题进行了投票决议。

然而牧民大会依旧未能通过外嫁女的草场承包权。嘎查两委根据《中华人民共和国土地管理法》相关规定,以持有赞同意见牧民代表人数未能达到参会人数的2/3为由,驳回了外嫁女的诉求。不过外嫁女群体在法律咨询基础上提出了复议请求。她们认为自己追诉的是历史遗留问题,属于涉及牧民利益的"嘎查集体事项",而非索取当前集体草场的承包权。因此牧民大会应当遵从《中华人民共和国村民委

---

① 1997年草场承包到户时,A嘎查规定每人承包放牧场870亩、打草场90亩,共960亩。其中打草场主要用于储备冬春季节饲草料,而放牧场则是进行放牧养殖的草场。

员会组织法》，而非嘎查两委坚持的《中华人民共和国土地管理法》①。至此，纠纷再次升级，从维权行动发展成了法理之争。

2. 外嫁女的主体策略

外嫁女群体的草场权属意识是随着纠纷过程逐渐成型的。实际上，在草场承包之初，一些外嫁女虽没有分得草场，但并没有觉得有何不妥。正如一位女性所述：

> 当时我们都是年轻的姑娘，"是否分了草场、分了多少"这些问题都是家里长辈操心的问题，我们也不太清楚，而且一直以来我们牧民也没有草场是"你的、我的"这种想法，都是公社领导给我们指草场。加上都已经嫁出去了，所以当时也就不会在意有没有自己名下的草场了。

（格日勒，2019年10月28日访谈，旗县茶馆）

草场承包之初，草场的利用方式仍受长期游牧公共使用传统的影响，即便年轻子嗣分得了草场，但囿于年龄、能力等因素无法独立生活，家庭内部一般会集中利用草场。因此，牧民当时的草场权属意识仍更多地表现为家庭所有，甚至是父系家长所有。以"个体所有"为核心的草场权属观念仍相对薄弱。不过随着草场承包制的推进，牧场经济价值的提升，外嫁女的权属观念逐渐增强，形成了"国赋民权"的草场认知。

就农村牧区而言，女性权益和权属观念的形成离不开我国土地制度改革中的赋权原则及其蕴含的妇女解放思想。"赋权"是我国土地制度调整

---

① 《中华人民共和国土地管理法》（2004）第二章第十五条规定，"农民集体所有的土地由本集体经济组织以外的单位或者个人承包经营的，必须经村民会议三分之二以上成员或者三分之二以上村民代表的同意，并报乡（镇）人民政府批准"。据此，A嘎查两委认为外嫁女属于嘎查以外的个人，因而对于她们的承包权，需经过村民会议（牧民大会）三分之二以上成员的同意，而大会票决结果显然不能满足这一条件。然而外嫁女群体则坚持《中华人民共和国村民委员会组织法》（2018）。其中第二十四条规定"需经过村民会议方可受理"的情形中，包括"涉及村民利益的其他事项"。与此同时第二十二条则规定，"村民会议所作决定应当经到会人员的过半数通过"。外嫁女认为自己追诉的是1997年末能获得的草场承包权，属于"涉及村民利益"的历史遗留问题，因而应当采用《中华人民共和国村民委员会组织法》，牧民大会票决结果已经满足了相关规定，应通过草场承包权诉求。

中的重要原则之一①。这种草场认知离不开对国家这一主体的敬畏感,是以"国家赋予"为合法性基础的土地权属认同。对于外嫁女而言,承包权是国家许诺自己的基本权益。在实际的管理中,国家的草场需要分配到牧民手中,这时就要保障"国赋草场"的不可侵犯性。

在实践层面,产权意识的觉醒指导她们开始了以"组织化"为主要策略的维权攻势。"组织化"标志着外嫁女草场纠纷从个人维权走向集体抗争的过程。在维权初期,只有少数几名外嫁女向 A 嘎查两委追诉草场承包权,尚未达到后来的集体规模。在后续的发展过程中,维权女性逐渐意识到了只有将问题扩展成集体纠纷,才会引起地方政府的注意,从而逐步联络彼此开始了组织化的维权模式。组织化的策略除了可以吸引地方政府的注意,进而推动维权进程之外,还可以达到整合社区资源,以此增加维权筹码的目的。这一点在对两名外嫁女的吸纳过程中体现得尤为明显。"外嫁女"花拉起初考虑到工作原因并没有参与 A 嘎查的草场纠纷。不过她的妹妹是较早发起维权抗争的外嫁女之一,因此花拉也会私下为其"出谋划策"。随着纠纷的发展,其他几名维权女性十分渴望花拉的加入。这是因为多数外嫁女均为牧民,不具备维权活动相应的文案撰写能力和法律资源,花拉的加入可以很好地弥补这一缺陷。例如,对牧民大会决议引用法条的复议请求,正是花拉咨询律师朋友之后的提议。从中不难看出吸纳花拉加入维权集团,是为了利用其专业素养以及社区外的法律资源。而"外嫁女"娜仁则是嘎查妇联主任的妹妹。外嫁女集团将其吸纳的目标显而易见,既是为了拉近自身与嘎查两委的关系,也是为了第一时间获取嘎查两委的动向。可见外嫁女的组织策略不仅仅是出于"问题化"的逻辑,同时也是获取村庄内外社会资源,以此更有效地达到维权目标的手段。

3. 乡镇政府与村集体的应对

在不同的阶段,苏木政府应对纠纷的态度显然是不同的。如果深究不同时期苏木政府面临的任务环境,我们可以发现这期间的不同态度,取决于特定任务指标与工作要求。例如在 2018 年,G 苏木时任镇长调任,加之几名干事抽调,政府人员结构出现了一定的变动。此时嘎查两委换届工作临近,苏木政府也只能暂缓对村干部施加压力,将工作重心转移到了换届

---

① 吴毅、陈颀:《农地制度变革的路径、空间与界限——"赋权—限权"下行动互构的视角》,《社会学研究》2015 年第 5 期。

选举之上，以便为新班底日后工作的顺利展开提供村落一级的组织基础①。

而当外嫁女准备向自治区巡视组检举苏木与嘎查两委的不作为时，苏木政府对于此事的态度出现了变化。因为此时问题的性质已从嘎查两委的软弱涣散变成了苏木政府的处事无能。而且涉及纠纷的嘎查党委恰好被评为了三类待整顿嘎查，如果这时外嫁女继续检举嘎查两委，无异于雪上加霜②。该嘎查可能连续两年被评为"待整顿的三类嘎查"，这将直接影响苏木主要领导的政绩考评。事实上，对于许多牧区基层公务人员而言，如何提高自身政绩，早日调任市区，是其主要的"工作目标"。这主要源于牧区基层工作性质：草原地区的乡镇辖区广袤，政府办公地点位于远离市区的草原深处，因而乡镇工作人员与其家属往往处于两地分居的状态，如果遇到日常检查或突发情况，可能一周七天都需要住在牧区。本书中的G苏木距旗县有100多千米，近两个小时的车程。因此对于乡镇政府工作人员而言，在三类嘎查验收的关键节点上，万不能出现越级上访事件。所以当外嫁女性威胁越级上访自治区巡视组时，苏木政府立即督促嘎查两委，力排众议召开了讨论外嫁女草场承包权的牧民大会。

从中不难看出，苏木政府在处理草场纠纷时，始终未能脱离其特定的场域逻辑。作为基层政府，在条块关系中如何完成上通下达的政策任务是他们首要考量的问题。作为国家治理末梢的乡镇政府要想做好"万金油"的角色，就需要与基层嘎查干部维持良好的组织关系。因此，虽然面对外嫁女集体上访的压力，新的政府班子依然要在处理好自身与村落关系的前提下开展纠纷协调工作。不过当矛盾纠纷转变为影响基层社会稳定的社会问题时，"维稳"将成为指导乡镇日常运作的主要逻辑，在民族地区基层治理中更是如此。

---

① 相较于农区，牧区社会幅员辽阔，牧民散居于草原，并没有固定的聚集性村落。此外，当前草场流转频繁，牧民四季流动性较强。加之，因草原生态治理的推进，控制家畜数量，加强草场监管，等等工作依旧是牧区苏木乡镇政府需要主办或协同上级派出机构完成的主要任务。因此牧区苏木政府日常工作的开展，离不开以嘎查两委为主体的基层社会的密切配合。对于苏木政府而言，如何培育牧区代言人，从而将自身权力下沉至基层社会，是保障自身目标达成的重要条件。

② G苏木所在市县实施了"嘎查党委星级管理方案"，意图通过不同内容的星级评判，分别划出三类嘎查，以此加强基层党建。其中，如被评为第三类嘎查，便意味着嘎查两委的软弱涣散，将责成苏木政府进行整顿完善，由上级相关部门考评验收。"星级管理"作为基层党建工作的重要内容，已被列为"三级联述联评联考"的重要内容。

因而当外嫁女以组织化的方式将维权塑造为集体问题时，苏木政府则采取了瓦解集体组织的实践策略。一些苏木干部将这种瓦解策略形象地比喻为"剥蒜"，即如同剥蒜一般，先将外嫁女群体拆开，从而将集体矛盾转化为个人问题，进而逐个击破。苏木政府的瓦解策略不仅针对外嫁女群体，而且也指向村社集体。"瓦解"既是一种危机应对手段，也是处理乡村两级权力关系的重要方式。正是通过以"纠纷处理"为名的瓦解手段，苏木政府可以适当地整顿基层权力网络，为自身权力下沉提供合法性空间。

夹在苏木、村集体与外嫁女之间的村干部在纠纷中是较为复杂的角色，他们既是村民的"当家人"，也是苏木政府的"代理人"，因而常常会采取"隐身"的策略。隐身不仅仅是外嫁女口中的"找不到人"，除了尽可能躲避纠纷之外，还要在纠纷处理过程中避免成为"出头鸟"。他们认为只要有苏木政府在，那就尽可能躲在后面，这样两头都不得罪。在这种隐身的策略中，苏木政府往往力不从心，所以才会以"罢免"的威胁强制村干部现身。村干部的策略选择将会受到基层社会人际关系和社会规范的深刻影响。面对这些错综复杂的制度规则与社会力量，为了保全自身权力地位，采取隐身策略也将成为他们最为明智的选择。而反对派牧民则以"村民自治"为主要的合法性原则，抵抗着来自维权集体与基层政权的压力。例如在 A 嘎查牧民大会之后，就有反对派牧民代表将现场督导的副镇长以"干涉村庄内部事务"为名告到了苏木纪委部门。可见产权划定过程深受相关主体的复杂博弈，充满了不确定性。

二 变动中的集体成员权与牧区两性关系的重塑

通过对纠纷发展历程的梳理，不难发现其矛盾焦点主要集中在成员权的界定问题上。在上述纠纷中存在着两种截然冲突的成员身份界定原则：一种是嘎查内部反对派主张的"以共同生活为秩序性基础的牧民占有原则"；另一种是外嫁女主张的"以国家赋予为合法性基础的草场权属原则"。那么为何在具体落实过程中会出现截然不同的两种身份权界定原则？

实际上，这一矛盾恰恰体现了产权的社会合约性。产权结构在实际运行过程中，除了法律规则之外，还会受到熟人社会观念传统、乡规民约、道德约束等多种规范的综合影响。事实上，在现代土地产权结构形成之前，基层社会中便早已广泛存在着有关身份界定的实践原则，并十分强调以亲疏远近与共同生活为基础的"自己人占有"的资源配置逻辑。不过，随着土地革命、农业集体化、土地承包责任制以及市场化改革等一系列变迁，基层社会已逐渐向后乡土迈进①。以"自己人"为核心的身份界定原则也发生了相应变化。在后乡土社会中，原有的资源配置逻辑逐渐被打破，基于法律基础上的产权意识深入人心。

也正是在此背景下，外嫁女这一类以往社会中较为弱势的群体，逐渐获得了维护自身权益的合法性手段。可见，有关成员权界定的两种原则具有深刻的制度性脚本，揭示了从乡土到后乡土过程中，以产权为核心的资源配置结构的演变轨迹。不过在基层社区的实践领域，这一过渡往往不会是平稳的，而是会受到传统规范与相关主体的持续作用，充满了动态张力。

草原牧区成员权界定的传统规范离不开长期的游牧生产习惯。相较于永久的占有和垄断土地，游牧社会中的牧民更加重视特定时期的草场"使用权"②。可将这种特定时间内的使用权理解为一种身份进入权。具有亲属或姻亲关系的牧团之间当面临特殊风险和挑战时便会准许彼此进入各自的草场躲避天灾人祸。这与农业社会中的土地利用方式截然不同。农业社会或者说乡村社会最为突出的特点就是社区的居民是"黏着在土地上的"，即生计与土地分不开，以农为生的农民世代定居，造就了不流动的乡土社会③。因而对于农民来说，土地的拥有与垄断是至关重要的。游牧则并不是固着于土地上的生产方式，反而需要依据气候和草地资源情况流动性地利用土地。

因此在游牧社会中，集体的成员权意味着在一定行政区域内的共同游牧权利，并不包含对于特定草场的排他性占有权。草场更多地仍以集团性、家族性的方式集体占用。事实上在传统游牧时代，地权与父权具有较为紧密的联系，男性在草场的认定、使用和占有方面更具主动性。这一特点或许源于游牧生产方式和生产习惯。畜牧业尤其是游牧生产方式，是一项需要时刻应付自然灾害与社会风险的重体力高危劳作方式。其中不仅包括游猎、驯养等生计项目，而且还有频繁的草场纷争和群体冲突。这就导致在游牧社会中相较于女性，男性在草场的占有、守护以及使用方面的话语权更为突出。人民公社基本沿袭了游牧时代的草场利用方式，因而基层畜牧区集体成员权与两

---

① 陆益龙：《后乡土中国》，商务印书馆2017年版。
② 王明珂：《游牧者的抉择——面对汉帝国的北亚游牧部族》，广西师范大学出版社2008年版，第31页。
③ 费孝通：《乡土中国生育制度》，北京大学出版社1998年版，第6—8页。

性结构大体上维持了传统状态，并没有个体成员与特定牧场的匹配性私有状态，外嫁女个体更是无法具备草场占有的权属意识。

不过随着草场承包到户的实施，成员权的界定也变得复杂了起来。一方面，习俗上外嫁出去的女性会脱离本社区前往嫁入地生活，其生产生活基础将会依靠嫁入地的牧场。因而从地方传统的角度来说，外嫁女性已经脱离了集体范围，也就丧失了承包草场的成员资格。然而另一方面，国家试图通过户籍身份实现"耕者有其田"的土地公平。在包产到户改革中，成员权利均等原则成为土地制度变革中的重要依据。在此背景下，土地公平原则突破了两性壁垒，将女性的草场权益提高到了与男性相同的位置。当然这一过程并不是一蹴而就的，在草场承包之初虽有户籍身份这一合法性来源，但在地方传统的影响下，一些仍为村籍的外嫁女性未能获得草场的承包权。由此不难发现地方社会对"村籍"的界定并不完全来源于户籍身份，而是会受到传统习俗与乡规民约的综合影响。在实践领域，这两种原则常常相互抵牾和拉扯，催生了围绕承包权的集体纠纷。

可见草场制度的变革充斥着成员权界定规范的"语言混乱"，而这种混乱告诫我们除了制度的内容设计之外，还应重视制度的实施过程。正如诺思的制度分析框架所示，制度不仅是正式的法规条文和非正式的行为规范，还包括制度的实施特征（enforcement characteristics）[1]。制度实施不会以新制度取代旧制度，从而达成新的均衡而结束。相反的，制度实施往往会产生制度设计者意想不到的社会后果。就上述纠纷案例而言，以"明晰化"为核心目标的产权界定过程不仅没能保障外嫁女性的成员权益，反而在后续的集体产权的股份制调整中更是成为固化其边缘身份的契机。

具体而言，外嫁女维权诉求中包含着属于集体经济主要构成的打草场。当2018年G苏木所属地区开展牧区集体产权制改革时，这一块打草场被当成了未来发展村社集体经济的基础。因而产权纠纷牵扯到嘎查每个牧民的现实利益。对于已失去村籍而且不在本村生活的外嫁女而言，更是很难从牧民手中获得分享集体经济成果的成员权。在此背景下，村两委实难调节外嫁女与村民之间的关系，而苏木政府在"村民自治"的制度前提下同样难以直接介入。因而在苏木政府、村两委、村民代表以及维权集体的多次博弈中，逐

---

[1] Douglass North, *Institutions, Institutional Change and Economic Performance*, Cambridge: Cambridge University Press, 1990, p. 52.

渐达成了"放弃集体打草场分红的成员权,转而赋予放牧场"的折中方案。外嫁女性虽然获得了承包权,但却不得不放弃集体分红的成员资格。这一放弃客观上固化了其边缘地位,默认了集体身份的丧失,在后续集体产业的发展中将会失去应有的权益。不过在外嫁女看来"有一点总比什么都没有强,况且先拿到放牧场,再争集体打草场也有盼头"[①]。

从中不难发现,旨在解决权利主体模糊、集体成员权残缺的明晰化产权改革,在实践领域未能达到公平化、去身份化、契约化的目标,反而与地方规则合流,成为固化特定成员权结构的社会过程。笔者在后续的追访中得知,之前允诺的承包草场仍没有具体落实。由此可知外嫁女性的抗争之路显然还没有结束,"外嫁女"这一弱势群体已然成为当地草场制度变革中的重要行动者。集体中的成员权也并非静态的概念,围绕成员权的争议也会不断地塑造集体的边界,进而推动牧区的重构。

从上述纠纷实践,同样不难发现人地关系的变革是牧区两性结构变化的重要制度背景。可以在一定程度上将人地关系的调整视为替女性赋能的过程。一方面,伴随着草场制度调整,女性获得了与男性相同的资源配置权利与成员权资格。另一方面,草场承包制在牧区社会的落实过程同样也是法律下乡的过程。无论是有关制度实施的各类政策法规,还是维护产权结构的法律条例,都为原本弱势的外嫁女性提供了一套自上而下的合法化依据。而外嫁女性的抗争过程则是这一合法化依据的结构化再生产过程。因此,可将草场承包责任制的调整视为牧区两性关系演变的重要制度背景。

这也再次表明,草场制度的调整不仅包括人地关系的改革,同时也是对人际关系的重塑过程。草场从公共使用的方式逐步落实到牧户个体,不仅改变了牧户之间的生计联系,而且对家庭内部成员间的关系结构也有明显的影响,其中就包括性别关系的演变过程。随着集体草牧场基于成员资格划分到每一位牧民个体,两性的差异逐渐被抹去,催生了"土地面前人人平等"的权属观念。不过制度的落实过程显然是地方性的,势必受到地方传统和乡规民约的冲击,从而诱发权属纷争与矛盾冲突。

这一点不仅体现在牧民内部,而且也在与外来主体的互动中具有充分的展现。实际上,草场承包制及其后续产权制度的调整,不仅影响着牧民、集体与国家三者之间的关系与互动模式,而且也为社区外资本与主体

---

① 外嫁女奥登琪琪格,2019年10月28日访谈。

的融入提供了制度条件。这将在基层牧区形塑出崭新的主体关系,进一步改变牧民生计方式和牧区生态情况。因此,本书接下来将以承包制实施及其后续制度调整过程为脉络,梳理不同外来主体融入牧区的过程机制,以此展现此类主体关系的形成演变及其社会生态效应。

第三节 围栏中的内与外:制度变革与外来主体的进入

伴随着草场承包制的推进,牧区社会草场经营方式发生了明显的变革,家庭获得了独立的草场经营与使用权利。在此背景下草原牧区逐渐出现了草场租赁流转的情形。在2000年初,G苏木境内便出现了草场的租赁现象,随着后续相关政策的颁布与完善,草场租赁流转更是成为牧区社会的普遍现象。这其中不乏牧区外的资本与主体的租赁行为。草场承包制及其后续草场流转措施的确立客观上进一步打开了牧区的边界,为外来资本与主体进入草原社会提供了制度条件。至此,草场已不再是牧民专属的生活世界,更是成为各类资本竞相争夺的特殊商品。

一 放贷的"商店街":草场流转与牧区边界的变化

在G苏木境内,有一处商业资本聚集地,因其社区功能和人员特征,被当地牧民称为"商店街"。

如图7-1所示,G苏木北部包括三个嘎查,其中最北端曾是人民公社所在地。在公社时期,苏木北部富有珍贵的铬矿,所以长年驻扎着勘探队和打井队,因而便将公社办公室定在了此地不远处。公社旁便是连通各个嘎查村与外界的硬化路。在公社解体后,曾驻扎在此地的一部分移民后裔便开始从事起了个体户,经营着各类商店、饭馆和招待所等商贸服务场所。因此,此地一时间成为连通牧区与外界的商品集散中心。琳琅满目的食品、各式的牛仔裤和衬衫、花样百出的儿童玩具,以及最为重要的中彩啤酒和草原白酒成为当地牧民的最爱。

对于牧民而言,牧区商店是他们接触现代化和全球化的最初空间。在牧区的商店中,往往可以看到三五成群的牧民靠着柜台,手中捧着俗称"大绿棒子"的啤酒,享受着商业化带来的惬意和快感。可见,牧区的商

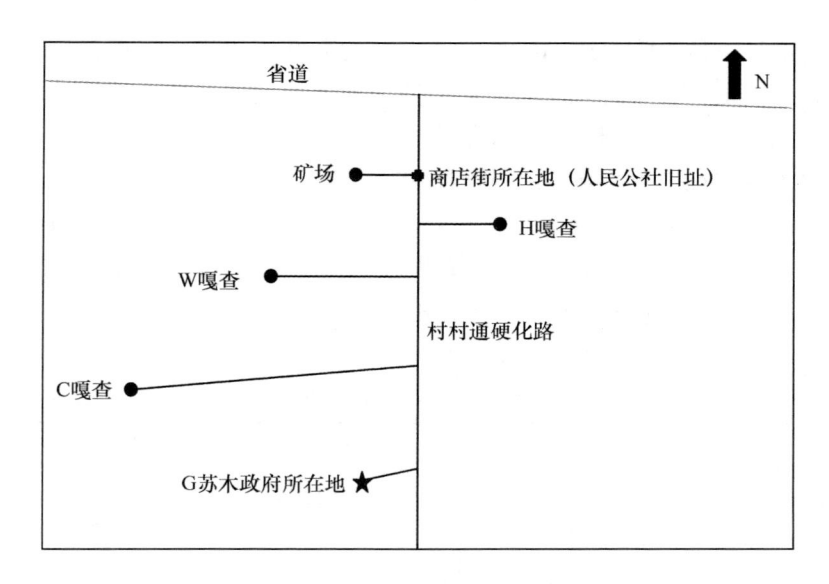

第七章 寻地热：围栏中的关系转型与草场纠纷

图 7-1　G 苏木北部区划简图

店不仅是出售商品的贸易场所，同时还是周边牧民休闲娱乐的重要空间。休闲和消费是人们演绎文化的重要方式。穿着牛仔裤，驾驶摩托车，饮用啤酒和可口可乐，成为年轻牧民标榜自我的主要方式。

而在饭店中点几斤远不及自己做的肉饼，配以草原白酒，叫上三五好友一同享用也成为成年男性的主要交际活动。女性则热衷于各类生活用品和护肤品，各式的服装也成为她们爱不释手的宝贝。可见牧区的现代化并不只是草场利用方式的改造过程，在牧民的日常生活领域同样发生着持续的变化。在此过程中，商店街成为牧民重新界定自我与外界关系的重要场域。

牧区的商店不仅是商品交易的场所，同时也是牧民消遣娱乐的地点，此外更是重要的信息集散中心。商店一般会成为广袤牧区各类信息的汇聚地，牧民们在喝酒聊天的过程中不自觉地分享着这些信息和资源。可以说商店街的个体商户绝对是掌握牧区各类消息的重要信息源。"谁家的牧场有多少""草场是否要往外租赁""草料商的联系方式""家畜贩子何时来""当前的羊价如何"，作为牧区与外界的纽带，类似的信息将会自然地集中在商户手中。加之这些商户多为移民户，因此无论是日常沟通还是处事习惯方面更容易得到外来主体的青睐。因而商店街的个体商户迅速成为外来资本与商贩进入草原牧区的中间纽带。

· 205 ·

围栏社会的兴起

无论是商品的贩卖还是信息中介带来的分红，都成为这些商户迅速积累现金的渠道。大量的现金加上信息桥的地位使这些商铺迅速成为牧区地下钱庄。根据牧民介绍，相较于信用社和农业银行，此类民间借贷具备门槛低、手续便捷、额度随意、来钱快的优势。在草场承包责任制背景下，个体化牧户因高额生产成本和高度不确定的自然风险，易于陷入现金匮乏的状态，此时便会诉诸这类民间借贷。例如表7-2所示，借款用途中因"农牧业生产"产生的民间借贷占据着最多的比例。

表7-2　　　　　　　当地2019年民间借贷情况

	项目	民间借贷参与户数	民间借贷金额（万元）
按额度	1万元（含）以下	5	4.2
	1万—3万元（含）	24	56.8
	3万—5万元（含）	15	71
	5万—10万元（含）	11	86
	10万元以上	20	554.74
按利率	年利率12%（含）以下	0	0
	年利率12%—24%（含）	4	13
	年利率24%—36%（含）	48	528
	年利率36%以上	23	231.74
按期限	6个月（含）以下	0	0
	6个月—1年（含）	30	229.2
	1年以上	45	543.54
按借款用途	农牧业生产	20	230
	经营生意	5	25
	购买修建房屋	9	30
	大额耐用消费	0	0
	医疗	14	42
	子女教育	0	0
	婚丧及生日	0	0
	还银行贷款	17	200
	还民间贷款	10	245.74
	其他	0	0

第七章　寻地热：围栏中的关系转型与草场纠纷

续表

项目		民间借贷参与户数	民间借贷金额（万元）
按还款情况	到期能还款	20	140
	到期不能还款	55	632.74

数据来源：苏木政府。

以下是两段牧民口述内容，从中亦可看出围栏社会中牧民的借贷需求：

> 分草场之后出现了各种各样的费用：雇羊倌儿、租草场、买草、兽医兽药，这些都是生产成本而不是生活成本。生活成本我给你算算：孩子到市里面上学，一家变两户、在牧区大多是男性，没事儿干就只能喝酒解愁，不然你说一个人生活咋也是苦啊，然后就是赌博玩牌，加上现在牧民收入都是季节性的，根本不可能像挣工资一样每个月都有钱，都是九月份卖完羔子才有现钱，其他时间都是银行贷款和高利贷，普通牧民银行贷款都弄不到，然后欠一屁股的高利贷，好不容易到了秋天卖完羔子了，都被追债人拿走了，根本没个剩头，那你下一年，继续借就这样陷入讨债还债的坑里。

（胡日，2019 年 7 月 25 日访谈，C 嘎查牧户家中）

> 我们每年都租草场，租草场不是一年一年的给，都是几年的一次性给，比如 5 年的租金一次性结清，这对我们来说是很大的投资了。而且收入都是季节性的，唯一赚钱的就是牲畜，牲畜价格每年都有变化，所以不会一次性卖掉，而且租草场本身就是为了增大畜群规模，卖了的话还租草场干什么，所以只能贷款。这还是有条件的，没条件的只能借高利贷。所以牧民里面没有不欠债的，其实那些出租草场的也并不是因为草场多了，才往外租的，都是因为自己也欠债了，急着用钱，所以只能把草场一次性租出去，然后补债，自己到别处当羊倌讨生活。所以才一次性收几年的草场费。

（巴雅尔，2019 年 8 月 17 日访谈，H 嘎查牧户家中）

从中不难发现，借贷已成为牧民应对日常生计的主要策略。不过，这种普遍的借贷需求也会产生一些社会问题，例如银行信贷员"吃回扣办贷款"的现象。在一些灾害频发的年份，贷款数量的饱和更是加剧了这一问题。根据牧民反应，在 2016、2017 年一些信贷员甚至明码标价"小额要只羊，大额要头牛"（小额一般在 5 万元以内，大额在 10 万元以上）①。此外，从表 7-2 中不难看出"还银行贷款""还民间贷款"也是牧民二次诉诸民间借贷的重要原因。据牧民所述为了追讨债务，信贷员会告知他们如能将本年度的利息还清，可为其办理重组续贷，这样利息将会更少一些，且不会产生罚息复利。为此一些牧民会选择短期的民间借贷用于还清银行利息。表 7-2 中"还民间贷款"的逻辑与此相同，都是"拆东墙补西墙"的暂时性策略。

正因如此，一些牧民觉得与其向银行"求着贷款"，还不如跟商户们借钱。在此背景下，以个体商户为主体的"商店街"迅速成为牧民的"财主"。根据借贷牧户介绍，一般在秋季家畜出售之后偿还本金和利息，如不能一次性偿还的话利息也会产生复利，如遇到无法偿还的情况，一般会采取抵押家畜的方式，更进一步将会面临抵押草场的问题②。在司法所挂职期间，笔者曾在所长的带领下逐一走访了陷入债务纠纷的典型牧户，并以此做出了表 7-3 所示的台账。其间根据个别牧户反映，一些债主有时甚至会篡改借款本金，以此达到征收家畜和草场的目的（表中带 * 号的案例）：

> 事件发生在 2006 年，当时牧民吉日嘎拉一家因搬去奶牛村，急需为 5 头新买的奶牛筹备过冬的饲料，因此出现了迫切的现金需求。为此，吉某曾先去了信用社申请贷款，但因生态移民的身份遭到了拒绝。无奈之下经熟人介绍结识了放贷人布某。当时吉某向布某借款本金 2 万元，利息 5 分。后到法院才知 2 万元的本金已成了 20 万元，利息为 2 分，还欠布某 60 多万元。据牧民吉某回忆，造成这一结果的原因大概是每次还款时布某都以汉字草拟借条，因而牧民无法判别，为前者篡改提供了机会③。目前吉某一家的生态补助一卡通被扣除，且在 2012—2014 年间为还款曾将草场让给了布某使用④。其间布某多次

---

① 胡日，2019 年 7 月 25 日访谈，牧户家中。
② 额尔登其木格，2019 年 11 月 19 日访谈，牧户家中。
③ 一些小学文化程度的中老年牧民，只具备汉语听说的能力，但并无读写能力。不过随着义务教育的普及，青壮年（30—40 岁）高中及以上文化程度的牧民已具备了汉语读写能力。
④ 在草场承包制背景下，为了有效治理草原生态，将不同的草地依据退化程度划分为了草畜平衡区、禁牧区等生态治理区域。依据对牧民生计的干预力度进行不同额度的生态补偿。这笔补偿款将会以一卡通的形式直接发放至牧民手中。

恐吓吉某不还款就会抵押草场、扣除牛羊。

从中不难看出牧区民间借贷的规模，以及债主对草场资源的重视和向往。作为土地资源，承包牧场将会为债主带来更持续且丰厚的经济回报。在草场承包制背景下，牧户掌握着草场的使用权，并且在草场流转措施得以落实之后，牧民们更是具备了出租草场的权益。其结果是草场的商品价值得到了进一步的解放，成为牧区社会炙手可热的资源。

表7-3　　　　　　截至2020年B嘎查高利贷情况

放款人	放贷时间（年）	借款本金（万元）	利息	已还（万元）	欠款（万元）
梁某 （6起）	2013	3	不明	6	8.5
	2014	2	1毛	10	0
	2015	5	5分	8	3
	2013	5	不明	6.8	8.9
	2014	13.25	3分5	10.2	3
	2007	4	5分	12.8	0
布某 （4起）	2014	22	3分	4.5	60.46
	2016	5	3分5	7.24	不明
	2006	2＊（后被篡改为20）	5分	5	60
	2009	1.5	3分8	7	0
田某 （4起）	2017	5	利息免除	0.8	2.2
	2013	3	3分3	4	0
	2017	3	3分	0.8	7
	2014	3	3分	3.5	不明
张某 （5起）	2015	5	8分	9	0
	2014	2.9	4分	10.2	0
	2014	3	4分	6.8	2
	2014	6	4分5	14	6
	2014	2.5	3分	2.5	7
杨某 （2起）	2014	0.4	4分	0.82	0
	2014	3	3分	1.4	3
广某	2012	2.4	4分	5.5	5.8

围栏社会的兴起

续表

放款人	放贷时间（年）	借款本金（万元）	利息	已还（万元）	欠款（万元）
斯某	2012	3	3分5	4	0
陈某	2013	5	3分	3.15	7.5
段某	2014	4	3分	2	6.9
9人	2006—2017	111.95	3分—1毛	146.01	191.26

数据来源：入户调研。

陷入借款旋涡的牧户当然也不想失去承包草场，毕竟只要有草场在便可以继续放牧维持生计，但迫于债主的威逼利诱也只能将草场转让出去。草场对于债主和牧民而言，具有不同的意义和价值，从而也会发展出截然不同的开发模式。对于牧民而言，草场不仅仅是资源，同时也是生活的基础，维系着一家人的生存。而且因为承包期限的延长，草场更是成为代际财产继承的重要内容。不仅承载着家庭的传承和集体记忆，更是保障子嗣生存的最后依托。但对于债主而言，欠款人的草场只是具备有效期的特殊商品，因此在逐利动机的趋势下往往会采取掠夺式的开发，不利于草畜平衡的维持。

笔者曾遇到过一位因债务问题将草场常年抵押给债主的牧民，青格勒图。他们家中共有两人份3000亩的承包草场，因父母债务问题，便在2013年将草场按每亩3元的低价以6年的长期租给了债主。实际上债主并没有向其支付租金，上述租赁价格和期限只是依据欠款额度以及债主使用草场意愿做出的规划①。让出草场后，牧户一家带着家畜来到了临县当起了羊倌。后来青格勒图发现债主在草场的日常利用中，往往为了追逐经济回报，会产生过度放牧的情况：

> 债主还是和我们牧民不一样，他没有那个保护草场的情节，恨不得连根都不剩地吃完。有一年我回来一看光秃秃的啥也不剩了，原本

---

① 在2013年当地草场租赁价格虽不及当前动辄十几元甚至二十元每亩的水平，但也至少接近了十块钱每亩的水平。可见青格勒图所说的3元每亩的价格实属低价。因此在对话中他也无奈地表示当时基本上是"白给草场"的状态。

第七章　寻地热：围栏中的关系转型与草场纠纷

养 200 只的草场,你拉过来 500 多只羊那肯定不行呀![1]盯着一片草场就使劲造。

（青格勒图，2020 年 7 月 29 日访谈，C 嘎查牧户家中）

此类"靠贷占地"的情形，在使草牧场压力进一步提升的同时，也为相关部门的监管和基层政府的日常管理提出了诸多挑战。这就导致苏木政府和嘎查两委并不情愿让这些债主侵占牧户草场。但这种租赁行为是民间非正式的实践策略。正如上文案例所示，草场已成为牧民摆脱债主逼迫乃至成功还债的最后资产。因此正式的监管手段将难以进行有效的干预阻止。从而也就有了所谓的"牧民成了羊倌，债主成了牧主"的现象[2]。

在草场承包制背景下牧场的商业价值得到了进一步加强，并且成为可以自由租赁流转的特殊"商品"。在 2000 年初草场租赁价格还只是每亩几元，甚至一些亲属朋友之间更是不到每亩 1 元的水平，但当前的费用已逼近每亩 20 元的大关，可见草场这一"商品"的稀缺程度和商业价值。制度转变客观上为商业资本进入牧区社会提供了契机。不过外来资本的进入也会对牧民生计和现有关系形成新的冲击。例如伴随民间借贷出现的各类债务纠纷和民事问题。为了缓解债务纠纷，解决债主侵占草场的问题，当地政府除了定期的排查之外，还会通过司法所的介入处理个别高利贷问题。然而在当前的围栏定牧背景下，在正式金融市场未能满足牧民生产性借贷需求的前提下，要想彻底根除民间借贷将会造成适得其反的后果。

周立认为农村的高利贷实际上是一种生存借贷，在正式金融市场求贷无门的情况下，原本主要用于消费的高利贷会逐渐成为农民生产性借贷的主要依托[3]。本书中的牧区民间借贷的盛行同样具有上述特点。无论是审

---

[1]　根据当地草畜平衡规定，约每 20 亩可以养 1 只羊，青格勒图家 3000 亩草场便可以养 150 只左右的羊。

[2]　胡日，2019 年 7 月 25 日访谈，牧户家中。所谓"羊倌"便是以放牧羊群为主要工作内容的职业放牧人。其中既有短期也有长期的区别。在牧区羊倌一般由外来移民充当，在日常生活中虽然牧民也以畜牧业为生，但对于主动从事羊倌的个体普遍怀有轻蔑的态度。在牧民看来羊倌是没有草场，或失去草场的"失败者行当"。可见对于牧民而言，具有草场且独立经营也是"牧民"这一身份的重要依据。如同努尔人的牛一般（[英]埃文斯·普理查德:《努尔人——对尼罗河畔一个人群的生活方式和政治制度的描述》，褚建芳等译，华夏出版社 2002 年版），"草场"已然成为一种身份的象征，是彰显财富、地位和个体独立完满性的特殊权利物品。

[3]　周立:《由生存经济看农村高利贷的表达与实践》,《财贸经济》2006 年第 4 期。

核条件还是操作环节上的非正式手段，都抬高了正式借贷渠道的门槛，因此牧民的生计生产才会转向民间借贷。虽然民间借贷是牧民维持生计的一种手段和门道，但正如上文提到的青格勒图一家的案例所示，牧区民间借贷的压力会引起过度放牧等生态层面的问题。因此要想在当前围栏定牧的背景下彻底改变债主与牧民的矛盾，减少"靠贷占地"现象，除了加强牧区金融市场的监管，更要着眼于草场承包制背景下牧区生产方式的转变。只有认清草场制度变迁与牧民生计转型之间的复杂联系，才能了解牧民收支的季节性特点，以此采取针对性的金融服务。这也再次表明了草场制度变迁对于牧区社会转型的根本性意义。

二 草原上的无名湖：承包制背景下的矿场纠纷

除个体商户之外，矿产商是在当前草场制度背景下进入牧区社会的另一种资本类型。相较于个体商业资本，矿产商具备更为庞大的资本量和社会资源，这也促使其在争夺草场资源的谈判过程中更具话语权和影响力。G 苏木北部 W 嘎查境内有一家经营了数年的煤矿企业，围绕着该厂发生了多起矛盾纷争严重影响着当地牧区的社会稳定。

起初，矛盾的焦点集中在征地补偿额度上。2009 年该厂与周边的 11 户牧民达成了临时性征地的补偿标准，向 W 嘎查支付了约为 1800 万元的征地补偿款，其中 600 万元拨给了嘎查集体，剩余的 1200 万元根据每户的征地面积补偿给了 11 户牧民。这也使被征牧户对草场的经济价值有了更为震撼的认识。在牧民的认知中，草场更多的是用于放牧养殖的场所，虽可以租赁流转但也远不及征地这般一次性产生如此高额的经济回报。时至今日，也会有些牧民在无意间表露出对于征地的向往。

可见，矿产征地使得周边的牧户开始重新评估起了承包草场的"价值"。在草场承包到户之后，牧民们的生计场所从以往的大范围游牧草原变成了固定的承包草场。不过在承包制推行之初牧民们心中依然存在着对制度的不理解和疑惑①。在他们看来草场虽是承包给了自己，但或许不久

---

① 这一点在前文提到的阿拉塔一家的案例中具有清晰的展现。在阿拉塔一家承包牧场第一次遭遇挖坑采石时，他们也怀着"国家的土地，想挖就挖，想给就给，想收就收"的态度默认了采石事实，并没有第一时间采取维权抗争手段。而且通过他们与承包草场上的原来住户的互动，也能完整地把握当时牧户对草场承包制赋予自身的权益以及承包草场价值的模糊认知。详情请参见第七章第一节第三部分的相关内容。

第七章 寻地热：围栏中的关系转型与草场纠纷

之后便会收回去，或者只是发给自己"用来放牧的，并没有其他的权利"。牧民对于承包牧场的意义及其价值的评估存在着高度不确定性。不过这种模糊认知在征地这一行动中得到了彻底的改观。他们认识到除了放牧之外，原来想要征求草场还要为自己提供高额的征地补偿。承包牧场是如此"值钱"且自身具有一定程度的决策权这一观念深入人心，促使包括被征牧民在内的 W 嘎查牧户对草场有了极强的权属意识。这也是为何有些牧民会调侃怎么不是自家牧场被征的原因。

不过随之而来的勘探过程却为牧户生活带来了不少烦恼。在实际勘探过程中，该厂直接将地下水抽出并浇灌到了邻近的低洼地带，从而造就了草原上的无名湖。突然形成的无名湖实际面积超过了一部分被征范围，漫延到了其他草场之中。因此一些牧户开始找矿产商理论，认为实际勘探导致的草场毁坏超过了被征面积，应该进行额外的补偿。双方就此僵持，并没有达成一致的和解协议。不过根据牧户反映，当时湖水只是漫过了两三家的草场，因此并没有形成集体性的维权攻势，加之矿上也只有一些施工的工人，很难找到老板等话事人，所以这一波纠纷也就慢慢地平息了下来。不过无名湖的问题并没有就此结束，在后续的发展中正是这一处无名水域成为地方社会与外来资本激烈冲突的焦点。

例如，突然形成的无名湖对周边牧户的出行产生了一定的影响，尤其是在深夜一些不清楚当地情况的外来车辆或住在较远处的牧户，都会被当地错综复杂的绕湖围栏困住。甚至在无名湖形成的那一年还曾出现过醉汉骑着摩托车一头栽进湖水中的事件。这些问题引来了当地牧民的强烈抗争。为了平息牧民的情绪，厂部出资将无名湖围了起来，一些漫过牧民草场的地方也得到了一定的补偿和修缮措施。

此外，随着矿产的勘探，被征草场上慢慢形成了几座土山，土山背后便是无名湖。一时间这里成了嘎查最为热闹的地方。伴随着一排排厂房的林立，此处整日尘土飞扬，络绎不绝的矿车加之喧嚣的施工队彻底改变了草场面貌。这种喧嚣也是周边牧户未曾预料到的景象，也对其日常生活产生了诸多影响。据矿产南边牧户反映，一到西北风盛行的时节就会从土山上刮来一层层的沙子，因此不得不在屋檐外栽下一排排树木用以防砂避风。此外，一些施工垃圾更是随风飘散至草场之中，不仅造成了生态污染而且会引起家畜误食的问题。

围栏社会的兴起

丹巴便是居住在矿山南边不远处的牧户，其房屋所在地也与苏木硬化乡道只有不到百米的距离。因此，人在家中便可清晰地看到不远处的矿山和纵横交错的矿道。在喝茶的过程中，丹巴向我们解释到屋舍前的树木正是为了防止矿山砂石之用。这几年矿产停工整顿，并对矿山做了一定的绿化修复，这才好转了一些。另外这排树木也能适当地遮挡视野，好阻隔从家门口路过的矿车灯和噪音。

令牧民头疼的另一个问题正是矿车。搬运建材和挖掘砂石的大车因载重问题，很容易在草场上留下深深的车辙印。而且矿车司机们，有时为图方便也会碾压牧户草场随意开路。通过近几年的上访和维权行动，矿车问题得到了一定程度的缓解，并且在苏木政府的干预下，已禁止矿车使用苏木水泥路的权利。根据牧户反映，这些矿车为了最大程度地利用车载额度往往会超载行驶，并且为了逃避排查通常是无牌照的车辆。即便是硬化的苏木水泥路，在经年累月的摧残下也会变得坑洼不断，为此才有了上述禁令。不过也会有些隐蔽使用的现象，为了杜绝此类问题苏木政府在水泥路各段设置了限高的杆子，同时也会时常截留偷跑的矿车移交给相关部门。

笔者曾有幸参与过一次拦截矿车的行动，当时笔者正与一位苏木干事闲聊。突然他接到了苏木长的电话，让他迅速带两个人堵在乡道上，逼停前来的三辆矿车。当时正值周五下午五点钟，镇政府上已无其他干事，他便拉着我火速赶到了乡道出口处。不过我们并没有立刻等来矿车，为了更为稳妥，他便打电话又叫了一位住在附近的牧民。不到一刻钟，我们便看到不远处有一辆白色轿车急速地向我们驶来。伴随着车门开启一位身材高挑的牧民骂骂咧咧地走下车，向苏木干事询问了矿车的情况。从其谈吐中可以发现这位牧民极其痛恨这些偷偷行驶的矿车。他觉得就是因为当前的牧户不够团结，只想着自家草场上的那点事，从而导致这些外来司机如此猖獗肆意压路压草。

载笔者一同前往的苏木干事原籍也是 G 苏木，因此同样尤为厌烦这些矿车对草场的破坏。经过了两个小时的守候，我们终于等到了缓缓驶来的矿车。逼停车辆之后他俩便质问到，既然已经停止采矿为何还在运输周边的矿石。矿车司机十分苦恼，据其所述是接到老板通知要把矿上的大石运走，不曾知晓是否开始采矿，也更不知道这条通往旗县的水泥路不允许行驶，并恳求放过他们直接与老板沟通。苏木干事经过电话协商，将扣留的矿车交给了驻扎在苏木镇上的交警，并将限高杆锁了起来。事后他向笔者解释到，这些车辆都是矿产商的，不过司机却是随便找的，拉一趟可以赚取几百块，但他们都是无证而且行驶的都是无牌照的车辆，因此可能会面临吊销驾照、罚款乃至拘留的处罚。不过在其看来这些都是这帮人应得的。据其追述早些年间这些大车司机甚是嚣张跋扈，牧民们处于十分弱势的地位。近年来，围绕着道路纠纷，时常出现当地牧民与卡车司机之间的纷争。[①]

目前，除了矿车问题外牧户与矿产商之间的矛盾主要集中在草场价值和补偿款之上。起初，该企业只有勘探权并无采矿权，因此在勘探之后迟迟没有动工开采。不过在牧民看来，抽取地下水、剖挖草场堆积成山的举动已经超出了勘探的范围，不再是临时性的征地。他们指出这些行为已对所征草场以及地下水资源造成了不可逆的破坏，与采矿行为本身并无差异。因此需要再次明确征地性质，并给予额外补偿或退回所征草场另进行相应的修复工作。实际上，该厂在勘探之后并没有彻底闲置所征草场，一些没有被剖挖的牧场被当作饲养家畜的天然草场利用了起来，而且无名湖也被作为池塘经营起了渔业。这些行为在当地牧民内部引起了极强的剥夺感，深感当初是被矿产商欺骗了。所征草场不仅超出了勘探用途，而且此刻已然成为矿产商增加副业的资源。而且在开发过程中还对自身生计与牧场生态造成了诸多破坏。这种剥夺感使牧民们觉得当初的补偿款已不足以赔偿这一系列损失，就此开始了新一轮的集体抗争。

上访集团主要由2009年被征地的11户牧民代表组成。他们在2018年便向苏木政府提交过自身诉求信，希望政府出面解决矿产征地带来的环境问题。苏木层面认为此次矿产纠纷涉及草原生态保护、煤炭资源开发利用、矿区植被恢复及草原征占用手续办理等诸多工作环节，仅靠自身做好

---

① 古副镇长，2019年10月20日访谈，在其车上。

围栏社会的兴起

上访牧民稳控及情绪疏导工作于事无补，因此便向旗县政府提交了相关事件报告，申请县政府协调发改局、自然资源局、林草局、水利局、公安局、政府督查室及煤炭集团等部门单位对该信访案件采取联合督办的形式。为了给政府和煤炭企业施加压力，上访牧民还找来了地方媒体，揭露了 W 嘎查煤炭开发的经历以及引起的社会问题，掀起了舆论风波。除此之外，他们还向旗县相关部门提交了诉求信，信中要求矿产商澄清征地性质，并要求对矿山进行生态修补，如无法提供相应补偿便要求收回所征牧场。与此同时，一些被征地的牧户开始要求嘎查两委就最初补偿款中的 600 万元提留进行开支说明。在他们看来，这 600 万元一直没有明确的开支项目，因此一些上访户觉得，村干部定然与矿产商勾结私吞了补偿款。可见上述遗留问题不仅异化了牧区与外来资本的互动关系，也在悄无声息地形塑着牧民与集体代理人之间的信任关系。

第四节　小结：围栏边界重塑牧区主体关系

至此，我们分析了承包制背景下的牧民彼此、牧民与集体、牧民与政府、牧民与外来主体之间的互动关系和矛盾纠纷。这些主体关系的变迁离不开草场承包责任制及其背景下的草原治理政策、产权制度的调整过程。正是这些政策法规与制度办法组成了决定草场所有、使用、管理、利用和治理的制度环境，为重塑主体关系提供了制度基础。

通过各类主体关系及其纠纷矛盾的梳理不难看出，草场承包责任制改革及其后续产权制度的调整，通过明晰化草场权利的方式，为不同主体赋予了不同的制度角色和权利地位。例如，在承包制背景下，牧民具备草场使用权和经营流转权利，但并不具备所有权和非农建设权利，而牧民集体具备草场的所有权。外来资本则可通过集体和牧民权利转让，获取草场利用权。可见，草场制度变革不仅形塑着牧民彼此、牧民与集体以及牧民与国家的互动关系，而且也为牧区社会与外界联系提供了新的制度环境。制度通过分离所有权和经营流转权的方式，促成了集体所有制下的草场流转，从而带来了各类草场的实际占有者。这种不同的角色和位置为不同的主体赋予了不同的约束和资源，客观上为彼此互动提供了共享定义与参照系统。

实际上，主体关系的变化也反映出了牧区社会的转型过程。当下的草原已不再仅仅是牧民的放牧世界，也是地区产业升级、能源开发背景下各类资本与主体竞相逐鹿的舞台。这种变化客观上压缩了牧民的放牧生计空间，也促成了草场的多样化利用。可想而知，这种转型必然导致草场商业价值及其稀缺程度的进一步提升，客观上促成了牧民彼此、牧民与集体乃至牧区与外界之间的互动关系。

第八章 围栏社会中的私地困境与地方性合作解

自1997年草场承包责任制开始，草原牧区围绕着草场经营、使用、管理和治理经历了一系列制度变革。通过这一系列制度调整，牧户个体获得了独立经营草场的权利。在此背景下，为了达成排他性的草牧场利用目标，牧民们纷纷兴建围栏围封草场，开始了固定围栏内定居放牧的围栏定牧生活。围栏并非仅仅是围封草场的工具，更是牧民保护自身承包牧场的权利符号。这种符号既是对周边牧户的警示，也是对自身草场经营权的确认和再生产标志。此外，在围封禁牧等草场治理语境下，围栏同样成为国家权力下沉和治理达成的主要工具。因此围栏不仅彰显着个体草场承包权益，也形塑着牧区人际关系，同样界定着国家、集体、个体之间的草场权利边界。在此意义上围栏已然超出了一般基建的范畴，成为制度变革中草原牧区的主体表述与权利符号。

不过值得注意的是，在围栏定牧背景下，无论是人地关系还是围绕草场的主体关系都面临着不同程度的私地困境。其中的私地并非指草场的私有化，而是强调草场承包制背景下的个体化经营状态。这种个体化经营方式的产生离不开草场承包制及其后续草原生态治理措施对牧区人地与人际双重维度的重塑过程。另外本书所指的私地困境并非意在否定草场承包责任制，而是想要揭示围栏社会中的现实难题。私地困境表现为一种两难的境地（dilemma）。草场承包制具有时代必然性和制度优势。这一制度设计不仅有利于牧民生产积极性的提升，也在一定程度上达到了权责利一体化的草场治理体系。不过承包制背景下的草原牧区也出现了资源依赖型发展路径、草场生态退化、监督治理成本过高等发展桎梏与生态治理难题。与此同时，过高的治理成本以及制度设立的角色分隔不仅不利于草场治理的有效达成，而且还会引起干群之间、牧民彼此之间的纠纷矛盾。对这一现实境况，本书在理论上将其概括为草场承包制背景下的"私地困境"。

实际上，围栏中的牧民也逐渐对私地困境具备了一定的认识和反思，并且为了缓解私地困境采取了一系列主体实践策略。相较于决策者和监管者而言，他们是具备最直观体验的在场群体。因此在日常生活中一些牧民便通过重建礼俗的方式试图重新整合私地困境中的人际关系。为此，本章将在概述私地困境现实表现的基础上，通过梳理 G 苏木 H 嘎查牧民自发性礼俗重建的历程，来探讨这一主体实践就"私地困境"而言的现实意义。

第一节 围栏社会的私地困境

根据前文的总结，不难发现围绕草场引起的制度调试，主要从人地和人际两个维度重新塑造了牧区社会。无论是最初的草场承包责任制，还是紧随其后的草原治理措施，都无疑从以上两个关系改变了牧区社会的整体面貌。人地关系的调整直接改变了牧区"人—草—畜"之间的动态关系，进而影响着牧民生计方式与基层畜牧业的发展情况。此外人地关系的变化也会反映在草原生态之上，因此也会改变牧区生态情况。而草场承包制以及生态治理措施客观上也为牧区相关主体互动提供了制度环境，进而影响着牧民彼此、牧民与国家乃至牧区与外界之间的联系。围栏社会中的私地困境同样体现在生计、生态和互动关系三个方面。

一 生计困境：资源依赖型模式的瓶颈

通过 G 苏木草场承包到户及其牧民生计变革历程的梳理，不难发现草原牧区依靠人际网络移动走场的传统放牧方式已被定居式的围栏放牧彻底取代。在此基础上为了限制过度放牧问题，以草畜平衡为核心的草原治理政策应运而生。从而使得围栏放牧逐渐转变为了围栏定牧，即不仅要牧民固定在某一牧场上定居放牧，还要确定草场载畜量的定额畜牧。

在围栏定牧背景下，牧民的生计依托便是承包牧场，除此之外已无处自由移动游牧，只能通过对承包牧场的开发建设来维持和提升自身的生活水平。因此相较于记忆中的祖先，当前的牧民更加重视承包牧场的边界，以及对这一边界的守护，更为重视对于有限牧场空间的纵向建设利用。围栏定牧中的牧民生产生计体现出了有别于游牧走场的"建设养畜"特征。即在资本、技术和劳力的加持下对承包牧场内的"人—草—畜"系统进行现代化的开发和改造，使其脱离自然约束成为独立运转的集约型牧场。

首先，对于"人"这一环节来说，"牧民"一词似乎已不再能统摄放牧者角色的多样性。随着草场承包制背景下草场租赁流转的普及，畜牧业已不仅仅是当地牧民的专属职业。草原牧区迎来了打草商、租赁商、债主等外来行动者的加入。他们不一定通过自身的实际放牧行为来获取报酬，而是会采取租用、打草等方式纵向开发草牧场。因此我们需要澄清当前牧区社会关系的多样性特征，以及由此产生的社会生态效应（第七章）。此外，在实际从事畜牧业的牧民群体中，也逐渐体现出了更为精细化、职业化的角色特征。这种变化使得当前的牧民和农民之间的差异更为减少，反而使得二者在土地的利用和开发方面表现出了更为相同的一面——纵向精细化的建设开发。

其次，对于"草"这一层面而言，围栏定牧背景下的建设开发特征表现得更为直接且明显。在当前的畜牧业中，草地牧场是流动且开放的，也是最为基础的生产资源。在有限的牧场中想要达成可持续乃至更高的收益便需要尽可能地增加单位牧场的载畜能力。然而这又与草畜平衡存在着矛盾，为此在实践领域便出现了草场租赁流转。除此之外，牧民们也开始了对草地牧场的投资，除了划分子牧场进行微观游牧之外，还有一些资金能力雄厚的牧民在承包牧场上开启了饲草料地的开发工作（见表5-6）。与此相应地各类草料切割机、捆草机、打草机等设备也逐渐成为牧户需要添置的必备生产设备。这些投入都反映出了围栏定牧中的牧户对草地资源的纵向开发程度和热情。

最后，对于"畜群"的建设与开发则体现在畜群结构与饲养方式的变革方面。为了在有限的围栏牧场中产生更高的收益，个体牧户便需要养殖更为经济型的畜种。因此整体层面上当前的围栏定牧呈现出了"小畜做大、大畜减少"的特征。"发羊财"已是围栏中的牧民最快速的致富手段（第五章）。畜群的饲养中饲草料的比例大幅增加，舍饲圈养在草场治理语境下成为当下牧区的重要养殖手段。

由此可见，在围栏定牧中牧民个体不仅需要购置草料、租赁草场、建设围栏，而且还需调整畜群结构、建设棚圈基建以此缓解人地紧张关系。

这就导致个体牧户需要承担更为庞大且持续性的建设成本。然而对于小牧户而言这种建设往往是不可持续的。因此在围栏定牧背景下才会产生集体性的借贷问题。在草场承包制背景下，牧民生计已走向了资源依赖型的发展道路。当个体牧户无法承担草场的可持续投入与开发时，便会开始对外部主体的依赖，促成了从资源依赖向外部依赖的转变。

银行贷款（见表 1-1）与民间借贷的盛行（见表 7-2、表 7-3），正是牧民为了维持生计而采取的一种依赖方式。除了对外部资本的依赖外，对于国家项目的追逐也成为一些权力精英和能人群体的资源捕获手段，反映着牧区对国家的依赖程度。当"人人都在跑项目"时，各类生态治理与"扶贫攻坚"的项目资金便会异化成地方社会逐利的资源。可见围栏定牧下的建设养畜需要持续性的资源投入，当个体牧户无法承担这种生产成本时，便会产生上述不同程度的外部依赖。这也是为何 G 苏木民间借贷与银行借贷如此普遍且高发的生计缘由。

二 生态困境：在场空间的缺席治理引发的社会生态后果

为了有效治理草场承包制背景下的生态退化问题，国家实施了一套自上而下的生态治理政策体系。不过在草场退化根源的判断上，则更多地聚焦在了牧民的"过度放牧"这一点上。在此语境下，国家针对草原退化的治理措施，多以限制牧民草场使用权为主要特征，力图通过草畜平衡、休牧禁牧以及生态移民等干涉手段，达成草原牧区"减人减畜"的目标。就治理内容而言，除了在常态化草畜平衡的管控基础上针对不同退化区域采取季节性休牧或常年禁牧的方式外，也会采用生态移民等动员式的治理模式。

无论是常态化的治理，还是动员式的治理，草场治理政策为不同主体赋予了不同的角色，以此限制草场权利，从而达成草场治理的目标。具体而言，国家作为制度制定、实施和监管者，其职能的达成主要依靠派出机构与各级政府的协同配合。不过作为被治理的牧民却是"在场"的社会行动者。对于牧民而言，草场不仅是生产资料，也是铭刻族群过往与家族记忆的情感空间。草场不仅决定着自身生计安全，也是寻求身份确定性的重要依托。不过在草原生态治理的话语中，却将牧民的在场性简化为了"过度放牧者"，从而开启了限制牧民草场使用权——限地权——为主要特征的治理过程。

这就使得整体的草场治理陷入了一种"在场空间的缺席治理"的困境之中。在此模式下牧民被简化为了"待改造"的对象，地方性放牧知识被界定为"粗犷落后"的生产方式，以此开始了自上而下的生态改造计划，忽视了地方主体的参与和共建共治。因缺乏社区共同治理主体的培育，要想达到治理目标，便需要投入大量的人力物力，以此增加监管环节，避免监管漏洞，从而造就了监督成本极高的治理体系。然而实践证明，实际监管人员因受制于地方社会人情网络和部门逻辑，往往会滋生与牧民共谋的现象（第六章）。这也是为何一些休牧禁牧区的牧民反向输送"上交款""上缴羊"，以此换取放牧权利的原因。除此之外，对在场主体的简化标签也会造成针对牧民的刻板化印象，从而在治理过程中产生"一刀切"式的生态改造工程。

综上所述，在场空间的缺席治理不仅会造成高额的治理费用，还会形塑牧区各个主体之间的利益关系，从而产生持续性的博弈过程。在这种博弈之中不同主体都有各自的主体逻辑和考量，其中既有地方政府的发展逻辑和监管单位的部门利益，也有地方权力精英的自利动机，更有弱势主体的集体抗争。可见承包制背景下的草场治理并不仅仅是自上而下的政策界定和法规确立过程，也是深入在场社会的制度落实过程。这一过程中包含着不同主体之间的复杂互动，而这些互动博弈也为草场治理目标的达成增添了许多不确定性。

三 治理难题：围栏社会中的纠纷矛盾

除了生计困境和生态问题外，围栏定牧也引起了不同主体之间的竞争关系。这种竞争关系在彼此话语权和权力地位的差异中，极易演变成对抗博弈关系，从而引发矛盾纠纷为基层牧区社会带来了治理难题。

首先就围栏社会中的牧民内部而言，随着围栏定牧的普及，个体意识日趋增强，彼此之间的互惠关系和合作行为相应减少。个体性的增强来源于草场资源与牧民个体的匹配性联系。在围栏社会中，收益与风险的高度统一，使牧民对草场资源更加珍视，对于越界放牧、侵占草场等行为的容忍度也随之降低。然而草原却是一种公共属性较为突出的土地资源：一处牧场的退化可能会引起扩散式的生态问题；一家牧场的围封可能会造成集体邻里的出行难题（第七章）。当这些"鸡毛蒜皮"的邻里纷争日益凸显时，牧民彼此之间的关系也会进一步疏远隔阂。

除了牧民之间的人际关系外,围栏定牧背景下牧民与集体之间的关系也发生了变化。就草场承包制而言,我们可以发现哪些群体具备承包资格、可以承包哪类草场、承包家畜的数量标准如何等制度落实的实际标准都会受制于牧区社会中集体权力的深刻影响(第七章)。可见,草场承包制的落实不仅是对牧民个体的赋能过程,同时也是基层社会集体权力重塑社区、再生产自身地位的结构化过程。由此个体与集体之间的关系出现了模糊性和变动性的特点。

"集体"的外延对于不同的牧户个体而言具有不同的边界。在同一群体内部,也会产生不同的"集体"外延。例如对于外嫁女而言,集体便是掌握基层话语权的权力集团(第七章)。因此对于身处不同社会地位的牧民而言,集体的具体范围和所指会随着亲属结构、权力关系和社会声望的不同而发生变化。"集体"的态度也会因此而异,充满了不确定性和模糊性。这种模糊的集体边界,也是产生牧民与集体代理人关系不和谐的一大诱因。

此外,随着草场商品化趋势的进一步加强,使得牧民与外来市场主体的关系变得更为直接且紧密。在传统游牧时代草场归王公贵族和喇嘛集团所有,普通个体牧户只会依据特定身份灵活使用牧场。同样在公社时期,草场也是以集体的方式公共使用,牧户的放牧选择由公社和大队统筹部署,牧户个体并没有排他性的牧场占有权。不过随着草场承包到每一牧民个体,相较于游牧时代和公社时期,围栏社会中的牧民就草场管理、利用和处置方面均有了极大的解放。这也是为何在 G 苏木历史上,2000 年初便出现了草场私下流转现象的原因所在。

草场流转为各类资本进入草场提供了条件。第七章提到的高利贷债主和矿产商,在实践中均可以通过正式或非正式的方式获得特定牧场的利用权利。所以说当前的牧区已不再仅仅是牧民的栖息地和生活世界,更是整体社会与市场体系的重要一环。如此一来,便带来了多样的城乡资本和社会行动者,促使牧区主体关系和互动方式变得更具多元性和脱嵌化特点。其结果是在当前牧区社会中出现了诸多"缺场的占有者"。相较于牧民,草场对其而言更多的是产生收益的生产资料,而非生活空间。因此在草场利用过程中为了追逐最大化的效益,这些缺场的占有者往往会采取过度开发的方式。通过第七章相关内容的分析,我们可以发现商业资本的进入,也会产生不同强力之间的博弈和对话。在此过程中不乏不公平的竞争关系以及由此诱发的各类草场纠纷（第七章），为基层牧区社会治理提出了诸多难题。

综合而言，私地困境的三种表现彼此之间具有密切的联系。首先，从生计维度出发，可以看到资源依赖型的畜牧业发展模式的结果便是对于资本的直接依赖和草场资源的过度开发。高额的生产成本加之收入的季节性特点，使得牧民在特定时节需要大量的资本用于畜牧业再生产。而整体社会的资源依赖型发展模式归根结底仍是对草地资源的开发过程，大额的草料和普遍性的租赁行为，进一步加重了对于草原的纵向开发。

其次，从生态困境出发可以发现私地造成的生态问题进一步凸显了承包制背景下的草场公私矛盾。分布型过牧的扩散现状暴露出了承包制背景下的邻里监督与合作治理的困境，揭示了草场退化与私地经营之间的复杂联系。这种生态问题的凸显，使得牧民对私地更加珍视，从而激化了彼此之间的资源争夺。一方面，租赁草场的价格进一步提升，客观上加重了牧民生计压力。另一方面，对于草场资源的争夺已从熟人社会迈向了外部社会，造就了更为复杂的主体博弈过程。

最后，我们可以看到草场纠纷的负面结果已然转嫁到了牧民生计与草原生态之上。无论是牧区邻里之间的草场纠纷，抑或是围绕集体成员权展开的村民与权力集团的对抗，还是牧民与监管人员以及外来市场主体的博弈与冲突，都无疑加强了彼此之间的区隔和分化，不利于基层牧区草场资源的整合利用，更是阻碍了彼此之间的合作行为。其结果便是私地经营模式的固化与加强。牧户之间各自为"阵"局面的加剧，不利于草原生态共建共治共享。

由此可见，私地困境是草场制度变迁中人地关系与主体关系变化促成的综合困境。生计、生态与秩序问题彼此交织、相互加剧，阻碍了牧区社会的进一步发展。不过牧民也是能动的社会行动者。在牧区社会中已有一些牧民群体正在尝试修补围栏定牧下的人际关系和人地互动模式。这种尝试源于对当前经营方式的反思，是对自身生计状况、社区身份和人际关系的重塑过程。这种地方性的社区整合过程，试图通过重建敖包礼俗的方式重构社区中的人地关系与人际关系。那么这种地方性动员和尝试对私地困境有何种意义？为此接下来将从H嘎查实际案例的历时性分析中审视来自地方社会的主体尝试。

第二节　敖包礼俗的重建与牧区社会整合

祭敖包是蒙古族传统的民间习俗，体现着"山水有灵、自然一体"的文化理念。步入 20 世纪 90 年代，伴随着基层牧区祭祀传统的重建与恢复，敖包祭祀仪式再次成为探索蒙古族文化特质的切入口。正如格尔茨所言，仪式是一种离不开主体建构的"文化表演"，主体会通过仪式过程确证自身的信仰[①]。仪式过程并非简单的结构反应，同时也具有深刻的主体能动性，而仪式演绎同样也会对主体行为产生规训与形塑的作用。在私地困境中，敖包祭祀仪式的重建更是成为重新修补牧区人际关系，整合人地资源的契机。

一　想象的游牧与敖包重建：私地困境中的社区动员

1997 年草场承包到户的直接结果，便是围栏定牧的普及。不过围封牧场对当时的牧户而言确是一项巨额投入。例如 H 嘎查的道尔吉老人，家中共有近 1 万亩的承包牧场，1997 年分得草场后最初的围封费用便高达 2 万元。此外连年修缮仍需 2000—3000 元的支出，且草场内部还会建设子围栏以供不同畜群不同时期的养殖需求。

据老人回述，近十年中先后围封了五片"子草场"，连同每年的修缮成本共花费了大约 8 万元的建设费用。除了围封草场的花销之外，每年还需储备家畜过冬的饲草料，而这也成为牧民生计负担的另一项主要支出。大肆购置草料离不开承包之后的围栏普及。因各家各户都完成了围封草场，传统的移动式的灾害规避方式无从展开，客观上助长了为防备雪灾和旱灾而大量储备草料的生计选择。道尔吉老人表示当下每年需要近 10 万元的草料支出。

开支如此之大，那么收益又如何？众所周知，牧民以出售家畜为生，其中尤以羔羊为主。当前的畜牧业生产流程大致如下：1—3 月完成接羔工

[①] ［美］克利福德·格尔茨：《文化的解释》，韩莉译，译林出版社 2014 年版，第 138—140 页。

作①、3—9月哺育幼畜、8—10月出售幼畜。从产仔到出售幼畜，需要数月的抚育期投资。在此期间除了出售零星家畜之外没有其他任何收入，直到秋季集中贩卖家畜之后才会有所收成。可见牧民生计具有极强的季节性特征，只有到了秋季才能获取全年的主要收成。然而此时需要修建围栏、购买草料，甚至还需租赁其他草场进行保畜工作。

这些工作都需要在夏末秋初完成，这就导致一年的其余时间里留给牧民的周转现金微乎其微。因而当面对频发的自然灾害时，缺乏现金支撑的牧民只能诉诸借贷解决眼前的困境。从表8-1可以看出，H嘎查2019年不良贷款的牧户数量便近三成之多（28.6%）。如果加上每年按期结清或办理暂期延息与民间借贷的牧户数量，借贷规模将会更加庞大。

表8-1　　　　　　　H嘎查牧户2019年不良贷款情况

嘎查总户数	不良贷款户数	贷款金额（万元）
105	30（28.6%）	655.2207

数据来源：苏木政府。

除了生计难题外，围栏定牧也对牧区人际关系产生了深刻的影响。虽然围栏的普及一定程度上杜绝了家畜越界啃食造成的邻里纠纷，但同样产生了新的人际矛盾。

H嘎查北部有绵延数里的芨芨草滩，在夏季雨水丰沛之际草滩积水颇多，因而自古以来嘎查北部便有条绕行的村道，为周边牧户日常出行提供了便利。不过在草场承包制背景下，村道也随之被划分到了沿途的牧户手中。为了保障各家通行，沿途各户在围封草场之时留出了村道的出入门。然而日常使用中难免会出现忘记关门导致围栏内家畜越界啃食或走失的问题。此外因长年累月的使用，原本的土路早已坑洼满道，因而一些牧民为图方便会在旧道两旁开出新路。这就导致村道两旁的草场迅速退化，触犯了沿途各户的利益，进而引发了报复行为。沿途牧户或在新路上泼洒酒瓶，或摆放石头堵路，或尽可能缩小道路入口以此减少大型农用车辆进入，造就了多段"玻璃道"和"陷阱路"，甚至一些牧户直接堵死了自家

---

① "接羔"统称家畜产仔期间的畜牧工作。

牧场内的村道。就此围绕着道路，H嘎查北部牧户之间频繁发生矛盾冲突，导致人际关系异常紧张。

除了生计难题与纠纷矛盾之外，围栏放牧也产生了一些生态问题。例如第六章所述，H嘎查北部巴乙拉近年来便深受草场退化问题的困扰。巴乙拉承包草场大约1万亩，因此会采取划区轮牧的方式经营牧场。如此一来草场压力会相对小一些。但近两年巴乙拉发现与邻居青格乐家接壤的部分草场出现了明显的退化和沙化现象。青格乐家只有3000亩的承包草场，加之连年过度利用导致了草场退化问题，甚至一些边缘区域出现了局部沙化的现象。而且青格乐在与巴乙拉家接壤的位置另围封了一小片草场用于单独圈养种公羊。此处草场在种公羊常年的践踏下退化程度更为明显，进而蔓延到了巴乙拉家的牧场。看此情景，巴乙拉无奈道："围栏挡得住牲畜，但挡不住沙子呀。"

可见在当前各自为"阵"的草场利用背景下分布型过牧显然出现了扩散效应。在围栏定牧的背景下有效治理此类问题，便需要牧民彼此间的合作与监督。不过在"各自为阵"的草场利用背景下要想达成这一目标，显然需要社区内的有效整合。通过上述梳理不难发现，H嘎查围栏社会中的牧民生计、人际关系和草原生态治理等方面都出现了诸多私地困境。牧民们下马上车，收起毡房住进了砖房，过上了先辈们未曾享受过的定居生活。定居后的生活为牧民带来了现代化的便捷，也促进了畜牧业的持续发展。不过与此同时，也相应出现了生计难题与身份危机。高额的生产成本和高度不确定的自然风险促成了个体化牧民的生计困境。而围栏引发的人际矛盾和生态问题更是在生计困境的催化下，加剧了社区整合的难度。此时，传统民俗则成为牧民在不确定性中寻求自我慰藉，在变动中摆脱身份危机的本土资源。可见H嘎查重建礼俗的过程具有明显的制度背景，牧民的主体实践离不开对围栏社会中的私地困境的反思。正如发起重建敖包的H嘎查牧民巴雅尔所述：

> 祭敖包能让人们坐在一起赛个马、摔个跤、乐一乐，这才有点牧民的意思。以前我们牧民不都是来回游牧的嘛，这回我在你家几天，下回你有难找我。现在没了，分了草场人都自私了，就想着自己。畜生嘛，它不像人，会认出来是不是你家草场，难免钻围栏多吃那么几口，结果牧民就不乐意了，又是骑摩托车赶，又是骂人，有的还要收

费,现在更好了,有的路都不通了。不过现在吃亏了,鼻子进烟了,开始明白彼此走动的重要了。

(巴雅尔,2020 年 6 月 22 日访谈,H 嘎查牧户家中)

巴雅尔承包的草场上有一处寺庙敖包的遗址①。据 H 嘎查老牧民介绍,该庙在抗日战争时期不幸被毁,庙众也四散而去只留下了如今的遗址。2005 年在当地喇嘛和老人的指导下,巴雅尔联合相邻牧户开始了重建敖包的工作。敖包祭祀具有极强的地域特点,在传统游牧时代,不同的氏族部落会祭拜特定的敖包。而且不同地区的敖包构成与祭祀仪式也会有所差别。因此重建敖包需要请教喇嘛和老者,以此确保仪式过程的正当性与合法性。

在重建之初,高僧看到原先的敖包遗址上长满了郁郁葱葱的芨芨草,故而认为无须破坏自然风水重建于此,改为在其前方修缮十三个独立敖包。其中,居中的是主敖包,两边依次排开六座小敖包,统一构成重建后的敖包体系。"十三"这一数字同样深刻地反映着藏传佛教对于蒙地民间信仰的影响。正如班扎罗夫整理所述:"以主敖包为核心构成的十三个敖包,象征着佛教中的整体世界,居中枢位置的大敖包代表须弥山,其余小敖包代表着十二个洲。"②

除了礼俗权威的参与外,重建敖包同样需要基层社会的动员和祭祀组织的结构化过程。不同类型的敖包,其祭祀组织的形成方式均有差异。对于蒙古族牧民而言,不同地区均有祭拜的主敖包,此类敖包不仅传承悠久,且辐射着一定氏族地域,并存在着相应的民间祭祀组织。这种民间组织往往由该地区不同苏木的村庄能人组成,这类牧户往往具备社区声望、财力基础且社会支持网络庞大,因而足以承担筹建祭祀所需的人力物力。例如,邢莉调查的东乌珠穆沁旗白音敖包便是该地区牧民祭拜的主要敖包,在其恢复祭祀的过程中需从旗县 15 个苏木镇选出 15 名代表组成敖包

---

① 寺庙敖包是蒙地常见的一类敖包,常兴建于寺庙周边。相较于其他类型的敖包,寺庙敖包的祭祀对象和内容也与藏传佛教联系更多。

② [俄]道尔吉·班扎罗夫:《黑教或称蒙古人的萨满教》,乌云毕力格译,内蒙古文化出版社 2013 年版,第 36 页。

祭祀组织，由此统一负责祭祀事宜①。

除了此类地区敖包之外，当前牧区还有一些小型村落敖包和个人筹建的敖包。相较于前者，后一类型的敖包主要辐射嘎查村范围，其祭祀组织也由当地牧民自发形成，H 嘎查重建的敖包便属于此类。实际上，H 嘎查当前的居民并非此地原住民，此地原来的牧户在中华人民共和国成立之初因常年战火均搬迁到了其他地区，根据当地老人介绍其中一部分甚至北迁到了蒙古国境内。眼下 H 嘎查居民主体为中华人民共和国成立后为在此地筹建人民公社而从相邻旗县调入的牧民。他们虽然迁出了熟悉的牧场，但依旧坚持着对故乡敖包的祭拜传统，对当地的寺庙敖包则更多地出于敬畏之情。加之，寺庙敖包在他们迁入之前便已损毁，因而也就没有形成地区性的祭祀传统和规模。

考虑到敖包性质以及敖包遗址就在自家承包草场，且承包制背景下的牧区整合难度，为了更高效地重建敖包，巴雅尔决定先以周边五户为核心成员共同筹建。这五户因常年相邻而居，加之不同程度的亲缘和地缘纽带，因而彼此联系较为频繁，人际关系相对缓和友善。其中巴雅尔和他弟弟特木格均为嘎查中最先富裕起来的牧户，加之特木格当时还担任着嘎查长一职。因此二人具备着一定程度的社区声望和集体动员能力。其余三户中胡日查和恩和属于中等小康水平，只有桑杰的生计条件较为一般。因此为了加强五户之间的凝聚力，同时考虑到其他三户的家庭情况，巴雅尔决定修缮费用先由自己垫付，不过每年的敖包祭祀，由大家统一筹办。巴雅尔等人重建敖包的行为，也得到了一些老牧民的经验指导以及青壮年的劳力支持。其中并无雇佣关系，为了答谢人情筹建五户一般会宴请这些牧户，并且在结束后为其赠送了奶食、酒水等礼品。可见，重建敖包的过程本身也为嘎查牧户提供了增加人际互动、强化社区认同的契机。当然重建礼俗的过程也为巴雅尔获取了弥足珍贵的话语权和社会声望，筹建之初其他四户便达成了一致，将巴雅尔推举为了祭祀总负责人。

在重建敖包之后，五户决定共同承担每年的祭祀工作，并决定每年各自提供 2000 元的备用金用于聘请喇嘛、购置祭祀所需物品以及游艺活动的奖励。此外，每年祭祀时往往需要宴请前来祭祀的亲朋好友和邻里牧

---

① 邢莉：《当代敖包祭祀的民间组织与传统的建构——以东乌珠穆沁旗白音敖包祭祀为个案》，《民族研究》2009 年第 5 期。

户，其中主要以牛羊肉和奶食品为主。考虑到这些餐食均可以自行提供，因此他们决定这部分开支便由其五家以每年轮流坐庄的方式承担。当然除此之外，还需酒水、瓜果和其他需要购置的食品，这些开支则由备用金统一购置。备用金的管理权交给了巴雅尔，并且规定在每年祭祀过后须同其余四户共同结算多退少补。祭祀过程中留下来的物品，例如临时蒙古包、桌椅等则统一储藏在恩和家中，由其保管来年继续使用。此外，祭祀过程中收到的一切礼品、现金以及剩余的食品，都将归属当年负责餐饮的牧户，当然指定赠予某人的礼品排除在外。至此，重建过程的社会动员、人际互动，以及巴雅尔、特木格等人的社会声望和权力地位，加之礼俗活动具备的宴会与游艺活动配备的丰厚奖励，将重建后的敖包祭祀迅速演变成了 H 嘎查每年夏日中的一项盛大的村社集会。

从上可知，H 嘎查的敖包重建行为是民间自发的文化重建活动，可以理解为一种为创造出更为满意的文化，从而采取有组织的创造恢复文化的社会动员过程。对于 H 嘎查而言，敖包祭祀的恢复更为看重传统信仰搭载的人际关系和社区整合状态，以此克服私地困境。对此，巴雅尔谈道：

祭祀敖包可以缓解人和人之间的关系，现在都是各自在自己的牧场里面，都不怎么走动，以前游牧的时候，大家到敖包祭祀和那达慕上热闹热闹，但是后来就少了。

（巴雅尔，2020 年 6 月 22 日访谈，H 嘎查牧户家中）

敖包祭祀仪式的重建，意图整合嘎查牧民，起到增加社区成员彼此认同的目的。这其中集体记忆发挥着至关重要的作用。记忆不仅是个体的，同样也是由集体创造的社会记忆[1]。集体会依据不同的社会情景，能动地构建集体记忆。就 H 嘎查而言，面对私地困境中的人际疏远与日渐频繁的纠纷矛盾，如何缓和彼此关系、增加生计互惠以及在变动中寻求自身身份的确定性是牧民现实的需求。因此集体记忆的回溯内容也以守望相助的"游牧民"形象出现。正如参与敖包重建的牧民胡日查所述：

以前游牧时期不都是这样的吗？几户之间相互合作，一起游牧，

---

[1] ［法］莫斯里·哈布瓦赫：《论集体记忆》，毕然、郭金华译，上海人民出版社 2002 年版。

年长有经验的牧民，带着大家放牧，安排每家的营盘。那才是牧民该有的样子，现在就是因为不这样了，所以才会因为草场发生冲突，要想改变现状，就得重新找回失去的东西。

（胡日查，2020年6月21日访谈，H嘎查牧户家中）

记忆中的传统表现出的形式与内容，来源于现实需求和未来预期。以现实建构记忆的方式，将传统敖包祭祀与社区理想状态的关系提到了空前高度。可见，H嘎查牧民恢复传统敖包祭祀的行为并非凭空产生，其中具有深刻的社会因素。在私地困境中，面对日趋增长的生计负担和邻里纠纷，嘎查牧民开始了对自我身份的追问。这种追问形成了集体记忆的重现和再建构过程。其结果便是通过民俗活动的重建来重新演绎想象的游牧角色和牧区社会，以此在生计不确定性中寻求自我与社区的确定性。

二 祭祀仪式与演绎的游牧

作为一场"文化表演"，仪式为参与者提供了表演的"舞台"。在H嘎查敖包祭祀这一场仪式"舞台"上，牧民们通过筹备、祭祀、游艺等具体环节演绎着想象的游牧身份和社区。

重建之后的祭祀礼于每年农历五月初六举行，筹备工作大概在一周前开始。在祭祀前巴雅尔等人会在敖包山脚下搭建临时的三个蒙古包，用以安顿前来祭拜的牧民。在安置蒙古包之前，巴雅尔一般会按照喇嘛的指示用奶食献祭地方神灵。在蒙古族看来山水草木皆有神灵，因此在长期的游牧生活中，确定蒙古包扎营地点之前都会用奶食品祭拜当地山水。

选择奶食品也有其民族信仰依据。蒙古族认为蓝色和白色是圣洁的颜色，其中对于蓝色的敬重或许源于对天空的崇拜。在蒙古中"天"同"父"，称之为"腾格里阿爸"（天父），而白色代表"白云"，同样具备天空的属性，因而蒙古族自古以来崇尚蓝白两种颜色。而且在游牧生活中，牧民的主要食品来源并非肉制品，而是奶制品，在蒙古饮食中虽有地域差异，但围绕牛、羊、驼、马奶产生的奶制品丰富多样，不仅做到了长期储存的特点，而且也形成了辅以面食、肉类的主食谱系。因此，共具白色与重要性为一身的奶食，成为祭祀山水祈求福泽的神圣物品。除了祭奠山水敖包之外，每逢游子远行母亲都会看着渐行渐远的子女，泼洒鲜奶预祝其前路坦荡一切顺遂。H嘎查牧民重建的敖包属于寺庙敖包，因此也同样只能以奶食品祭奠，不可献祭牛、羊等肉类。

布置完祭祀场地并备好祭祀奶食之后，巴雅尔一家会召集其余四户商讨筹备工作和具体分工。敖包祭祀的筹备工作主要有以下几项：邀请喇嘛主持仪式活动、准备仪式期间所需的物资、筹备那达慕游艺活动。

蒙古族在祭祀敖包之后，往往会举办大型的游艺活动，称之为"敖包乃尔"或"敖包那达慕"。"乃尔"蒙古语意为"欢乐的聚会"，"那达慕"则可翻译为"游戏"，因此"乃尔—那达慕"也是牧民欢聚一堂，祭拜敖包山水、感恩自然馈赠、人神欢愉的重要民俗。这种游艺活动主要由博克、赛马与射箭三个主项目构成，统称为"男儿三艺"。其中尤以博克比赛最为瞩目，博克参赛选手的数量直接反映着那达慕的规模和级别。大规模的那达慕一般会有512名乃至1024名的博克手参赛。其中的冠军不仅会获得丰厚的奖金，而且还会获得"狮子""大象"等不同级别的"阿布日嘎"称号。除了三大赛事之外，那达慕上也会有蒙古象棋、嘎拉哈比赛等小型的民俗娱乐项目。作为重建不久的民间敖包，H嘎查那达慕规模较小，以64人制的小型博克赛与60匹赛马的耐力赛为主。不过近年来伴随着移动媒介的传播，敖包祭祀规模与日俱增，甚至这两年也会看到从其他旗县地区前来祭拜或参加那达慕的牧民。

可见，恰如纳日碧力戈所言，"那达慕"是一种促成蒙古族"共同体的想象"形式，亦是其"精神游牧"的重要方式①。对于当下住在砖瓦房、骑乘摩托车的围栏社会牧场主而言，每年的那达慕是场重要的游牧身份的演绎场所。届时牧民们或策马扬鞭奔驰在草原上，或身着博克服放手一搏，或围坐一圈称赞博克手的力量与技艺，或高声称赞名马良驹的风驰电掣，纵情演绎着游牧身份应有的角色行为，仿佛拉近了自身与游牧祖先的距离。

除了筹办那达慕之外，还需要准备祭祀期间宴请宾客的牛羊奶食等菜肴。今年（2020年）这部分开支轮到了桑杰家，但考虑到其家庭出现的变故，巴雅尔与其余三户商议之后，打算顺延到恩和家。民俗的筹备或许在开销方面加重了桑杰的负担，然而也拉近了与社区邻里之间的协作联系。在人际互动频繁的熟人社会，这种社区网络将会成为其日常生计生活

---

① 纳日碧力戈：《都市里的象征舞台——在京蒙古族那达慕及其符号解释》，载郭于华主编《仪式与社会变迁》，社会科学文献出版社2000年版，第135页。

的保障。例如在 2019 年的敖包祭祀典礼上,桑杰通过巴雅尔的介绍结识了前来祭拜的相邻嘎查牧民牧仁。那年桑杰家急需租赁一处用以过冬的牧场,恰好牧仁手中有块合适的草场。双方在祭祀后达成了远低于市场价格的安达协议①,当然前提是过冬时桑杰需要帮忙照看牧仁的羊群。

在处理完上述工作之后,巴雅尔会前往寺庙邀请喇嘛主持敖包祭典。在祭祀前一天,牧民们会在喇嘛指导下修葺敖包,所需的材料有:柳枝、经幡、藏香等。敖包主要以石砖、石头逐级堆砌而成,并在其上环饰柳枝。经幡主要是蓝、白、黄、绿、红色的印有藏经文的布制小旗,用绳子串联起来悬挂在敖包之上。仪式本身或许表达的是人神相通的"舞台",但如何搭建这一"舞台",使自己的投入和"诚意"表达出来,则需要仪式的点点滴滴。修葺装饰敖包正体现出了人们对仪式细节的追求。

修葺完敖包,也到了迎接各路亲朋好友的时刻。这些宾客主要以嘎查当地与相邻嘎查的牧民为主。因重建敖包以前是此地朝圣山上的寺庙敖包,因而也有不少当年朝拜者的后裔前来寻根祭拜,孟克就是其中一位。孟克是一位年近 45 岁的中年牧民,现居于临县的牧区从事畜牧业生产。2019 年在旗县那达慕会场上,他偶然结识了 H 嘎查的一位牧民,并从其口中得知了巴雅尔等人祭祀寺庙敖包的消息。作为朝拜者的后裔,孟克一直希望祭拜祖辈的敖包。这也是孟克父亲一直以来的夙愿,他打算第一年先自己过来打通关系,明年再带上家人一同祭拜。此行,孟克虽然形单影只,但却带了一车的礼物。巴雅尔非常欢迎孟克的到来,并且表示之后可以带着家人一同前来祭拜,可以为其提供住所。巴雅尔对孟克说了一句蒙古谚语:"Nair Urt bol Nas Urt",大意为"乃尔越久,寿命越长"。在其看来各地的朋友前来祭祀敖包山水,是增大"乃尔"规模,增加大家福祉的好事。

孟克的例子告诉我们,H 嘎查的仪式过程已逐渐脱离嘎查范围,开始走向了民间信仰活动的"非常状态"②。不过不同于村落之间的竞争性仪式

---

① "安达"可理解为结拜兄弟、至交好友。当时 H 嘎查邻近地区的草场租赁价格一般在每亩地 12 元左右,而牧仁给出的价格则是每亩地 5 元,可见优惠力度。

② 张士闪、张佳:《"常"与"非常":一个鲁中村落的信仰秩序》,《民俗研究》2009 年第 4 期。

展演，当前敖包祭祀的"非常"，暂时停留在参与人员的异质性层面。这种超越熟人社会的群体集合，必然对地方社会产生一定的影响。正如上文提到的桑杰和牧仁的案例，以仪式为名的信仰联系，客观上促成了跨村落的生计合作，为牧区更广泛的劳力与草场资源的整合提供了重要契机。

敖包祭前一晚，随着宾客的增多，大家开始聊起了各类话题。对话是仪式集会中一项重要的人际互动方式。通过这些话题的分析可以恰当地透析牧民对于当下围栏社会、自我身份以及外界他人的反思过程。这些话题同样离不开赖以谋生的畜牧业和草原社会，其中最让牧民烦心的问题便是干旱和鼠灾。牧民们谈到当前牧区鼠洞多到骑马都不敢随意驰骋，生怕马腿陷进鼠洞绊倒摔伤。在牧民们看来，鼠灾离不开干旱，而造成干旱的直接原因就是"开矿的在打云"。他们认为矿老板为了露天开采煤矿，凡是发现要下雨就会用炮将云彩打散，加之抽取地下水，导致草原更加干旱。一些牧民就此开始了自我批评，在他们看来要不是当初看到征地补偿见钱眼开，将草场转让给矿产老板，也就不会出现如今的问题。因此，在牧民们看来巴雅尔等人重建敖包的行为，是他们应当尊重和效仿的做法。对此一位德高望重的老人说道：

> 重建敖包符合现在的生态保护的宗旨。蒙古敖包通常建立在山峦高地，都是自然资源丰富的地方。你看以前私矿猖獗的时候，到处开山挖矿，整个草场被弄得一塌糊涂。现在慢慢牧民们把敖包恢复起来了，也就不会再把草场轻易抵押给私矿老板了。毕竟敖包祭祀是大家的信仰，个别家也不敢轻易作出决定。这样一来生态就逐渐好转了。这是从大的方面谈敖包重建的生态作用。往小了说，你可以发现重建敖包时，都会用网围栏围住周边的牧场，这样一来牲畜就没办法成群地啃食里面的牧草了，这么一来敖包周围的草场也会得到相应的保护和恢复。
>
> （特木尔阿依，2020年6月25日晚参与对话，临时蒙古包中）

煤老板是否真的在"打云"，本书无从考证，草场退化也是诸多因素综合影响的结果。但从牧民自身的归因而言，我们可以发现明显地指向了社区外的他者。在牧民认知中，催生牧区草场退化从而导致自身生计困境的根源就是社区外的"他者"。在内与外的分类中，牧民的集体认同得到了强化，从而促使他们再次反思自我与社区的关联，形成了对"牧民"一词的重新思考。对"牧民"身份的反思势必会产生对于"游牧"生计模式的想象。这种反思与想象正是牧民对集体记忆的建构性回忆过程，其结果便是对象征游牧身份的民俗活动的重建和维系。而仪式筹备、民俗活动、祭祀场域中的人际交往等主体行为反过来也会强化群体边界，为"游牧"想象提供演绎的契机与舞台。

话题一直持续到很晚，晚十一时左右，巴雅尔的妻子让畅聊的宾客前往宴会厅喝肉粥暖暖身子。走出蒙古包，初夏的草原展现出的正是她最柔美多姿的一面，点点闪烁的车灯更加衬托着漫天的星辰，形成了强烈的"人与自然"的对照。饭桌上牧民依旧畅聊着敖包、草原和自己的故事，听着这些故事不知不觉间已临近上山祭祀的时间。

天还没亮之前，牧民们便会上山祭拜敖包。到达敖包之后，巴雅尔等人开始煨桑，众人带着鲜奶、奶制品等前来献祭。其中尤以奶豆腐最为精致，牧民们做的奶豆腐是鲜奶熬煮冷却凝固后的奶制品，通过不同的磨具晾晒成或圆或方的形状，酷似豆腐，进而汉译为"奶豆腐"。在祭敖包等重要的庆典上，献祭的奶豆腐往往逐层叠放在一起，边缘会雕刻吉祥纹路甚为精致。奶食之所以受到如此重视的原因，除了其颜色为蒙古族崇尚的"白色"之外，更与 H 嘎查祭拜敖包本身的性质息息相关。巴雅尔等人重建的敖包原为寺庙敖包，此类敖包只能以奶食品祭祀——称之为"白祭"，切忌以牛羊等红肉进行"红祭"。

伴随着牧民们的献祭，喇嘛也会开始吹螺诵经。祭拜敖包的经文大致可分为请神、祭神、诉愿、赋能四个部分。"请神"阶段囊括两类神祇，首先是藏传佛教中的神祇，其次是当地的山水共主。对此诵请顺序，喇嘛解释道：

> 祭敖包跟世俗的请客办事一个道理，你得备好酒席然后请神。请来的不仅是山水共主，还需要把神佛请过来。这样山水共主一看你都把神佛请过来了，那肯定对你托付的事情会更加上心，这就跟世俗人情一样，不看僧面看佛面。
>
> （喇嘛上师，2021 年 1 月 26 日访谈，当地寺庙）

请神之后便是歌颂神佛的丰功伟绩，并着重诵读祭典的盛大、祭拜品

围栏社会的兴起

的丰盛,以此为祈愿部分进行铺垫。根据喇嘛的口述解释,祭神、祈愿部分经文大意如下:

> 圣洁的火焰,神圣的神祇,
> 在此我等燃灯煨桑祭拜各位,
> 希望缭绕的侧柏,能够表达我等心意,
> 希望洁白的奶食,能够取悦神佛共主。
> 至高的神佛大能,以及漫天神祇,
> 当然还有此地共主龙王雨神,
> 尊请各位移驾此地尽情享用。
> 与此同时,烦请各位且听我等心愿。
> 一是祈求圣水频频降下,保佑草原风调雨顺,
> 二是祈求灾祸速速退去,保佑草原人畜平安,
> 三是祈求吓退强盗小偷,保佑我等顺遂安康,
> 四是祈求邻里亲朋平安喜乐,保佑牧区和睦吉祥。

从上可知,在表达自身夙愿之前需要以"燃灯""煨桑"等行为强调祭拜仪式合乎佛教传统,在此基础上以"圣洁的""洁白的"等词语凸显献祭品的圣洁高贵。在表达自身祭拜诚心之后,进而再提出愿景,以此达到人神共愉的目的。这些祈愿基本围绕着畜牧业生活展开,反映出了人与自然相互依存的游牧生活状态。

其中求雨是最为关键的祈愿内容。实际上敖包祭祀的主要功能便是祈雨。虽然藏传佛教传入蒙地之后,敖包祭拜注重神佛首位,但在朴素的牧民眼中,龙王直接决定着雨水的多寡,因而祈愿的首要内容便是取悦山水共主祈求雨水。而且根据牧民反映,每次祭拜敖包的前几天或之后的几天中,必然会下雨。蒙古族的敖包祭祀一般集中在农历五月份,此时正是草原雨热同期的时节。不过对于牧民而言雨水的灵验是通过祭祀行为达成的人神欢愉的结果。下雨的时间被赋予了"灵验"的意义[①]。对牧民而言,"能否下雨"与"是否祭祀"密切地联系在一起。如遇到祭祀前后没有下

---

① 陈小锋:《雨水与"灵验"的建构——对陕北高家峁村庙的历时性考察》,《民俗研究》2018年第5期。

雨的情形，牧民们就会将此归因为过去一年社区内出现的破坏风水、过度放牧、邻里不和等现象，认为这些行为惹怒了山水共主从而收回了雨露。可见灵验的解释和建构具有极强的地方性特征，是一个地方之所以成为地方的原因之一①。

如果说祈雨是为了规避自然风险的话，"吓退贼人""邻里和睦"则是为了避免社会风险。以往的游牧民逐水草四季移动放牧，并没有固定的承包草场和封闭的围栏，因而偷抢家畜是十分普遍的现象。甚至一些劫富济贫的绿林强盗，被穷苦牧民称为"锡林好汉"，活跃在民间传说之中。因而祭拜敖包是游牧民面对高度不确定的自然与社会风险时，寻求心理慰藉、凝聚社区的文化习俗。可见，不仅祭祀流程会促进和谐牧区的演绎结果，而且祭拜内容以及喇嘛等宗教力量的赋能过程也会起到教化社区成员的目的。牧区敖包祭祀过程中的宗教人士以及筹备礼俗的嘎查能人便是发挥着非制度化的"村庙权威、民间权威"②的功能。祭祀过程中的神圣感会教化牧民做出符合"促进邻里和睦"的行为。而主导筹备礼俗活动的巴雅尔也会顺理成章地成为民间话事人，进而为其塑造想象的和谐牧区增加了社会资本。

临近尾声，喇嘛便开始带领大家赋能过程。牧民们手持奶食贡品，围绕敖包高呼"呼来"，以此请求山水共主庇佑此地，降下雨露福泽草原。随后再一同品尝祭祀敖包的奶食，以此分享神佛共主赐予的恩惠，达到增权赋能、神力加持的目的③。整个祭祀过程在欢快的氛围中结束，巴雅尔见此说道："狂野哺育男儿黑毛利。""黑毛利"翻译过来便是"风马"，牧民们平时会在家中悬挂风马旗，一种绘有吉祥白马相伴四大瑞兽（虎、狮、龙、凤）腾云驾雾随风驰骋的旗画。蒙古人认为每个人都有属于自己的"风马"，决定着一个人的时运。策马扬鞭的牧民，也在用自己的行为标榜着这种信仰，尽可能地奔驰骏马好让属于自己的"风马"乘风破浪一往无前。

此刻，牧民们身处敖包所在的山巅处，环顾四周毫无蔽障，加之信仰

---

① 岳永逸：《灵验、磕头、传说：民众信仰的阴面与阳面》，生活·读书·新知三联书店2010年版，第10页。
② 赵旭东：《习俗、权威与纠纷解决的场域——河北一村落的法律人类学考察》，《社会学研究》2001年第2期。
③ 这种食物被称为"贺西格"，意味着上苍恩赐的圣餐。

围栏社会的兴起

活动产生的集体情感更是令人心旷神怡，无不觉得此后生活定然好运连连。地理空间的"高"在神性的加持下得到了进一步升华，成为决定人们日后生活轨迹的"至高"。可见，在现实场域中仪式的象征符号是一种左右个人和群体采取某种行动的重要因素[1]。这一"至高"已然成为想象的具象化标志，时刻提醒着生活在山脚下的牧民重建敖包的初衷和应当恪守的义务。

敖包祭祀结束之后便会举行那达慕。会场上聚集了很多牧民，多数是开着私家车前来，一些牧民还拉了满满一后备箱的商品进行出售。除了零食和饮用品之外，其中不乏来自日、韩、俄、蒙等国家的化妆品、食品和皮制品。通过询问笔者了解到，这些货物深受牧民追捧，尤其女士的化妆品和俄蒙食品更是销量一直可观。

那达慕赛马比赛是30千米的远距离耐力赛。蒙古马多以耐力著称。为了最大程度地发挥马匹的速度和耐力，充当骑手的一般都是小孩子。一个个神采奕奕的小骑手头系各色彩带，印证了"生在蒙古包，长在马背上"这句蒙古族谚语。与此同时，博克比赛也会如期开始，64位博克手分左右两侧进场，主持人拿着话筒诵读着每一位博克手的家乡和姓名，进而宣布抽签结果，以此宣布每一对角逐的博克手。观赛的牧民们自觉地围坐一圈，对博克手展现的技巧和力量赞叹不已。结束了一天的祭祀游艺活动之后，留下来的牧民们会聚在巴雅尔家中共享晚餐，以此分享礼俗活动带来的满足感与喜悦之情。

至此，我们可以发现H嘎查敖包祭祀活动犹如一场社会戏剧，牧民们在传统祭祀的舞台上，通过自身的仪式表演，演绎着想象的游牧民角色，并以此重塑着彼此的关系。无论是筹备初期的邻里协作与生计合作，还是仪式前夕的对话反思，抑或是祭祀仪式中的神圣化表演，乃至游艺活动上的身心参与，都将诉诸仪式的主体信念融入了行为展演之中，从而使仪式具备了演绎游牧社会的能力。因此敖包仪式的重建，并非仅仅是文化的复苏，也不尽然是社区结构的单纯反映，同时也是牧民对于自我、社区乃至周遭社会环境的重新界定和演绎过程。

---

[1] [英]维克多·特纳：《象征之林：恩登布人仪式散论》，赵玉燕等译，商务印书馆2012年版，第45页。

第三节　礼俗的重建与地方社会中的合作解

仪式过后牧民又重新回到了各自的日常生计之中，不过对游牧想象的演绎过程却并未就此结束。仪式展演并不仅限于特定时间在特定地点上的身份表演，而是具有连续性和延展性的特点。这一点在敖包祭祀之后的牧民日常生活中体现得尤为明显。仪式过程产生的集体动员和规范约束对 H 嘎查牧民生计安排和彼此互动产生着潜移默化的影响，一定程度上成为克服私地困境的合作解。

一　仪式之后：从信仰的联系到社区的联合

首先，礼俗活动的常态化发展促进了以传统民俗为载体的人际互动。随着敖包祭祀与那达慕游艺活动的常态化发展，牧民之间逐渐兴起了筹备赛马、练习博克摔跤的休闲娱乐活动。以训马为例，蒙古马不同于欧洲马，身材一般相对矮小，因而主攻耐力擅长远距离的奔袭。为了激发蒙古马的这一特性，在长久的游牧生活中牧民们逐渐发展出了一套养马驯马的地方性技艺。在其驯马文化中着重强调锻炼马匹的韧性，因此往往会长时间将马匹拴在木桩上脱脂减膘激发马匹的耐力。拴马的日期、饲养的时机、标准和方法、如何刮油刮汗、如何训练、如何从马匹粪便衡量其训练状态等形成了一套复杂的驯马知识。因此精于此道的牧民也被称为"Uuy-aaqi"译同"拴马人"。随着祭祀游艺活动的兴起，拴马驯马重新得到了牧民们的青睐，其中不乏年轻牧民向老拴马师拜师学艺的案例。

除了驯马之外，牧民们同样喜爱博克比赛，除了日常的嬉戏玩耍外，在巴雅尔等人的努力下，H 嘎查还成立了专属博克群，用以日常交流和训练。同训马相似，博克手们也会选择固定时节进行封闭训练，一些传统博克手更为喜欢在牧区备赛。在他们看来畜牧业生活是博克的摇篮，其中不仅满足了高蛋白的饮食条件，而且畜牧业重体力劳作也能起到强身健体、磨炼意志的效果。嘎查博克群恰为这些博克手提供了集中训练和交流技艺的平台。可见，与祭祀相关的游艺活动不仅限于祭祀现场，而且嵌入了牧民日常生活之中。通过游艺活动的延展，牧民们获得了彼此走动和交流的契机，而这些基于兴趣爱好之上的闲暇互动往往可以进一步增进彼此之间

围栏社会的兴起

的身份认同，促进社区的整合。

其次，仪式还会重塑社区人际关系和权力结构。随着近年来巴雅尔等人重建敖包恢复祭祀，使其五户获得了极高的社区声望，其中特木格连任了三届嘎查长，而巴雅尔也进一步稳固了社区能人的地位。权力地位的确立与再生产也为兄弟二人重新整合社区提供了社会资本。其中最令H嘎查邻里关系紧张的问题便是北部的道路纠纷。虽然由祭祀活动催生的集体情感和道德压力使得一些道路两旁的牧户清理了路障和围栏，但要想彻底解决纠纷问题还需更进一步的集体动员。因此，在2018年特木格和巴雅尔等人的推动下，H嘎查牧户开始了补修村道的工程。其资金来源于上级专项扶贫项目，工程内容主要包括修补坑洼泥泞路段、拉石垫路等。因此地草滩茂密夏季积水甚多，加之长年累月的使用导致坑洼明显，进而会造成一些路段积水过多不便通行，这才导致一些牧户为图方便在道路两旁压草开道造成了矛盾纠纷。因此需要重新修补坑洼路段、铺石垫路，使其更为平整以此满足牧民的日常使用。

在此基础上特木格和巴雅尔等人为沿途各户提供了警示牌，用于安插在围栏门口用于提醒沿途牧户随手关闭围栏，避免家畜越界和出逃问题。当然在此过程中也会遇到周边个别牧户的质疑，对此巴雅尔等人通过持续走访疏通缓解了其中的抵抗情绪。想到村道的公共属性以及邻里之间的相处，加之考虑到巴雅尔等人近年来在重建敖包、主持祭祀、动员修路等行为中表现出的威望和信誉，这些牧户也逐渐解封了村道。特木格等人表示在那段时期也会时常利用微信群、牧民大会等平台向嘎查牧户普及利用村道的道德准则和注意事项，以此缓和公与私的矛盾。

动员修路与常态化宣传的普及一定程度上缓和了嘎查北部牧户之间的关系。而且在此进程中，道德约束和地方权威的介入，也促使一些牧民开始对自身行为有了一定的反思与自省。当时的向导曾向笔者说过一句蒙古谚语"Egen Heqibel Jiayaa Heqine"，汉译为"运随主变"。在其看来贪图小便宜随意开道和不关围栏门的行为都是有悖于运势的举动，都会被"神佛大能和龙王共主看在眼里"，日后肯定会出现不顺利的情形。可见，犹如举头三尺有神明一般，祭祀产生的敬畏感和集体纽带也在约束着牧民的日常行为。

这种集体纽带同样影响着牧民与外来主体之间的互动过程。正如祭祀前夜一些牧户对矿产商、草原干旱和自身行为的反思一般，牧民们将草原退化的原因归结为了外来矿产商的侵扰。其中除了"打云"和开采地下水之外，矿车肆意压草开路也是困扰牧户的主要问题。

G苏木辖区内有两家矿厂，一家是前文提到的W嘎查煤矿厂，另一家便是坐落于H嘎查北部的矿石厂。两处矿厂都会产生矿车碾压草场的问题。起初也有牧户试图劝阻矿车正确行驶，但多以矿山附近的几户为主，其余牧户因未涉及自身草场从而选择了避而远之的态度。因此矿车司机们多以敷衍了事的态度将责任丢给矿产商的方式应付牧民，矿车压草开路的问题一直处在治标不治本的状态。随着近年来H嘎查牧户凝聚力的增强，巴雅尔和特木格等人认为不能再继续放任这些矿车肆意践踏草场。他们发现矿车不仅会路过嘎查境内的草场，而且也会通过苏木主干道驶向市县。在矿车常年摧残下，苏木水泥路同样破败不堪，部分路段甚至出现了坑洼状或搓板路的退化现象。因此巴雅尔等人联合牧户向苏木政府反映了矿车压路的问题。通过近几年的持续上访和维权行动，矿车问题得到了不错的缓解，并且在苏木政府的干预下，已禁止矿车使用苏木水泥路。笔者曾有幸参与过一次拦截矿车的行动，这部分内容在第七章中已提到（见照片14），在此便不再赘述。

牧民与矿车之间的纷争向我们展现了北疆草原牧区与外来市场主体的抗争过程，在我与他的分隔与纠纷中，群体边界得到了进一步的增强，与此同时牧区权威和能人地位也会获得再生产的过程。伴随着矿车纠纷的缓解，牧民们对巴雅尔和特木格等人的信赖程度得到了进一步的增强。这一点从敖包祭祀规模逐年扩大以及敖包仪式上的人际互动现状可以清晰地看出。

最后，仪式重构引起的社区整合同样体现在生计层面，即在H嘎查内部出现了从信仰联系向生计互惠推进的过程。在围栏定牧生计中有一些特殊时期需要邻里之间的互惠行为。例如，在当前牧区因缺乏中小学，牧民子嗣需要到附近的市县就读学习，平时这些孩子要么住校要么由家中老人或亲戚陪读，寒暑假时需要父母到城镇将其接回，此时便需要邻里之间相互看顾后方。尤其冬季寒假之时大雪早已覆盖整片草场，因此需要牧户以草料饲养家畜，此外还需每天烧炉取暖保持室内房屋的温度。虽然当下牧区早已普及了砖瓦房和暖气锅炉，但如果长期不烧炉火的话，锅炉水便会结冰冻坏整个取暖系统。因此在牧户外出期间，经常需要彼此看顾畜群的同时帮忙烧炉暖房。

这种短期的互惠方式在共同筹建敖包的五户之间体现得更为普遍且紧密:

> 2015年,恩和家老人住院需要陪护。因此恩和家的牛群整个冬天都由巴雅尔和特木格照看。在第二年夏天,巴雅尔在临县北部租赁了一处用于养马的牧场,打算夏季三个月将马群放牧在租赁草场抓膘养肥。此时便将羊群和牛群留在了H嘎查承包草场,托付给了特木格和恩和。恩和为了报答巴雅尔冬天的恩情,便包下了巴雅尔的牛群,而其羊群则由特木格负责照理。

当然这其中也会有些酬劳的支付,但要远低于雇用其他劳力的标准,更多地体现为表达各自情感和增进彼此互动的答谢。这种互惠方式随着礼俗重建与游艺活动的常态化发展日趋增加,成为围栏放牧背景下五户间的地方性合作方式。

从信仰的联系到生计的互惠,反映出了民俗对牧民日常生计的重塑作用。民俗的重构不仅限于仪式场域,牧民对传统身份的演绎和追寻同样延展在日常生活之中。无论是基于传统游艺产生的闲暇娱乐互动,抑或是由传统礼俗牵引出的生计互惠,还是仪式重建带来的集体维权过程都体现出了仪式演绎的日常化特点。牧民们在日常生活的大舞台上纵情演绎着契合想象的身份角色,重新整合着围栏社会中的人际关系。

这种整合从人际关系的横向维度既包括巴雅尔等村落能人与传统权威的重构与再生产,也包括牧民彼此间矛盾纠纷的梳理和调节,更包括联合社区资源达成向外的集体抗争。从纵向的角度,则体现出了从信仰联系到生计互惠的推进和发展。虽然礼俗的日常化整合不能即刻缓解私地困境中囿于围栏定牧促成的高额投入与债务问题,但正如桑杰与牧仁、恩和与巴雅尔之间的生计互惠一般,互惠合作以及人际支持网络的普及也在缓解牧民的再生产投入,促成人地资源的整合发展。因此,从牧民的主体角度而言,礼俗的重构促成的社区整合同样也是私地困境中一种重要的合作解导向。

二 私地困境中的主体行动及其意义的再反思

最后我们需要重新反思H嘎查礼俗重建以及社会动员过程得以开展的

制度环境和社区资源。只有这样才能衡量出地方主体实践对摆脱私地困境的价值和意义。实际上，通过实践过程的梳理，不难发现 H 嘎查礼俗重建的过程既有其偶然性，也存在着草场承包制背景下的必然性。

偶然性来源于村庄特质[①]、社会文化主体性[②]，其中能人参与和文化资源两种因素发挥了至关重要的作用。首先通过嘎查动员历程的回顾，不难看出以巴雅尔为代表的村庄能人在整个事件中的作用。无论是动员五户筹建敖包，还是在五户之间达成互惠协作的生计联系，都离不开巴雅尔的社会声望、经济财力和权威身份。除此之外，能人身份同样体现在有力的社会支持方面。就本案例而言巴雅尔不仅具备财力物力和社会声望，而且其弟弟特木格还是嘎查长，因而同时掌握着社区权力话语权。也正是这种能人参与为社区动员提供了前提条件。

那么在当前基层牧区，村落能人是如何构建起来的？根据 H 嘎查的经验而言，能人地位的形成往往除了财富积累之外，更依靠家族传承和传统文化身份的积累。大家族不仅意味着财力雄厚，而且也意味着庞大的亲属网络。而且家族的传承亦是代际间的权力与声望的传递过程。当然这种代际传递有时也会因某位话事人的病逝或意外而中断，但是其长期积累的声望和身份仍会影响牧民对这一家族的评判尺度。而且当出现新一代家族领袖重新积累财富、重获能人地位时，便会获得来自社区成员更高的褒奖。巴雅尔及其兄弟特木格正是如此。巴雅尔家以前也是嘎查中的大户，不过因其父亲意外去世，家庭影响力便小了很多。当时巴雅尔的母亲独自将兄弟二人抚养成人，并为其二人后续的发展打下了坚实的生计基础。而这段艰辛的致富过程也为其母亲获得了极高的社区赞誉。

除了家族传承带来的影响外，能人身份的获取也来源于地方社会独特的评判标准。这种评判标准往往与当地传统与文化认同存在着密切的联系，主要以特定的文化身份展现。例如，杰出的博克手、拴马师、高僧大能等身份都是达成能人地位的重要评判标准。巴雅尔便是通过养马、训马获得了社区中的一致好评，收获了牧民的集体认可。

---

① 陆益龙：《村庄特质与乡村振兴道路的多样性》，《北京大学学报》（哲学社会科学版）2019 年第 5 期。
② 王春光：《中国社会发展中的社会文化主体性——以 40 年农村发展和减贫为例》，《中国社会科学》2019 年第 11 期。

| 围栏社会的兴起

正如牛对努尔人的意义一般①，马对蒙古族牧民而言不仅是生计来源，更是文化符号和身份象征。养马对于一些牧民而言，同时也是家族情感和集体记忆的继承与延续。对此巴雅尔深有感触。巴雅尔父亲在80年代初实行家畜承包责任制时分到了3匹马，直到2000年初已将其发展到了十几匹的规模。不过在2000年接连遭遇蝗灾和雪灾之后，维持马群变得极为困难，因此嘎查中其他养马户纷纷选择了出售马群。可即便如此，巴雅尔家也没有放弃马群，虽然处理了一部分马匹，但仍坚持着养殖小规模马群。如今巴雅尔的马群已是当年的十倍，已达到100多匹的规模。而且巴雅尔也是当地小有名气的拴马师，在其手下调教出的赛马良驹曾在周边大小那达慕大会上取得过不少优异成绩。

如以效益最大化的原则出发，毫无疑问出售掉马群全部养羊可能是更高效的选择。但"文化之于经济，并非外生的变量，狭义的经济理性和广义的文化理性，共同创造着人们的生活秩序与过程"②。马匹这种特殊的家畜对于一些特别的人群——如拴马师——而言并不仅仅是一种经济畜种，更是彰显其文化身份和工匠技艺的社会符号。

> 现在我就担心下一辈有谁会养马？现在很多年轻人都不喜欢在牧区当牧民，都喜欢在城市里晃悠，如果没了牧民其实也就可以说没有蒙古文化了，生活和文化是一起的呀！
>
> （巴雅尔，2019年8月17日访谈，H嘎查牧户家中）

马群的饲养虽然会增加开支，但通过养殖获取的社会声望却能成为无形的社会资本。在牧区中养马的牧户往往会受到其他成员的尊重，易于社会地位和威望的维持。可见能人身份的获取同样来源于当地社会文化传统和集体认同的塑造。除此之外对于马匹、拴马师以及敖包等传统符号的集体信仰也是达成社区整合的重要文化资源。这种独特的文化资源为后续的集体动员提供了社区基础，也成为该地区有别于其他嘎查村的村庄特质。

---

① ［英］埃文斯·普理查德：《努尔人——对尼罗河畔一个人群的生活方式和政治制度的描述》，褚建芳等译，华夏出版社2002年版，第25页。

② 刘谦、张银锋：《人类学视野下的商品生产与消费——从西方工商人类学的发展谈起》，《中国人民大学学报》2016年第1期。

· 244 ·

相较于 H 嘎查，其他五个嘎查村的人口结构、人际关系、草场面积禀赋以及礼俗资源均有所差异。例如在 W 嘎查，围绕征地补偿发生的集体上访和干群矛盾导致嘎查内部分分合合不断博弈，很难达成社区性的动员。B 嘎查则因整村生态移民搬迁，失去了社区动员的人口基础。C 嘎查内部并无有待重建的敖包遗迹，因此没有出现类似 H 嘎查这般社区动员过程。而 T 嘎查和 A 嘎查则内部派系最为复杂多元，时常出现外嫁女维权等矛盾纷争，并无巴雅尔一般统摄全局的村落能人。

由此可见，H 嘎查的社会动员存在着较强的偶然性，其中村落能人起到了重要的作用。不过通过其他嘎查村的对比以及上文各章的大小案例，我们也要指出以能人为核心的权力集团有时也会不利于制度的落实和村落的发展过程。因此对于这一问题不可盲目地轻易断定，应从村庄特质采取多样性的评估和考察。本书无意将能人治村视为有效且普适的基层治理模式，同样亦无意推崇返古论。

当然除了偶然性之外，H 嘎查的经验也有其制度背景下的必然性，这一点我们在上文已有充分阐述。回顾 H 嘎查草场制度的变迁以及畜牧业生计方式的转变历程，从分畜单干之后，社区内的互助合作基础逐渐消失，个体化的牧民往往无法独立面对灾害频发的北疆草原。因而在不确定的生态环境中，个体牧户极易陷入私地困境之中，进而引发债务问题。而以往的生计经验表明，只有通过互助合作才能摆脱个体危机。因此，在面对私地困境时，牧民群体才会采取整合社区的礼俗重建过程。可见私地困境，正是促使地方社会反思和应对的客观背景。从这一角度而言，牧民通过礼俗重构来获取主体安全感，在不确定的生计风险与矛盾纠纷中寻求修补人地关系与人际关系的行为策略也是必然的。

通过 H 嘎查重建礼俗的过程，我们可以发现地方社会中的牧民并非无法有效行动的被动受众。他们仍在日常生活中为了更为满意的人地关系和人际关系采取着不同的尝试。因此在对于草场的管理与治理的制度设计中，应看到地方社会的多样性和牧民的主体性。这些地方特质正是重要的社区资源，对私地困境的突破提供了本土性的智慧。

第九章　结论与讨论

通过全书的梳理归纳，不难发现随着草场承包责任制的实施，内蒙古草原牧区人地关系与主体关系发生了明显的改变。人地关系与主体关系的变化也从生计、生态和关系三个维度诱致草原牧区形成了"围栏社会"的转型性面貌。本章将在系统总结上述内容的基础上，重新审视当前牧区社会与牧民群体的多元分化事实，以此对牧区研究进行相应的思考和展望。

第一节　草场制度变迁和围栏社会的兴起

正如图9-1所示，本书试图通过内蒙古牧区一个典型畜牧业苏木草场制度变迁历程的梳理，来回答草场制度变迁与牧区社会转型面貌之间的关联。那么草场制度变迁是如何诱致牧区社会转型的？其中的具体机制，可概括如下：草场承包责任制以及作为辅助性制度设计的草原生态监管与治理措施构成了一套规范相关主体草场经营、利用、管理和治理方面的制度环境，在此制度环境中不同的主体被赋予了不同的角色身份和权利边界，以此重塑了牧区人地与主体双重关系，从而诱致草原牧区展现出了围栏社会的特点。

具体而言如图9-2所示，首先就人地关系方面，最明显的变化便是牧民生计方式的改变，体现为移动放牧的消失与围栏定牧的普及（见图9-2A）。那么草场制度又是如何促成这一转变的？这就离不开草场承包责任制对牧区"人—草—畜"三者关系的重塑过程。游牧时代乃至公社时期人地之间的关系主要以草场自然条件和家畜习性为基础，保持着"人随畜走、畜随草定"的动态均衡状态。不过随着草场承包到户，集体草场被划

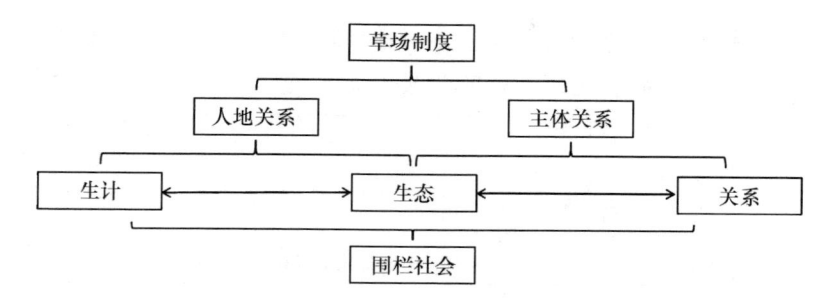

图 9-1　全书的逻辑框架

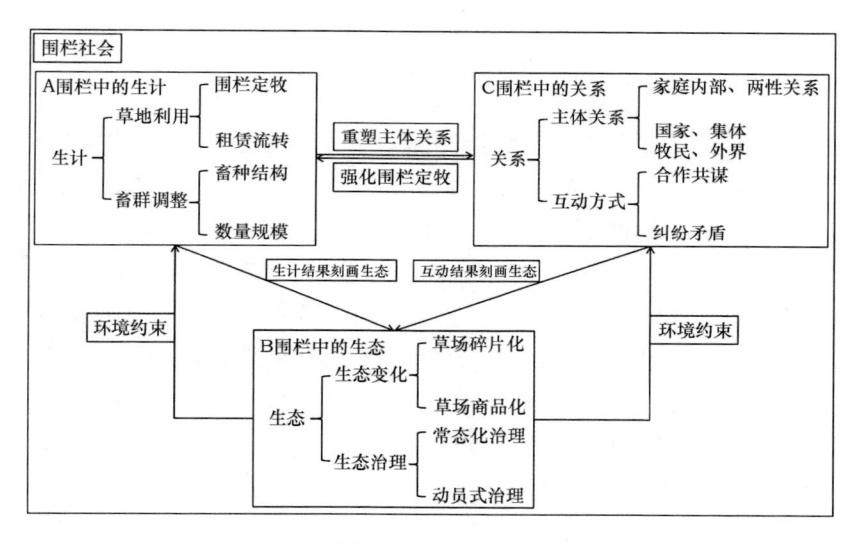

图 9-2　围栏社会中的生计、生态与关系

分至每一位具备成员资格的牧民个体，承包牧场就此成为牧民有限的放牧空间。这就使得草场承包制背景下的人地关系更多地表现出了承包权意义上的排他性占有状态。移动的游牧民逐渐定居下来成为承包牧场中的牧场主。可以说，草场承包责任制实现了"人系于地"的社会改造，而围封草场也成为牧区社会的共享剧本。草场也成为牧民自由流转的生产资源。对于围封牧场的独立开发与利用变成了当下牧民的主要任务。家畜就此受限于围栏范围，无法再依据自身习性移动迁徙，取而代之地更需要人力的饲养和照料。甚至畜群的结构和数量也受制于承包牧场的限制发生了"小畜做大、大畜减少"的变化。

· 247 ·

围栏社会的兴起

可见"畜—草"之间的联系已不再是空间意义上的灵活移动配对，代之以舍饲圈养、饲料投送的方式转变成了人工配对。草场承包制背景下的"人—草—畜"关系，展现出了"围栏定牧"的状态（见图9-3）。

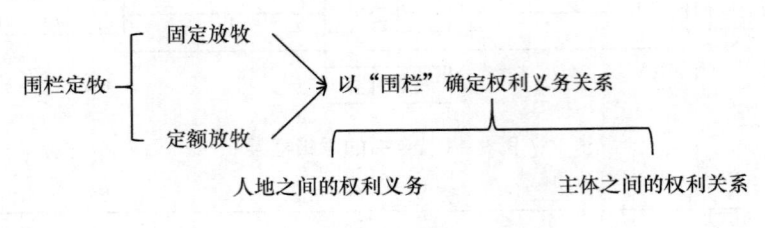

```
                ┌─ 固定放牧 ─┐
   围栏定牧 ──┤            ├──→ 以"围栏"确定权利义务关系
                └─ 定额放牧 ─┘
               ⎵_____⎵   ⎵_____⎵
               人地之间的权利义务   主体之间的权利关系
```

图9-3 围栏定牧

围栏定牧有两层含义。一是指伴随草场承包制引起的定居定牧生计。草场承包到户之后，牧民难以继续移动游牧，只能在固定承包牧场上定居放牧。为了达到排他性的草场利用目的，围封草场成为牧民的共识。至此，草场空间与牧户个体高度匹配相连，围栏界限成为家畜与牧民的生活空间。二是指随着环境治理措施而确立的定额放牧模式。第二层含义离不开草原生态治理措施的开展。为了缓解草场退化问题，国家开始了以草畜平衡为核心的载畜量管理方法。简要而言，便是根据特定牧场能够养殖的家畜标准来约束牧民的放牧数量与草场开发强度。可见草场承包制背景下牧民生计不仅是空间意义上的固"定"放牧，还是草场权利层面的限"定"放牧。从权利关系层面，围栏定牧不仅赋予了牧民独立使用草场的权利，同时也确立了"权—责—利"于一身的草场利用模式。国家也以"草场治理"为名达到了自身的权力下沉和建构。围栏内的草场所有权归属于牧民集体；使用权归属于牧民个体；管理和治理权则归属于国家。因此"围栏"形塑的既是牧区人地之间的权利义务关系，也塑造着国家、牧民集体、牧民个体等草场相关主体的权利关系（见图9-3）。

人地关系的围栏定牧式生计转变及其结果同样会刻画在草原生态之上（见图9-2B）。有限的承包牧场限制了家畜的移动范围，草场碎片化加之矿产开发等商业利用客观上加重了承包草场的退化和沙化问题。在此背景下国家实施了一系列自上而下的草原生态治理措施。草场治理的核心是通过控制牧民放牧数量来减少草场负荷，以此缓解草场退化和沙化问题。这其中无论是常态化的草畜平衡措施，还是动员式的移民禁牧，都对国家、

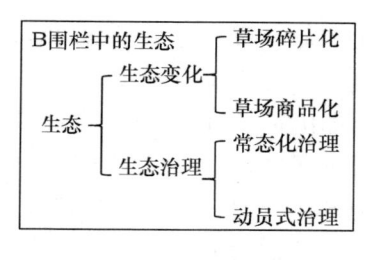

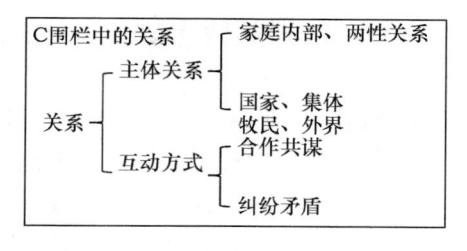

```
B围栏中的生态 ─┬─ 生态变化 ─┬─ 草场碎片化
生态           │            └─ 草场商品化
               └─ 生态治理 ─┬─ 常态化治理
                            └─ 动员式治理
```

图 9-2B

```
C围栏中的关系 ─┬─ 主体关系 ─┬─ 家庭内部、两性关系
关系           │            └─ 国家、集体
               │               牧民、外界
               └─ 互动方式 ─┬─ 合作共谋
                            └─ 纠纷矛盾
```

图 9-2C

地方政府、牧民等主体赋予了不同的角色。这些角色将草场的治理和使用权分隔开，划分出了不同的草场权利。诸如国家及其派出机构掌握着草场的治理权，而牧民则只有许可权限内的草场使用权。这就导致草原生态治理措施在实践过程中造成了角色分隔，不仅不利于治理目标的达成，也会产生治理成本过高、监督缺失等问题。由生态环境的变化催生的一系列治理措施连同草场承包制客观上成为形塑牧民生计与草场相关主体关系的环境约束。

可见，除了对人地关系的影响之外，草场制度的调整也会形塑牧区相关主体的权利边界。权利边界的变化也意味着彼此关系的改变（见图9-2C）。从牧民的角度来看，这种变化首先体现为自身个体性的增强引起的一系列人际关系的变迁。这一点尤其体现在牧民家庭内部和两性关系层面。草场制度的调整深刻地改变了牧民对草场的分类和认知。在草场公共利用时期，对于普通牧户而言，草场是以家庭乃至几户为单位共同使用的集体资源。不过草场承包责任制主张"耕者有其田"的土地公平，并贯彻了以户籍状态为标准的划分原则。这一原则突破了家庭的壁垒，为每一位家庭成员赋予了公平的承包草场和相应权益。这使得女性获得了与男性相同的成员权资格。不过这一变迁过程也会引起国家制度规范与传统乡规民约的拉扯与抵牾，从而实践过程中难免会产生诸如外嫁女草场承包权纷争在内的矛盾纠纷。

牧民个体与特定草场的权利匹配也改变了家庭内部的财产划分过程。随着草场承包责任制的实施，"草场"本身的价值和含义发生了明显的变化。历经20多年的承包使用之后，对于牧民而言草场在实践层面已然转变成了相当于家畜的"准私人财产"。在传统游牧时代，牧民主要的私人财产便是家畜。因此在家庭分化过程中，划分家畜也是代际间最为重要的财产传递过程。不过随着草场承包责任制的实施，属于每个子嗣的草场也成为"私人财产"被进一步划分，进而出现了"分家又分地"的情形。在"分家又分地"的普遍趋势中，牧区社会内部出现了草场承包制的复刻机制。伴随家庭总牧场被二次划分成不同数量的子牧场，牧民们再次围封草场、建设基建措施，重新复刻了大家庭原先的生计路径。这一过程也加剧了草场碎片化问题。随着围栏的阻隔，游牧时期的横向生计联系以及草场共同利用模式也将失去制度基础。

除了家庭内部以及邻里彼此之间的关系外，制度变迁也形塑着国家、集体和牧民之间的关系。首先，当前的草场制度促成了模糊性的集体与个体关系。牧区草场的所有权归属嘎查集体，但在实践过程中，集体的边界和意指却是不同的，对于身处不同地位的牧民而言，集体虽是由牧民大会组成的"牧民集体"，但其公正程度、亲疏远近都不尽相同，充满了模糊性和变动性。例如"谁能分得承包草场"这一实际问题，便会深受实践中集体边界的影响，从而产生差异化的制度落实结果。其中类似外嫁女等特定群体虽然以户籍身份理应得到公平的承包草场，但在地方社会的分类体系中却是"集体之外"的特殊人群。这就导致草场权益问题有时会出现"因人而异"的现象。

其次，草场承包制及其后续监管治理措施的落实过程，也在形塑着牧区与国家之间的关系。一方面，牧民承包经营草场的事实离不开国家的赋能过程，因此在其草场权利认知中蕴含着"国赋地权"的敬畏感。另一方面，草场监管过程试图限制牧民草场使用权，以此达到生态减负的治理目标。因此在增权与限权的推拉中牧区与国家之间的互动呈现出了隐秘的权利博弈。在此过程中，牧民对"国家"这一主体的认知和态度也体现出了层级差异化的特点。在其朴素的认知中，中央政府是国家的化身，是赋予其草场经营权的神圣主体。而与其联系最为紧密的地方政府、监管人员却是具有各自利益逻辑的行动主体，因而牧民们也会在草场利用过程中与其达成"猫鼠共谋"或"猫鼠对抗"的互动局面。

最后，草场制度变迁也为牧区与外界的联系提供了制度条件。伴随着承包制背景下草场流转的普及，草牧场的商品化程度得到了进一步提升，牧民与外来市场主体的联系变得更为直接且紧密。围栏中的牧民具备了草场独立经营和流转的权利，在此背景下草场从以往的公共牧场成为能够自由流转的特殊商品。草场作为重要的生产要素，逐渐融入了宏大的市场之中。伴随着畜牧业和工业化的发展，打草商、矿产商等不同类型的外来主体和资本逐渐加入了对草场的争夺之中。在一些非正式的私下草场流转情形中，因没有正规合同和报备记录，这些主体甚至不会受到正式监管的约束，更别提非正式的道德约束和规范约束。因此在内与外的草场争夺中难免会出现过度放牧现象，进而加剧草场退化问题。可见相关主体之间的互动结果客观上也会刻画在草原生态层面。

综上所述，草场制度的调整不仅改变了人对土地的依赖方式，而且重塑了国家、集体、牧民与外来主体之间的互动关系，诱致草原牧区展现出了围栏社会的特点。事实上，对牧区社会转型与社会状态的把握一直是相关研究的重点。回顾现有研究，可以看到学者们基于不同的视角对牧区社会进行了不同的理论概括。其中亦有游牧到定居视野下探讨农牧互动与牧区变迁的研究[1]，也有从生计转型角度把握"家庭经营牧民"的现状与困境的分析[2]，还有从环境社会学、生态人类学角度提出的"分布型过牧"[3]"失序的自然"[4]"私地悲剧"[5]"自然的脱嵌"[6]等概括。上述研究从多重角度分析了草原社会"游牧—定居"的转型过程，并进一步揭示了草场制度变迁对草原生态与牧民生计的实际影响。虽然从生计模式与草场利用状态能够清晰地发现当下牧区"定居定牧"的特征，但从上文梳理不难看出，草场制度调整引起的社会转型并不仅是使牧民"定居"那么简单，还是重塑牧区人地关系和主体关系的社会改造过程。

草场制度促成的社会转型是一种制度与主体互构共变意义上的关系模

---

[1] 包智明：《变动中的蒙民生活：三爷府村实地调查》，《社会学研究》1991年第1期；马戎、潘乃谷：《内蒙古半农半牧区的社会、经济发展：府村调查》，见潘乃谷、马戎主编《边区开发论著》，北京大学出版社1993年版。

[2] 王晓毅：《环境压力下的草原社区：内蒙古六个嘎查村的调查》，社会科学文献出版社2009年版。

[3] 张倩、李文军：《分布型过牧：一个被忽视的内蒙古草原退化的原因》，《干旱区资源与环境》2008年第12期。

[4] 荀丽丽：《"失序"的自然：一个草原社区的生态、权力与道德》，社会科学文献出版社2012年版。

[5] 陈阿江、王婧：《游牧的"小农化"及其环境后果》，《学海》2013年第1期。

[6] 张雯：《自然的脱嵌：建国以来一个草原牧区的环境与社会变迁》，知识产权出版社2016年版。

式和社会结构的变迁。[①] 在此过程中草原社会最鲜明的景观变化便是围栏的出现和普及。围栏的出现、建立和争夺既是正式制度的形塑结果，同样也体现着牧民的实践意识和主体参与。而且围栏亦是不同主体就草场所有、管理、使用和治理方面的权利表述。具体而言：牧民个体通过围栏建设确立着自身的承包经营权形成了"发羊财"式的围栏定牧生计；国家同样以围封禁牧等围栏建设手段再生产着草场管理与治理权以此形成了限地权式的生态治理模式；牧民、集体、国家以及外来市场主体则围绕着围栏内草场资源展开了持续的博弈和互动，形成了各类寻地热。这些围栏实践促成了牧民生计、草原生态以及互动关系的变化，呈现出了当前牧区社会人地关系与主体关系的转型性面貌（见图9-4）。

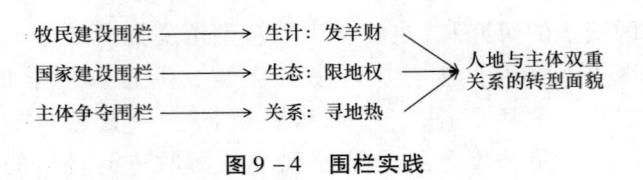

```
牧民建设围栏 ——→ 生计：发羊财
国家建设围栏 ——→ 生态：限地权    ⎫ 人地与主体双重
主体争夺围栏 ——→ 关系：寻地热    ⎭ 关系的转型面貌
```

图9-4 围栏实践

当然在围栏社会中也有一些实际的难题。在围栏定牧背景下，无论是人地关系还是围绕草场的主体关系都面临着不同程度的私地困境。私地困境表现为一种两难的境地（dilemma）。草场承包责任制具有时代必然性和制度优势。这一制度设计不仅有利于牧民生产积极性的提升，也在一定程度上达到了权责利一体化的草场利用体系。不过草场承包制背景下的草原牧区也出现了资源依赖型生计、草原退化等发展桎梏与生态难题。因此本书所指的私地困境并非意在否定草场承包责任制，而是想要揭示围栏社会中具体呈现出的现实困境。地方社会中的牧民也逐渐反思起了围栏定牧，并以礼俗重构的方式试图修补围栏中的人地紧张关系和人际矛盾纠纷。这一跨栏实践向我们展现了地方社会的动员能力以及牧民的主体能动性。这一点在草场承包责任制及其后续生态治理措施的制定实施过程中却是被忽视的地方特质。因此有必要重申牧民重构礼俗进行社会动员的现实意义。

[①] 这一转型过程既离不开国家自上而下的制度设计，同时也是牧区集体、牧民个体与外来主体相互博弈互动共谋的结果。这也是本书分析框架试图在社会转型论、社会互构论的基础上，融合制度分析的功能主义传统与理性选择视角的原因所在。

第二节　围栏社会中的牧民主体性及其跨栏实践的现实意义

正如第八章所述，H嘎查的牧民通过重建礼俗的方式开始了社区动员的主体尝试。这也是围栏社会中的牧民群体试图跨越围栏障碍，重新塑造理想社区的策略选择。在其最后部分笔者曾说到上述实践选择既有其偶然性也有其必然性。这里无意再复述以上内容，只是H嘎查的案例对于我们反思草场制度的制定过程具有一定的启发意义。

根据G苏木草场承包制及其后续生态监管措施的实施过程不难发现，在有关草场管理、治理和使用的制度体系中牧民往往被认为是无法有效利用草场的待改造对象。这种潜在假设在草原生态治理政策的实施过程中更为明显。在草原生态治理的语境下，牧民的丰富性被简化为了"有待改造的过度放牧元凶"。当然草场的退化离不开牧民的放牧行为和家畜数量的变化。但通过上文的分析不难看出，在草场承包责任制背景下草牧场的利用已不再仅仅是牧民这一模糊性群体的特权。多种商业资本同样深刻地形塑着草原大地。而且这些群体往往不会受制于当前草场治理体系，以正式或非正式的方式使用着草牧场。无论是禁牧区的打草商，还是草畜平衡区的矿产商，都会在利益最大化的驱使下开发草原。

除此之外，恰如H嘎查牧户集体动员所展示的那样，地方社会中的本地牧民并非无法达成有效组织的被动群体。他们亦有自己的处境和考量，且拥有属于自身的生计经验、集体情感和身份认同。当遇到围栏社会中的生计困境和矛盾纷争时，凝聚于当下的生计经验和集体情感，连同对于未来的期许促成了以仪式展演为形式的社区动员过程。这种礼俗重建和社区动员在时空维度并没有停留在祭祀现场，而是通过展演的方式延展到了牧民日常生活之中。无论是基于游艺活动产生的人际走动和合作方式，还是伴随礼俗重构达成的集体抗争和人际关系的重构，都在一定程度上促成了社区邻里间的互惠与合作行为，实现了"从信仰的联系到社区的联合"。H嘎查这一试图跨越围栏樊篱整合社区的跨栏实践虽然深受村庄特质的影响，具有偶然性和地方性的特点，但为牧区社会突破私地困境提供了非常有益的经验探索。

上述事实使我们不得不重新反思对于地方社会的假设。这种简化的制度假设也会进一步加剧不对等的主体关系，进而忽略地方社会富有成效且丰富多元的生态知识与社区资源。这不仅不利于草原生态的有效治理，而且还会引起过高的监督成本。当然对于地方社会实践的重视并非意味着笔者怀有"崇古论"的价值倾向。H 嘎查的主体实践有其村落特质的局限性。因此也不能一刀切式地全面推崇社区共管式的草原管理路径。这也要求我们在对草场制度与牧区社会的研究中，需要扎根多元分化的牧区实际，做出更为细致的类型学分析。

第三节 多元分化的牧区与牧区研究展望

通过 G 苏木的草场制度变迁历程，不难看出制度变革带来的影响不仅体现在生计方式与草原生态层面，还表现在人际关系、群体关系和身份认同层面。无论是下马上车的牧民生活方式，抑或是各自为阵的横向人际联系，还是"分家更分地"的纵向代际传递都向我们展现了制度变革对牧民草场认知、人际关系的影响。而且草场承包制也为基层牧区社会权威规范的转型提供了制度条件。外嫁女、弱势牧户的集体抗争，都离不开草场权益的调整过程。可以说草场制度的落实过程也是相关法律与规范的下乡过程。以户籍身份为基础的土地资源的再匹配方式在一定程度上起到了为外嫁女等弱势群体增权赋能的效果。伴随草场发包施行的各类权益法规，抑或是维护产权结构的规范条例，都为相对弱势的群体提供了一套谋求权益的话语术。这其中围绕着"成员权""权益"等话题展开的主体博弈，促成了牧区社会人与土地、人与人乃至人与外界的联系方式和互动状态。因此对于草场制度的解读不能离开"人"与"地"的综合分析。以往的研究更加重视制度变革与草场退化的相关分析。但是通过 G 苏木制度变迁的纵向梳理，不难看出制度变革引起的主体关系的改变，以及外来主体的融入过程，都会产生放牧空间收缩、草场争夺激化等问题。这种对抗争夺会改变牧民生计和草原生态面貌。这也是本书从生计、生态和关系三个维度回顾草场承包责任制及其后续监管治理政策社会生态效应的主要原因。

不过草场制度调整引起的牧区社会转型不能简化为社区解体的判断。

诚然，在 G 苏木有限的案例中，确实出现了人际关系隔阂疏远的问题。不过正如 H 嘎查重建敖包整合社区的过程所示，围栏定牧中的牧区和牧民也在积极地采取着主体策略，以此修补纠纷矛盾中的人际关系。由此可见，社区的解体是一种动态的状态，同样也受制于具体的村庄特质。正如 G 苏木六个嘎查村实际情况所示，只有 H 嘎查出现了重建礼俗进而整合社区的集体动员过程。其南部的 C 嘎查则缺少有待重建的礼俗资源，从而失去了集体动员的契机。T 嘎查和 A 嘎查内部派系最为复杂多元，而 B 嘎查则因整村移民搬迁，失去了集体动员的人口条件。这些事实表明社区解体是制度变迁背景下牧区人际关系的特定状态，这种状态受制于特定区域村庄特质的影响。这也告诉我们当前的牧区是一种分化且多样的地方社会，因而在制度分析中要因时因地地"把人带回来"。

把人带回到制度分析中，便需要对制度落实的地方性建构过程进行深入剖析和梳理。这也是本书力图在社会转型、社会互构论的基础上结合制度分析功能主义传统与理性选择视角的原因。制度发挥效力的过程离不开制度落实中的主体互构共变过程。无论是草场承包制的落实，抑或是承包制背景下的草场治理政策的实施，还是后续草场产权结构的调整，都并非自上而下一蹴而就的过程。制度的落实离不开地方社会的参与。地方社会的参与意味着特定分类群体的持续互动和博弈过程。可见，制度的影响离不开制度的落实过程，而制度的落实同样深受相关主体互动结果的影响。因此在制度效应的分析中，不能忘记主体关系的探讨。

不过在现有研究中，显然简化了主体关系的分析。尤其在对"牧民"这一概念的解读中，更多地集中在了"当地牧民"这一群体。实际上正如 G 苏木外来移民及其后裔，这些人同属"牧民"这一类别，也是依托草原畜牧业维持生计的群体。即便不考虑上述情形，诸如外嫁女、生态移民等边缘群体也在草场承包制的落实过程中遭到了差异化的对待和标签过程。可见即便是牧民这一主体也是多元且分化的。这就需要我们从实践的角度更为细致地考察"牧民"和"牧区"，以此解读制度与主体在日常生活中的互动结果及其社会影响。

基于此，本书试图从分化的牧民与牧区的角度重申草原牧区研究的新可能性。正如本书展示的 G 苏木一般，虽然只是一个普通的畜牧业乡镇，但其内部也有不同程度的分化和多样性。那么不同区域草原牧区的现状如何，半农半牧区的制度调整及其对当地人地与人际两个方面的形塑作用又如何？这些问题不仅具有继续追问的现实意义，亦可作为草原社会类型学的分类依据，为后续制度调试提供实际经验。这就需要更为因地制宜的民族志考察和实证研究。

附　　录

一　微观游牧中的草场利用

　　这里将主要以色仍格老人的口述材料重现中华人民共和国成立初期微观畜牧业中的游牧方式及其草场利用状态。在1958年当地成立人民公社之初，色仍格一家便是入社的富户之一。根据色仍格老人的口述回忆，因其父亲去世，年幼的他便寄养在了叔父家中，而其父亲的家畜遗产也悉数划归到了叔父名下。之后他们一家所属的初级社牧户被搬迁到了当前G苏木地界与其他几个互助组、初级社合并成立了人民公社。色仍格老人从小便跟随叔父放牧，在加入公社之后，更是成为生产队的杰出放羊人。该案例可重现当时的放牧日常与草场利用方式，为我们了解中华人民共和国成立初期牧区人地关系与人际关系提供了直观的素材。以下便是根据口述整理的内容。

　　1. 游牧中的草地利用和家畜管理

　　那时候（1956年）我们也是以一个个小组（bag）的方式放牧，但都不会影响彼此，今天你在这边，那我就在这边，饮水的时候相互错开，即便在一起也会相互看好，不让掺和在一起。如果碰到一起，湖的话就会轮流饮水，河的话就隔开这种。游牧一般是在秋天，我们会采取"subudaotor"，一般是以几个牛车走奥特尔。那时候都是随便走，即便是跑到别的小组（bag）草场也不会赶你出来。冬天的话更是会跨过旗县的范围到其他旗县的地界。夏天的话我们家一般是在巴旗一带做夏营地，然后秋天的时候夏营盘也就在那儿了，然后就会走奥特尔。就是一般去平缓牧场，那时候一般不会天天饮家畜，一般是隔几天才会饮一次，比如是5天、7天这种。那时候草场也好，草种也多，有一种"hariminggar"的牧草，让羊吃这种草的话一般都不会渴。冬天的话是不会有冬营盘这种东西，就是边走边看，一般都会走到现在东乌旗的阿拉腾黑勒的图西亚山那一带。从夏营盘至少有 300 里地远。但那时候不是走的直线，而是走到这边然后再走到那边，都是来回走，你看看这就更远了。所以就没有特定的冬营地，走到哪里在哪儿定下来住几天然后再走。冬天的奥特尔一般是阴历十月中旬开始走，一直到春天接羔时才会返回来。有时候一个地方待个 3、5 天的，有的地方待久点，10 天左右，然后再选个好一点的地方过年再待个十天半个月的，然后在春分的时候才会回到原来的牧场接羔，有的是已经开始接羔了才返回来，接春后再开始去夏营盘。

比如说四个浩特的牧民在一起走，这时候一般会有两三个人提前几天出发到各处去查看合适的草场，看雪的薄厚程度，看地势适不适合冬天防风防雪。然后回来带大家过去。一个浩特有时候可能就一家，有时候可能是两家协作下浩特（horxige hotolh）也有可能是三家，这得看家畜的多少。比如我们三家浩特放牧，可能三家一共是 1300 多只羊，然后就会以三角形的方式扎营放牧。就像这种三角形，浩特在中间，然后就在浩特的三边扎营，这就可以防狼啥的了呀。"浩特"这个词有很多种意思，有羊的浩特的意思，就是羊群晚上休息的地方；还有牧户结伴而居的意思，就是邻里的意思。那时候一个浩特的羊，一般不会超过 1500 只。这 1500 只羊可能有时候是两三家一起的，也可能就是一家的。以前有些富裕的牧民一般会以一家浩特居住。因为他已经没法再接纳其他家畜了，只能够自家的羊群，可能他们还雇着羊倌、马倌、厨子之类的。扎营的位置一般看自然方位，要看地势、风向等，地势的话，比如说在没有什么掩体的平原地带，一般会在浩特的东边，因为一般风是从西边吹来的，这样如果有大风、雪暴的天气，就可以听到羊群的声音，及时控制住羊群，不然就瞎跑了，这不是在下风口的话，可以听到声音嘛，在上风口是没法听到羊群的动静的，所以才会在浩特的东边或者东南边扎营。然后在西南边会搭建狗窝。另外我们都是建半月形的棚圈，在浩特西北边，这样碰到大风天气羊群跑散了，也是顺着东南方向沿着你家跑呀，也能听到动静，这都是有设计的。那时候都是依靠自然条件来扎营的，而且那时候狼群一般是从地势低的地方悄悄地上来，所以在浩特的下边搭建狗窝，狗的耳朵灵敏呀，一旦有动静就能听到，所以就可以防狼。有时候也会有四家浩特，羊群的数量也是 1500 只左右，然后四家以浩特为中心四边形扎营，然后轮流放牧。四家的羊都会合在一起，都会做标记，主要是在耳朵上做，剪不同的形状。那时候没有油漆，所以有的牧户也会用锅灰做标记，甚至有的也会用毛发来区别，剪羊毛的时候会故意在头上啊、背上啊或者大腿上留不同的毛发，那个叫 hongge。那时候的人团体意识真好，比如有天气不好的情况了，你去收牛群了，然后你就会把所有家的牛都收回来，然后我去收马群了，看到你们家的马了，也会一起收回来，事后再一分就行了。那时候大家都认识，而且很熟悉，怎么能就收自己的呢，得把看到的、其他邻里的都收回来。那时候的人就是这种，团体意识特别好。

例如，游牧过程中即便经过别的住户的牧场也没事，因为常年走奥特尔，已经很熟悉了，提前会去打招呼。他们也就嘱咐路过牧场的时候稍微绕一点浩特周边的牧场，毕竟我们是好多人在走奥特尔，家畜多呀，都从人家浩特扎营地的牧场经过了，会把人家的草场给踩坏了。有时候人家也会给你指出来，哪哪范围内不要进来，这以外都可以随便走。那时候人们对草场是没有什么所有的概念的，草场都是以苏木为界的，但在里面都是随意游动的，而且临近苏木也没有越界这种问题。比如说这边是你们苏木，接壤的是我们苏木。然后我们苏木水源比较多，你们就可以在春夏的时候来我们这儿饮水。然后到了秋天我们也可以去你们苏木丘岭挡风的牧场走奥特尔。所以不会撵人的，因为你也吃我的，我也可以吃啊。解放以后就需要各级领导干部的批示了。比如在我十三岁的时候（1955 年），我们走远距离奥特尔（Alasin Otor）到了现在的乌日特塔拉那一带，现在应该叫乌日图吧，察哈尔的地方。走得特别远，遇到灾害了就迁移。那时候是需要苏木长、旗长沟通的，他们过去确定走奥特尔的时间、搬过来的户数、搬进来的地方啥的。

2. 牧区雇工状态

我家很早以前就开始雇用羊倌儿了，在最开始的时候没有劳动规定和新苏鲁克制度，所以牧民雇羊倌儿时，牧主和牧工之间会私下制定酬劳问题，没有统一的规定。从我 10 岁开始（1952 年），我爷爷就去世了，所以我们家开始雇放羊的人。从那时候开始就已经有"新苏鲁克制"和"新雇用制"。新苏鲁克制度是什么呢，就比方说我给你包了 100 只母羊，第二年生了 100 只羔子，那 33 只归你，剩下的 67 只是随群的羊，也就是 33% 归羊倌儿，剩下的 67% 归牧主，按这种方式清算酬劳，如果有牧业税的、

围栏社会的兴起

病死老死的那就按指定的方式卖出去记账就行了。有些人家也是有情义的，比如说出现老母羊了，会酌情送给羊倌吃掉，不会算在折损的账里面，人都是有情感的动物，所以账也不会有算那么清楚的，过年过节都会送一两只过冬的冬补肉羊。这个就是新苏鲁克制度，还有新雇用制。新雇用制是以劳动的方式给你们家帮忙放羊的，不是包羊群的。酬劳是一个月两只羊，随你怎么处理都可以，一年就是24只羊，冬天会给你10匹羊皮，然后会给你准备好冬天的衣服和皮靴。一个月会给一条烟、一条毛巾和肥皂。夏天的时候会给一件内衫、一件外套、一双马靴，马匹以及用具都可以随意用。新雇用制是非常好的制度，好好干的人是可以发财的。我家那时候就有个叫索尼尔喇嘛的，是跟着客商的车一起过来的。他是巴林右旗的人，小时候父母都去世了跟着舅舅生活，后来他舅舅把他送到喇嘛庙了，所以我们就叫他索尼尔喇嘛。但是庙里带他的师傅对他很不好，又打又骂的，还不给吃的，所以没办法就逃出来了，那时候十六岁。听他说在县里行乞了两年，后来他就碰到好心的商旅了。而且据说这些商旅也认识他的舅舅，然后他就向他们打听自己舅舅在哪儿，他们说去乌珠穆沁一带了。正好商旅们也要去乌珠穆沁，所以就带着他走了。他们就这么带着他一路走，路过牧民家、居民点就带着他吃点东西，走了三天多到了我们这儿。

那时候我在叔叔家生活，当时我还很小，主要是我叔叔当家。当时是秋天，我叔叔正愁着没有放羊的人，没有羊倌，羊群多就很难过冬。当时我们那儿有个走汽车、商旅的大路，我叔叔就在那儿放羊来着。然后突然发现有一个人离开商旅往自己这边走了过来，我叔叔那时候可能就四十岁左右，然后就心想可能是商旅们想要吃羊，跟自己要呢。但是临近一看好像不是商旅贩子，而是穿着非常破烂的一个人。过来之后问好之后，突然就下跪了。我叔叔就非常震惊，赶忙让他起来，因为是个喇嘛，就更不能让他那么跪着。赶紧让他起来问他来历，他就说了自己的情况。他说走到这里就看到我叔叔的羊群，发现是个非常大的畜群，所以想着可能需要羊倌就这么过来了。其实当时也就是700只左右，没有特别多。不过他是从巴林过来的人，可能确实也没有看过这么多的羊群。然后他就说他舅舅在乌珠穆沁，把名字告诉了我叔叔。然后我叔叔就说可以慢慢帮你打听打听。然后他就说想在叔叔家干杂活，他说自己什么活儿都可以干。当时我叔叔也不太明白他的意思，不过看他的情况，也没有赶走，就把他领到自己家了。那时候的人是可以娶两个老婆的，我叔叔的大老婆身体残废了，所以叔叔又娶了个老婆,那时候还不到30岁的样子。小婶看到我叔叔带了个人就赶忙出来看住狗,那时候的狗都不会拴着,而且很凶,怕咬到他。所以就早早出来看着狗,把他们领到家里了。他刚进来的时候还不坐在屋里,就坐在了外面的门槛上。我婶就赶紧把他领进来了。然后他出去洗了脸、洗了手,然后给他倒了茶。他喝着茶就称赞这茶真是好喝。吃喝完了就让他先休息了。我叔叔就嘱咐我婶好好给热个水,让他洗个澡,然后把自己的旧衣服拿出来让他换了一身,把他的旧衣服挖坑埋了起来,因为都招蛆了嘛,所以就得好好洗漱一下。然后就让他开始慢慢地干活儿,把自己最温顺的马给他骑让他先做些简单的收牛、放牛的工作。就这样过了几天等他熟悉了骑马啥的以后,我叔叔就开始带着他放羊了。带他放了几天的羊,教他怎么放,那时候狼多,该怎么防狼也必须教会。那时候狼确实很多,白天放羊必须得有人跟着,晚上的话在棚圈周边会放毯子或者狗窝,让狗盯着,也会有晚上的守夜人。狼这种动物一般都是从下往上狩猎,所以当时我们一般会在羊圈下面的地方放狗窝。过了几天的教学,叔叔就让他骑着马试放了半天,我叔叔也嘱咐了邻里牧羊人多帮衬着点,毕竟以前也没放过羊、骑过马,怕伤着。此后,渐渐地他和邻里牧户都熟悉了,一起放牧、一起到饮水点,防狼的时候都会相互帮衬着。后来就是他早上把羊带回去,下午的时候叔叔去替他,让他回来吃午饭,就这样过了10天左右,就非常有经验了。早上喝完茶就把羊带出去,然后中午的时候就到河流、湖泊处饮羊,到那时我叔叔也会过去,因为有很多牧户的畜群都在那边饮水,所以怕混在一起。饮牛羊的时候就让他回去喝茶,喝完茶回来替我叔叔继续放羊直到晚上收群回家都是他的工作。他在我家待了6年,直到我叔叔去世为止,那时候还没有出新雇佣制,但是我们也会问他想要什么,都会给他。当时他就说"给我点羊就行了,牛对我没啥用,吃穿都在你们家,我怕啥呀"。后来到我13岁1955年的时候,他已经有了属于自己的4个牛车、2个大柜子,还有2个拉杂物的车,还有一些马鞍和马具。牲畜方面,他自己有1匹马、几头牛、十来只羊。我叔叔过世后,他就去了我们当地一个富裕人家叫乌极格巴音[1]家里放羊。那时候是

---

[1] 巴音是单独的蒙古语,意为"富有的、有钱的"。此处与人名"乌极格"连用,是一种蒙古民间语言使用习惯,以此表明此人的身份地位和社会特征。类似的称呼习惯还有"诺音",即"当官的",也有习惯性地加在人名后面,表示人物特点。

▌▌围栏社会的兴起

我叔叔帮他联系的牧户，帮他照看牛车，那时候都是游牧，牛车的作用特别大，很多牧户家庭屋舍便是牛车。他去了乌极格巴音就在那里吃住，有啥缺啥的都会回来从牛车"这个家里"取。后来在我十三岁的时候，他去旗县那达慕大会上给我买了这么大的银碗和配套的银勺。然后就说都是靠着我叔叔的恩惠，才会有自己的今天，以此表示感激之情，就把银碗、勺当作13岁的成人礼送给了我。你看看，有的人就是非常能干且知道感恩，这就是人之为人的特别之处。那时候他是37岁，也是在过寿，都是属羊的嘛。后来成立合作社的时候，他以优秀牧民的身份加入了合作社。听说他在诺木汉道尔吉家（一位牧民）待了很久，现在儿子叫特木儿。那时他就一个光棍，所以只能依靠别人家，正所谓"一人难成家，一木难成火"[①]一样，他就一个人，咋也得依靠别人才行。有些人就是这样，牧活儿干得非常好，后来还被评选为了劳动模范，去北京见了毛主席呢！你看看事情永远都是有规律的，一开始什么都没有，到最后已经有了20多头牛、50多只羊了，仅靠一个人的努力有这个成绩已经非常好了！当时要是牧区一半的家庭有他这个水平，就已经是小康生活了。这些道理现在的孩子根本不知道，也根本不会想知道！你看看现在的放牧，没有狼，到处都用围栏围着，两三个棚圈备着，羊群基本上都在围栏里，所谓放羊就是骑着摩托车转两圈，你说说，多容易，但还是只知道享福和偷懒！

二　部分访谈对象基本信息

序号	访谈对象	性别	年龄（岁）	教育程度	职业
1	色仍格	男	89	小学	老牧民
2	益达木	男	76	小学	老牧民
3	乌兰琪琪格	女	73	小学	老牧民
4	那仁	男	75	小学	老牧民
5	明珠尔	男	72	初中	老苏木长
6	特木尔阿依	男	79	无	老牧民

---

① 蒙古族谚语，强调团结合作的重要性。体现出了游牧民注重邻里合作、互惠互助的文化传统。

续表

序号	访谈对象	性别	年龄（岁）	教育程度	职业
7	慕德	女	83	无	外来移民
8	其木格	女	83	无	外来移民
9	老黑	男	52	小学	牧民（移民后裔）
10	胡日	男	56	初中	嘎查长
11	巴雅尔	男	45	初中	牧民
12	青格勒图	男	47	中专	牧民
13	胡日查	男	46	初中	牧民
14	阿巴特尔	男	37	小学	牧民
15	格日勒朝克图	男	45	小学	牧民
16	浩斯	男	43	初中	牧民
17	阿拉塔	男	60	小学	牧民
18	额尔登其木格	女	36	初中	牧民
19	郑行长	男	45	本科	当地一家银行行长
20	古副镇长	男	38	本科	副镇长
21	普日布	男	31	高中	牧民（苏木检疫员）
22	乔大爷	男	56	小学	奶牛村生态移民
23	朝克图	男	44	小学	奶牛村生态移民
24	刘老二	男	62	小学	奶牛村生态移民
25	旭日	女	46	大专	奶牛村生态移民
26	老三	男	45	小学	债主（十间房牧民）
27	斯琴格日勒	女	45	小学	牧民（外嫁女）
28	奥登琪琪格	女	41	小学	牧民（外嫁女）
29	莲花	女	43	初中	牧民（外嫁女）
30	喇嘛上师	男	38	无	喇嘛

参考文献

中文文献

(一) 专著类

包智明、任国英：《内蒙古生态移民研究》，中央民族大学出版社 2011 年版。

达林太、郑易生：《牧区与市场：牧民经济学》，社会科学文献出版社 2010 年版。

丁元竹：《牧区的经济组织及发展问题——一个跨生产类型的比较研究》，见潘乃谷、马戎主编《边区开发论著》，北京大学出版社 1993 年版。

杜润生：《杜润生自述：中国农村体制变革重大决策纪实》，人民出版社 2005 年版。

范明明：《草原生态补偿的跨尺度影响研究》，中国社会科学出版社 2020 年版。

费孝通：《边区民族社会经济发展思考》，见潘乃谷、马戎主编《边区开发论著》(前记)，北京大学出版社 1993 年版。

费孝通：《江村经济：中国农民的生活》，商务印书馆 2001 年版 (2014 重印)。

费孝通：《乡土中国生育制度》，北京大学出版社 1998 年版。

费孝通、张之毅：《云南三村》，社会科学文献出版社 2006 年版。

郭亮：《土地流转与乡村秩序再造：基于皖鄂湘苏浙地区的调研》，社会科学文献出版社 2019 年版。

韩念勇：《草原的逻辑 续 (上)——草原生态与牧民生计调研报告》，民族出版社 2017 年版。

韩念勇、刘书润、恩和、额尔敦布和：《对话尘暴》，中国科学技术出版社

2018年版。

洪大用：《社会变迁与环境问题——当代中国环境问题的社会学阐释》，首都师范大学出版社2001年版。

李景汉：《定县社会概况调查》，上海人民出版社2005年版。

李文军、张倩：《解读草原困境：对于干旱半干旱草原利用和管理若干问题的认识》，经济科学出版社2009年版。

林毅夫：《关于制度变迁的经济学理论：诱致性变迁与强制性变迁》，见［美］科斯等《财产权利与制度变迁：产权学派与新制度学派译文集》，刘守英等译，上海人民出版社1994年版（2002重印）。

林毅夫：《再论制度、技术与中国农业发展》，北京大学出版社2000年版。

刘世定：《占有、认知与人际关系：对中国乡村制度变迁的经济社会学分析》，华夏出版社2003年版。

陆益龙：《定性社会研究方法》，商务印书馆2011年版。

陆益龙：《后乡土中国》，商务印书馆2017年版。

陆益龙：《户籍制度：控制与社会差别》，商务印书馆2003年版。

陆益龙：《制度、市场与中国农村发展》，中国人民大学出版社2013年版。

马戎、潘乃谷：《内蒙古半农半牧区的社会、经济发展：府村调查》，见潘乃谷、马戎主编《边区开发论著》，北京大学出版社1993年版。

纳日碧力戈：《都市里的象征舞台——在京蒙古族那达慕及其符号解释》，载郭于华主编《仪式与社会变迁》，社会科学文献出版社2000年版。

潘乃谷、马戎：《社区研究与社会发展（中）》，天津人民出版社1996年版。

色音：《蒙古游牧社会的变迁》，内蒙古人民出版社1998年版。

王建革：《农牧生态与传统蒙古社会》，山东人民出版社2006年版。

王婧：《牧区的抉择》，中国社会科学出版社2016年版。

王明珂：《游牧者的抉择——面对汉帝国的北亚游牧部族》，广西师范大学出版社2008年版。

王晓毅：《环境压力下的草原社区：内蒙古六个嘎查村的调查》，社会科学文献出版社2009年版。

王晓毅、张倩、荀丽丽编著：《非平衡、共有和地方性：草原管理的新思考》，中国社会科学出版社2010年版。

王晓毅、张倩、荀丽丽：《气候变化与社会适应：基于内蒙古草原牧区的研究》，社会科学文献出版社2014年版。

温铁军：《"三农问题"与制度变迁》，中国经济出版社2009年版。

乌尼尔：《与草原共存：哈日干图草原的生态人类学研究》，知识产权出版社2014年版。

荀丽丽：《"失序"的自然：一个草原社区的生态、权力与道德》，社会科学文献出版社2012年版。

燕京、清华、北大一九五零年暑期内蒙古工作调查团：《内蒙古呼纳盟民族调查报告》，内蒙古人民出版社1997年版。

岳永逸：《灵验、磕头、传说：民众信仰的阴面与阳面》，生活·读书·新知三联书店2010年版。

张倩：《草原管理"难缠问题"研究：环境社会学的视角》，中国社会科学出版社2019年版。

张雯：《自然的脱嵌：建国以来一个草原牧区的环境与社会变迁》，知识产权出版社2016年版。

赵旭东：《法律与文化：法律人类学研究与中国经验》，北京大学出版社2011年版。

周其仁：《产权与制度变迁：中国改革的经验研究》，北京大学出版社2004年版。

[美]阿尔钦：《产权：一个经典注释》，见［美］科斯等《财产权利与制度变迁：产权学派与新制度学派译文集》，刘守英等译，上海人民出版社1994年版（2002重印）。

[美]埃莉诺·奥斯特罗姆：《公共事物的治理之道：集体行动制度的演进》，余逊达、陈旭东译，上海三联书店2000年版。

[英]埃文斯·普理查德：《努尔人——对尼罗河畔一个人群的生活方式和政治制度的描述》，褚建芳等译，华夏出版社2002年版。

[法]爱弥尔·涂尔干、马塞尔·莫斯：《原始分类》，汲喆译，渠东校，上海人民出版社2000年版。

[英]安东尼·吉登斯：《社会的构成：结构化理论纲要》，李康、李猛译，生活·读书·新知三联书店1998年版。

[英]安东尼·吉登斯：《现代性的后果》，田禾译，译林出版社2011年版（2014年重印）。

［美］巴菲尔德：《危险的边疆——游牧帝国与中国》，袁剑译，江苏人民出版社 2011 年版。

［美］道格拉斯·C. 诺思：《制度、制度变迁与经济绩效》，杭行译，格致出版社、上海人民出版社 2008 年版。

［挪威］弗雷德里克·巴斯主编：《族群与边界：文化差异下的社会组织》，李丽琴译，商务印书馆 2014 年版。

［挪威］弗里德里克·巴特：《斯瓦特巴坦人的政治过程：一个社会人类学研究的范例》，黄建生译，上海人民出版社 2005 年版。

［苏］符拉基米尔佐夫：《蒙古社会制度史》，刘荣焌译，中国社会科学出版社 1980 年版。

［日］后藤十三雄：《蒙古游牧社会》，布林译，内蒙古自治区蒙古族经济史研究会，1992 年。

［美］黄宗智：《华北的小农经济与社会变迁》，中华书局 2000 年版。

［英］卡尔·波兰尼：《巨变：当代政治与经济的起源》，黄树民译，社会科学献出版社 2017 年版。

［美］克利福德·格尔茨：《文化的解释》，韩莉译，译林出版社 2014 年版。

［美］克利福德·吉尔兹：《地方性知识：阐释人类学论文集》，王海龙、张家瑄译，中央编译出版社 2000 年版。

［法］克洛德·列维－斯特劳斯：《忧郁的热带》，王志明译，生活·读书·新知三联书店 2005 年版。

［美］拉铁摩尔：《中国的亚洲内陆边疆》，唐晓峰译，江苏人民出版社 2005 年版。

［法］莫斯里·哈布瓦赫：《论集体记忆》，毕然、郭金华译，上海人民出版社 2002 年版。

［日］杉山正明：《游牧民的世界史》（修订版），黄美蓉译，北京时代华文书局 2019 年版。

［美］施坚雅：《中国农村的市场和社会结构》，史建云、徐秀丽译，中国社会科学出版社 1998 年版。

［日］田山茂：《清代蒙古社会制度》，潘世宪译，商务印书馆 1987 年版。

［英］维克多·特纳：《象征之林：恩登布人仪式散论》，赵玉燕等译，商务印书馆 2012 年版。

［美］阎云翔：《中国社会的个体化》，陆洋等译，上海译文出版社2012年版。

［美］杨懋春：《一个中国村庄：山东台头》，张雄、沈炜、秦美珠译，江苏人民出版社2001年版。

［美］詹姆斯·C. 斯科特：《国家的视角——那些试图改善人类状况的项目是如何失败的》，王晓毅译，胡搏校，社会科学文献出版社2012年版（2015年重印）。

（二）史志资料

（清）会典馆编：《钦定大清会典事例·理藩院》，赵云田点校，中国藏学出版社2006年版。

薄音湖：《蒙古史词典·古代卷》，内蒙古大学出版社2010年版。

内蒙古自治区蒙古族经济史研究组：《蒙古族经济发展史研究》（第一卷），内蒙古自治区蒙古族经济史研究组出版社1987年版。

内蒙古自治区畜牧业厅：《内蒙古畜牧业发展史》，内蒙古人民出版社2000年版。

齐伯益主编：《锡林郭勒盟畜牧志》（第一篇），内蒙古人民出版社2002年版。

色·恩和：《苏木简史》（蒙古文），内部资料，2019年。

锡林郭勒盟志编纂委员会：《锡林郭勒盟志》，内蒙古人民出版社1996年版。

［俄］道尔吉·班札罗夫：《黑教或称蒙古人的萨满教》，乌云毕力格译，内蒙古文化出版社2013年版。

［蒙古］达·贡格尔：《喀尔喀史》（上、下册）（蒙古文），色仍淖尔布、呼格吉乐图转写，内蒙古人民出版社2015年版。

［蒙古］蒙古人民共和国科学院历史研究所：《蒙古人民共和国历史》（二）（上、下册），内蒙古人民出版社1986年版。

［日］小长谷有纪：《蒙古草原的生活世界》，嘎·乌云格日勒、色音译，内蒙古人民出版社1999年版。

（三）期刊论文

艾云：《中国农村土地产权的多重逻辑——基于成都市农村集体土地确权改革的案例分析》，《学海》2017年第3期。

参考文献

敖仁其：《草原产权制度变迁与创新》，《内蒙古社会科学》（汉文版）2003年第4期。

包智明：《变动中的蒙民生活：三爷府村实地调查》，《社会学研究》1991年第1期。

曹正汉：《产权的社会建构逻辑——从博弈论的观点评中国社会学家的产权研究》，《社会学研究》2008年第1期。

曹正汉、史晋川：《中国地方政府应对市场化改革的策略：抓住经济发展的主动权——理论假说与案例研究》，《社会学研究》2009年第4期。

曹正汉：《土地集体所有制：均平易、济困难——一个特殊村庄案例的一般意义》，《社会学研究》2007年第3期。

陈阿江、王婧：《游牧的"小农化"及其环境后果》，《学海》2013年第1期。

陈柏峰：《农民地权诉求的表达结构》，《人文杂志》2009年第5期。

陈颀：《从"一元垄断"到"二元垄断"——土地开发中的地方政府行为机制研究》，《社会学研究》2019年第2期。

陈小锋：《雨水与"灵验"的建构——对陕北高家峁村庙的历时性考察》，《民俗研究》2018年第5期。

达林太、阿拉腾巴格那：《草原荒漠化的反思》，《贵州财经学院学报》2005年第3期。

恩和：《草原荒漠化的历史反思：发展的文化维度》，《内蒙古大学学报》（人文社会科学版）2003年第2期。

恩和：《蒙古高原草原荒漠化的文化学思考》，《内蒙古社会科学》（汉文版）2005年第3期。

方卫华、李瑞：《生态环境监管碎片化困境及整体性治理》，《甘肃社会科学》2018年第5期。

费孝通：《重读〈江村经济·序言〉》，《北京大学学报》（哲学社会科学版）1996年第4期。

郭亮：《"土地财政"中的地方政府权力运作机制研究》，《华中科技大学学报》（社会科学版）2017年第1期。

贺雪峰：《如何做到耕者有其田》，《社会科学》2009年第10期。

黄盈盈、潘绥铭：《论方法：定性调查中"共述""共景""共情"的递进》，《江淮论坛》2011年第1期。

赖玉珮、李文军：《草场流转对干旱半干旱地区草原生态和牧民生计影响研究——以呼伦贝尔市新巴尔虎右旗 M 嘎查为例》，《资源科学》2012 年第 6 期。

李艳波、李文军：《草畜平衡制度为何难以实现"草畜平衡"》，《中国农业大学学报》（社会科学版）2012 年第 1 期。

刘谦：《田野工作方法新境界：实证主义与人文精神的融合》，《广西民族大学学报》（哲学社会科学版）2010 年第 2 期。

刘谦、张银锋：《人类学视野下的商品生产与消费——从西方工商人类学的发展谈起》，《中国人民大学学报》2016 年第 1 期。

刘少杰：《网络化的缺场空间与社会学研究方法的调整》，《中国社会科学评价》2015 年第 1 期。

刘少杰：《中国网络社会的集体表象与空间区隔》，《江苏行政学院学报》2018 年第 1 期。

刘艳、齐升、方天堃：《明晰草原产权关系，促进畜牧业可持续发展》，《农业经济》2005 年第 9 期。

陆益龙：《村庄特质与乡村振兴道路的多样性》，《北京大学学报》（哲学社会科学版）2019 年第 5 期。

陆益龙：《大寨与小岗：农村典型建构及意义的再认识》，《南京农业大学学报》（社会科学版）2014 年第 5 期。

陆益龙、孟根达来：《新时代乡村治理转型的内在机制与创新方向》，《教学与研究》2021 年第 8 期。

陆益龙：《乡村社会变迁与转型性矛盾纠纷及其演化态势》，《社会科学研究》2013 年第 4 期。

麻国庆：《草原生态与蒙古族的民间环境知识》，《内蒙古社会科学》（汉文版）2001 年第 1 期。

孟根达来：《理解转型中国乡村社会的新视角——读懂〈后乡土中国〉》，《中国农业大学学报》（社会科学版）2020 年第 2 期。

申静、王汉生：《集体产权在中国乡村生活中的实践逻辑——社会学视角下的产权建构过程》，《社会学研究》2005 年第 1 期。

苏柳方、仇焕广、唐建军：《草场流转的转入地悲剧——来自 876 个草场地块的微观证据》，《中国农村经济》2021 年第 3 期。

谭淑豪：《牧业制度变迁对草地退化的影响及其路径》，《农业经济问题》

2020年第2期。

王春光：《中国社会发展中的社会文化主体性——以40年农村发展和减贫为例》，《中国社会科学》2019年第11期。

王建革：《游牧方式与草原生态——传统时代呼盟草原的冬营地》，《中国历史地理论丛》2003年第2期。

王建革：《游牧圈与游牧社会——以满铁资料为主的研究》，《中国经济史研究》2000年第3期。

王铭铭：《小地方与大社会——中国社会的社区观察》，《社会学研究》1997年第1期。

王水雄：《"产权明晰"的迷思：科斯的权利观》，《中国研究》2016年第21期。

王水雄：《经济社会分析的一个框架和体系——评〈经济社会学〉》，《社会学评论》2014年第1期。

吴毅、陈颀：《农地制度变革的路径、空间与界限——"赋权—限权"下行动互构的视角》，《社会学研究》2015年第5期。

邢莉：《当代敖包祭祀的民间组织与传统的建构——以东乌珠穆沁旗白音敖包祭祀为个案》，《民族研究》2009年第5期。

许志信、陈玉琦：《草原管理与畜牧业持续发展》，《内蒙古草业》1997年第1期。

荀丽丽、包智明：《政府动员型环境政策及其地方实践——关于内蒙古S旗生态移民的社会学分析》，《中国社会科学》2007年第5期。

荀丽丽：《再造"自然"：国家政权建设的环境视角——以内蒙古S旗的草原畜牧业转型为线索》，《开放时代》2015年第6期。

杨磊、刘建平：《"混合地权"的制度分析及其实践逻辑——基于Z村村民小组的个案分析》，《社会》2015年第2期。

杨理：《中国草原治理的困境：从"公地的悲剧"到"围栏的陷阱"》，《中国软科学》2010年第1期。

应星：《质性研究的方法论再反思》，《广西民族大学学报》（哲学社会科学版）2016年第4期。

余露、汪兰溪：《探索牧区草场流转发展之路——以宁夏盐池牧区为例》，《农业经济问题》2011年第4期。

臧得顺：《臧村"关系地权"的实践逻辑——一个地权研究分析框架的构

建》,《社会学研究》2012 年第 1 期。

张殿发、张祥华:《中国北方草原雪灾的致灾机制探讨》,《自然灾害学报》2002 年第 2 期。

张静:《土地使用规则的不确定:一个解释框架》,《中国社会科学》2003 年第 1 期。

张倩、李文军:《分布型过牧:一个被忽视的内蒙古草原退化的原因》,《干旱区资源与环境》2008 年第 12 期。

张士闪、张佳:《"常"与"非常":一个鲁中村落的信仰秩序》,《民俗研究》2009 年第 4 期。

张小军:《复合产权:一个实质论和资本体系的视角——山西介休洪山泉的历史水权个案研究》,《社会学研究》2007 年第 4 期。

张小军:《象征地权与文化经济——福建阳村的历史地权个案研究》,《中国社会科学》2004 年第 3 期。

张之毅:《游牧的封建社会》,《科学通报》1950 年第 8 期。

赵旭东:《习俗、权威与纠纷解决的场域——河北一村落的法律人类学考察》,《社会学研究》2001 年第 2 期。

赵旭东:《线索民族志:民族志叙事的新范式》,《民族研究》2015 年第 1 期。

折晓叶、陈婴婴:《产权怎样界定——一份集体产权私化的社会文本》,《社会学研究》2005 年第 4 期。

折晓叶:《土地产权的动态建构机制——一个"追索权"分析视角》,《社会学研究》2018 年第 3 期。

折晓叶:《县域政府治理模式的新变化》,《中国社会科学》2014 年第 1 期。

郑杭生:《改革开放三十年:社会发展理论和社会转型理论》,《中国社会科学》2009 年第 2 期。

郑杭生、杨敏:《社会互构论的提出——对社会学学术传统的审视和快速转型期经验现实的反思》,《中国人民大学学报》2003 年第 4 期。

郑少雄:《草原社区的空间过程和地方再造——基于"地方—空间紧张"的分析进路》,《开放时代》2013 年第 6 期。

郑雄飞、王提:《从单一到多元:新中国农村土地生产经营模式的演变路径探析》,《学术研究》2020 年第 2 期。

周飞舟：《生财有道：土地开发和转让中的政府和农民》，《社会学研究》2007 年第 1 期。

周飞舟、王绍琛：《农民上楼与资本下乡：城镇化的社会学研究》，《中国社会科学》2015 年第 1 期。

周立：《由生存经济看农村高利贷的表达与实践》，《财贸经济》2006 年第 4 期。

周星：《"生活革命"与中国民俗学的方向》，《民俗研究》2017 年第 1 期。

周雪光、艾云：《多重逻辑下的制度变迁：一个分析框架》，《中国社会科学》2010 年第 4 期。

周雪光：《"关系产权"：产权制度的一个社会学解释》，《社会学研究》2005 年第 2 期。

朱晓阳：《语言混乱与草原"共有地"》，《西北民族研究》2007 年第 1 期。

外文文献

（一）专著类

Anatoly M. Khazanov, *Nomads and the Outside World*, The University of Wisconsin Press, 1994.

Caroline Humphrey and David Sneath, *The End of Nomadism? Society and the Environment in Inner Asia*, Durham: Duke University Press, 1999.

David Brokensha, Dennis M. Warren, and Oswald Werner, *Indigenous Knowledge Systems and Development*, Washington, DC: University Press of America, 1980.

Dee Mack Williams, *Beyond the Great Wall: Environment, Identity and Development on the Chinese Grasslands of Inner Mongolia*, Stanford: Stanford University Press, 2002.

Douglass North, *Institutions, Institutional Change and Economic Performance*, Cambridge: Cambridge University Press, 1990.

David Sneath, *Changing Inner Mongolia: Pastoral Mongolian Society and the Chinese State*, Oxford: Oxford University Press, 2000.

Ludwik Fleck, *The Genesis and Development of a Scientific Fact Translation*, Chicago: University of Chicago Press, 1979.

Mary Douglas, *How Institutions Think*, New York: Syracuse University Press,

1986.

Marcel Mauss, *Seasonal Variations of the Eskimo: A Study in Social Morphology*, London; New York: Routledge, 2004.

Uradyn E. Bulag, *The Mongols at China's Edge: History and the Politics of National Unity*, Oxford: Rowman & Littlefield Publishers, Inc., 2002.

（二）期刊类

Avinoam Meir, "Demographic Transition Theory: A Neglected Aspect of the Nomadism-Sedentarism Continuum", *Transactions of the Institute of British Geographers*, New Series 11 (2), 1986.

Avinoam Meir, "Comparative Vital Statistics along the Pastoral Nomadism-Sedentarism Continuum", *Human Ecology* 15 (1), 1987.

Andrei Marin, "Between Cash Cows and Golden Calves: Adaptations of Mongolian Pastoralism in the 'Age of the Market'", *Nomadic People* 12 (2), 2008.

Chris Hann, "A new double movement? Anthropological perspectives on property in the age of neoliberalism", *Socio-Economic Review* (5), 2007.

Caroline Humphrey, "Rituals of Death as a Context for Understanding Personal Property in Socialist Mongolia", *The Journal of the Royal Anthropological Institute* 8 (1), 2002.

David Sneath, "Land Use, the Environment and Development in Post-socialist Mongolia", *Oxford Development Studies* 31 (4), 2003.

Elliot Fratkin, Eric Abella Roth and Martha A. Nathan, "Pastoral Sedentarization and Its Effects on Children's Diet Health and Growth among Rendille of Northern Kenya", *Human Ecology* 32 (5), 2004.

G. Hardin, "The Tragedy of the Commons", *Science* 162, 1968.

Gilles, J. L. and Jamtgaard, K., "The Commons Reconsidered", *Rangelands* 4 (2), 1982.

Harold Demsetz, "Toward a Theory of Property Rights", *American Economic Review* 57, 1967.

Maria E. Fernandez-Gimenez and Barbara Allen-Diaz, "Testing A Non-equilibrium Model of Rangeland Vegetation Dynamics in Mongolia", *Journal of Applied Ecology* 36 (6), 1999.

Nancy E. Levine, "Transforming Inequality: Eastern Tibetan Pastoralists From

1955 to the Present", *Nomadic People*19 (2), 2015.

Ninda Swilder, "The Political Context of Brahui Sedentarization", *Ethnology* 12 (3), 1973.

Ricardo F. Neupert, "Population, Nomadic Pastoralism and the Environment in the Mongolian Plateau", *Population and Environment* 20 (5), 1999.

Ronald H. Coase, "The Problem of Social Cost", *Journal of Law and Economics* 3, 1960.

Richard Symanski, Ian R. Manners and R. J. Bromley, "The Mobile-Sedentary Continuum", *Annals of the Association of American Geographers* 65 (3), 1975.

Stefano Biagetti and Timothy Howe, "Variability is the Key Towards a Diachronic View of Pastoralism", *Nomadic People* 21 (2), 2017.

Tony Banks, "Property Rights Reform in Rangeland China: Dilemmas on the Road to the Household Ranch", *World Development* 31 (12), 2003.

W. N. Adger, "Social Vulnerability to Climate Change and Extremes in Coastal Vietnam", *World Development* 27 (2), 1999.

W. N. Adger and P. M. Kelly, "Social Vulnerability to Climate Change and the Architecture of Entitlements", *Mitigation and Adaptation Strategies for Global Change* 49 (3), 1999.

Xiaoyi Wang and Qian Zhang, "Climate Variability, Change of Land Use and Vulnerability in Pastoral Society: A Case from Inner Mongolia", *Nomadic People*16 (1), 2012.

Yenhu Tsui, "Swinging Between Nomadism and Sedentarism: A Case Study of Social and Environmental Change in the Nomadic Society of the Altay Steppes, Xinjiang", *Nomadic People*16 (1), 2012.

Yina Xie and Wenjun Li, "Why Do Herders Insist on 'OTOR'? Maintaining Mobility in Inner Mongolia", *Nomadic People*12 (2), 2008.